Adolf Holtzmann

Kelten und Germanen

Eine historische Untersuchung

Adolf Holtzmann

Kelten und Germanen

Eine historische Untersuchung

ISBN/EAN: 9783955640293

Auflage: 1

Erscheinungsjahr: 2013

Erscheinungsort: Bremen, Deutschland

EHV
HISTORY

KELTEN UND GERMANEN.

EINE HISTORISCHE UNTERSUCHUNG

VON

ADOLF HOLTZMANN,

DOCTOR DER PHILOSOPHIE, ORDENTLICHEM PROFESSOR DER DEUTSCHEN SPRACHE AN DER UNIVERSITAET ZU HEIDELBERG, GROSSHERZOGLICH BADISCHEM HOFRATH, RITTER DER ORDEN VOM ROTHEN ADLER DRITTER CLASSE UND VOM ZAEHRINGER LOEWEN.

STUTTGART.

VERLAG VON ADOLF KRABBE.

1855.

Schnellpressendruck von J. Kreuzer in Stuttgart.

VORREDE.

Paradoxe Lehren, die einer herrschenden falschen Meinung entgegentreten, können nicht auf plötzliche Zustimmung rechnen; sie werden gewöhnlich unfreundlich und misstrauisch aufgenommen, und wenn sie sich zugleich gegen Personen richten müssen, können sie sogar dem heftigsten Zorn begegnen. Aber wenn sie in der Wahrheit begründet sind, dringen sie allmählich durch; denn der Wahrheit wohnt eine stillwirkende Kraft inne, die langsam aber um so sicherer die Macht der Meinung und der Gewohnheit überwindet und allmählich die bittersten Feinde überzeugt und zu Freunden gewinnt. Ich habe das bei frühern Arbeiten zu erfahren Gelegenheit gehabt; und es sei mir gestattet, auf mein Schriftchen über den indischen Thierkreis hinzuweisen.

Auch diese neue Schrift soll eine paradoxe Lehre, eine verkannte Wahrheit verkündigen; sie soll eine Meinung, die jetzt allgemein herrscht und von Niemand bezweifelt wird, erschüttern und vernichten. Auch diesmal wird der Erfolg kein augenblicklicher sein; man wird sich zuerst verwundern, man wird wohl auch schelten; dann wird man mit der Wahrheit markten und feilschen wollen, wie das zu geschehen pflegt; man wird einiges zugeben, um dafür in der Hauptsache beim Irrthum beharren zu dürfen; man wird aber schrittweise weiter gehen, und endlich werden meine paradoxen Sätze nicht mehr paradox sein, sondern die herrschende Ansicht bilden. Wenigstens würde ich sie nicht vorzutragen wagen, wenn ich nicht diese Zuversicht hätte. Und dass ich diese habe, wird mir kein Verständiger übel deuten. Wer selbst nicht überzeugt ist, hat nicht das Recht Gehör zu verlangen.

Man wird aber nicht ermangeln, Fehler und Mängel in meiner Beweisführung aufzuspüren, und wird mich für widerlegt halten, wenn diess gelungen ist. Und allerdings, Unvollkommenheiten, vielleicht auch Fehler in meiner Schrift zu finden, wird nicht schwer sein. Meine Untersuchung berührt sehr verschiedene, von einander entfernte Gebiete der Gelehrsamkeit; und ich bin schon aus ganz äusserlichen Gründen nicht überall gleich bewandert, gleich heimisch. Es wird also nicht schwer sein, nachzuweisen, dass ich hie und da etwas übersehen habe; und manches wird man tadeln können. Mit Wissen habe ich keine Schwierigkeit verheimlicht, und ich habe im Gegentheil alles hervorgesucht, was etwa als eine Stütze der herrschenden Ansicht betrachtet werden könnte. Man wird also zeigen können, dass mein Buch nicht vollkommen und fehlerfrei ist; aber wenn man nicht nur Recht behalten will, sondern ehrlich forscht und prüft und ehrlich die Wahrheit sucht, wird man nicht wegen anhaftender Unvollkommenheiten die ganze Untersuchung verwerfen. Auf Vollständigkeit gieng ich nicht aus; besonders im dritten Abschnitt musste ich mich auf das Hinreichende beschränken; Erwähnung hätte noch die Zeiteintheilung verdient: Germ. 11. Caes. VI, 18. Es schien mir zweckmässiger, in raschaufeinander folgenden Stössen die Macht einer eingewurzelten Meinung zu erschüttern, als nach einer erschöpfenden Darlegung aller möglichen Beweismittel zu streben.

Man wird sich ferner auf die allgemeine Geltung der herrschenden Meinung berufen. Nicht nur in Deutschland, sondern auch in Frankreich und England gilt ohne Widerrede und bei allen Gelehrten die Ansicht, die hier angegriffen wird. Das ist wahr, aber nichts destoweniger ist die herrschende Ansicht nichts als eine falsche Meinung. Man weiss ja, wie sich in der Geschichte Irrthümer festsetzen und zuweilen zu allgemeiner Geltung gelangen. Ueber einen dunkeln Punkt, den man noch nicht untersucht hat, und den zu untersuchen nicht leicht ist, äussert ein Gelehrter eine Meinung in einem dicken Buch. Weil die Meinung von einem Gelehrten und in einem dicken Buch geäussert ist, gilt sie für begründet, und wird von zahlreichen Büchermachern als die neuste Weisheit wiederholt. Ist sie auf diese Weise zu allgemeiner und langedauernder Verbreitung gekommen, so ist sie nun eine Macht geworden, der sich auch wirkliche Gelehrte unterwerfen. Obgleich Niemand anzugeben weiss, wo sie begründet und erwiesen ist, so glaubt doch Jeder, dass sie es sei, weil sie ja sonst nicht zu allgemeiner Geltung hätte gelangen können: und so bedenkt sich kein Gelehrter, die herrschende Ansicht ebenfalls anzunehmen und sie durch seinen Beitritt weiter zu tragen und noch mehr zu befestigen.

Hier aber wird man sich sogleich auf zwei ausführliche und gelehrte Werke berufen, in welchen ja die herrschende Ansicht des Keltenthums begründet sei; nämlich auf die *Celtica* von Diefenbach und auf die *Grammatica celtica* von Zeuss. Es sind diess allerdings zwei gelehrte Werke; beide, besonders aber die *Grammatica*, haben grosse und bleibende Verdienste. Aber eine Prüfung und Begründung der herrschenden Ansicht über die Kelten sind sie durchaus nicht. Um zu prüfen, muss man einen Zweifel für möglich halten; aber Diefenbach und Zeuss halten zum Voraus jeden Zweifel für unmöglich. Die herrschende Ansicht ist nicht das Ergebniss, sondern die Voraussetzung dieser Bücher, sie ist nicht durch diese Bücher begründet, sondern ist vielmehr der Grund, auf dem diese Bücher aufgebaut sind. Beide Bücher zeigen in merkwürdiger Weise, wie gewaltig die Macht einer herrschenden Meinung ist. Von einem überlieferten Glaubenssatz ausgehend betrachten beide Gelehrte die Wirklichkeit; und obgleich sie überall fast mit Händen greifen müssen, dass der Glaubenssatz und die Wirklichkeit nicht in Uebereinstimmung sind, so steht ihnen doch der Glaubenssatz so fest, dass sie sich von der Wirklichkeit nicht im mindesten stören lassen, sondern sich begnügen, wenn hie und da ein Zufall den Satz zu bestätigen scheint. Der Satz steht fest über allem Zweifel erhaben; es handelt sich nur darum, die Wirklichkeit dem Satz anzupassen. Von einer Prüfung und Untersuchung ist nirgends die Rede. Zeuss sammelt z. B. die brittischen Wörter, in welchen *a* oder *i* oder *u* vorkommt, und dann zeigt er, dass es auch gallische Wörter gibt, in denen *a* oder *i* oder *u* vorkommt. Daran hat Niemand gezweifelt; aber folgt daraus, dass die altgallische Sprache die kymrische ist? Auf diese Weise entsteht ein dickes und trockenes Buch, in welchem überall die gallische Sprache mit den brittischen

Sprachen verbunden ist, ohne dass doch irgendwo anders als durch einzelne Zufälligkeiten ein wirklicher Zusammenhang nachgewiesen ist.

Obgleich also die Ansicht, die ich bekämpfe, allgemein gilt, und obgleich sie in dicken und trockenen, grundgelehrten Büchern vorgetragen wird, so ist sie doch nichts als eine Meinung, die nirgends geprüft, nirgends begründet ist. Man wird daher gestatten, dass ich endlich die herrschende Lehre, obgleich sie unbestritten und allgemein herrscht, einer Prüfung unterwerfe, und man wird sich den Fall als möglich denken müssen, dass die herrschende Lehre die Prüfung nicht besteht.

Aber freilich, in Deutschland hat die herrschende Lehre eine mächtige Stütze in einem eigenthümlichen Zug des deutschen Characters. Es handelt sich darum, unser Eigenthum gegen fremde Ansprüche zu vertheidigen. Da fürchtet sich der Deutsche, den Fremden Unrecht zu thun; und er ist so freigebig und weiss sich so reich, dass er sich nicht besinnt, dem Fremden alles zu lassen, was er haben möchte. Ja er würde es für kleinlich, für beschränkt, für lächerlich halten, dem Fremden gegenüber auf seinem guten Recht bestehen zu wollen. Das ganze keltische Alterthum galt zwar Jahrhunderte lang unbestritten für deutsches Eigenthum, aber ferne in einem Winkel von England hatte ein unbekanntes Völkchen den Einfall, jenes Alterthum für sich in Anspruch zu nehmen. Es kann zwar diesen Anspruch mit Nichts begründen; aber es macht Anspruch, das genügt uns. Die Beweise zu finden, wird uns selbst schon gelingen; unterdessen treten wir freiwillig ein Jahrtausend unsrer Geschichte an jenes Völkchen ab, und wir können es kaum ertragen, dass uns noch die Kimbern und Teutonen bleiben sollen, und es fehlt nicht an Stimmen, die auch noch den Ariovist und den Armin und die ganze Geschichte bis auf die Gothen Preis geben möchten, wenn nur jenes Völkchen, oder vielleicht sonst irgendwo ein anderes, sie uns abnehmen will.

Die Keltomanen haben ihre grösste Freude daran, recht wenig Deutsches übrig zu lassen; unsre alte Geschichte, unsre Bildung, selbst unsre Sprache, Alles soll den Kymren und Gaelen gehören.

Die Sprache der brittischen Völker ist in der Wirklichkeit gerade so beschaffen, wie man es nach den historischen Verhältnissen von vorn herein erwarten muss. Sie ist die Sprache eines ursprünglich rohen Volkes, das durch Berührung mit Culturvölkern und unter fremder Herrschaft zur Bildung erzogen wurde; sie ist daher ursprünglich arm und von geringem Wortvorrath, hat sich aber fortwährend aus fremden Sprachen bereichert. Besonders der lateinische Theil der kymrischen, auch der gaelischen Sprache ist ausserordentlich gross. Unsre Keltomanen nun drehen das Verhältniss um; alles, was in einem brittischen Wörterbuch steht, ist ihnen uralt; und die Römer haben aus der alten Keltensprache Wörter entlehnt, wie z. B. *quantitas* und *qualitas* aus dem irischen *caindigheacht* und *cailedheacht*, *memoria* und *meretrix* aus dem irischen *meamhoir* und *meirdreach*. Es genügt das aber noch nicht. Die Keltomanen reichen noch nicht aus mit den Wörtern, die wirklich vorkommen; sie bauen ihre kühnen Schlüsse grossentheils auf Wörter, die sie selbst machen; z. B. Leo in den Vorlesungen S. 256 erklärt den Namen der Franken mit folgenden Worten: „in den wälschen Dialecten der keltischen Sprache ist das Wort *ffrank* uralt und bedeutet *crinitus*.“ Ich wenigstens weiss nichts von diesem kymrischen Wort. Wo hat es Leo gefunden? Vermuthlich durch einen Schluss aus dem gaelischen *greannach*, das wirklich *crinitus* heisst. Allerdings kommt in den brittischen Sprachen ein Uebergang der Gutturalen in Labiale vor; aber das findet hier keine Anwendung, und gael. *greannach* ist keineswegs wälsch *ffrank*.

Es sind aber nicht nur die Keltomanen, die über mein Buch sich ärgern werden, sondern fast noch mehr die sogenannten Franzosenfresser, wenn es deren noch gibt. Man hat sich so lange darin gefallen, die Germanen als den Inbegriff aller Vollkommenheiten darzustellen, und die Kelten, die Vorfahren der Franzosen, von ihnen gänzlich zu scheiden. Und nun sollen wir selbst Kelten sein? und die alten Gallier sollen von den Germanen nicht grundverschieden gewesen sein? Dagegen sträubt sich der Stolz des teutonischen Blutes. Aber es wird ja doch endlich möglich sein, eine historische Frage rein historisch zu betrachten. Wenn eine unbefangene Prüfung ergibt, dass die Germanen Kelten sind, so werden die einen sich darein fügen, obgleich wir dadurch ein grosses Alterthum gewinnen, und obgleich wir dann den Kymren und Iren nicht alles lassen können, was sie haben möchten; die andern werden sich darein fügen, ein grosses Alterthum anzunehmen, obgleich sie dann eine gewisse entfernte Verwandtschaft mit den Franzosen zugeben müssen, und auch, dass die alten Germanen nicht lauter Tugend und Edelsinn waren.

Wir werden alle uns gefallen lassen müssen, Kelten zu sein, und um ein Jahrtausend ruhmvoller Vergangenheit reicher zu werden. Den Gelehrten aber wird es obliegen, auf der neu gewonnenen tiefern Grundlage das Werk unsers Jacob Grimm, die Erforschung des deutschen Alterthums weiterzuführen. Wenn ich unserm ebengenannten Meister diese Streitschrift darbringe, so geschieht diess keineswegs in der Absicht, meine paradoxen Lehren unter dem Schilde seines verehrten Namens zu bergen, sondern weil ich meine dankbare Bewunderung seiner Leistungen nicht besser glaube ausdrücken zu können als durch Anbietung derjenigen meiner Arbeiten, die ich für die wichtigste halte.

Heidelberg, den 24. Dec. 1854.

Der Verfasser.

EINLEITUNG.

In der Vorrede zu meinen Untersuchungen über die Nibelungen habe ich folgende Sätze aufgestellt: „Dass die Kelten die lebenden Repräsentanten in den Iren, Schotten und Kymren haben, ist ein Satz, an dem jetzt nirgends im geringsten gezweifelt wird, und der doch nirgends erwiesen ist und kaum mit dem Schatten eines Beweises begründet werden kann. Dass die Germanen ein ganz andrer Volksstamm als die Kelten seien, ist ebenfalls jezt ein nicht im mindesten bezweifelter Satz, er gründet sich aber auf nichts als auf jene unerwiesene Meinung und kann aufs Vollständigste widerlegt werden." Es wird also hier eine ganz paradoxe Lehre ausgesprochen, die in folgenden zwei Sätzen besteht: I. *Die Germanen sind Kelten*, II. *die Kymren und Gaelen sind keine Kelten*. Die beiden Sätze stehen aufs schroffste der herrschenden Ansicht entgegen, welche lehrt: I. *Die Germanen sind keine Kelten*, II. *die Kymren und Gaelen sind Kelten*.

Die vorliegende Schrift hat den Zweck, die herrschende Ansicht zu stürzen und die entgegenstehende an ihre Stelle zu erheben. Die Frage ist von der grössten Wichtigkeit und von den weitgreifendsten Folgen. Die ganze Grundanschauung, auf welcher jetzt die Geschichte von Deutschland, Frankreich und England allgemein beruht, soll umgestossen werden. Die Kymren und Gaelen sollen verzichten auf ein Alterthum, das ihnen jezt bereitwillig zugestanden wird, und in dessen rechtmässigem Besitz sie sicher zu sein glauben; sie werden nicht gutwillig verzichten, sie müssen gezwungen werden. Die Erforschung des gallischen und keltischen Alterthums soll eine ganz andere Richtung erhalten. Statt die Erklärung der gallischen Denkmähler bei den Kymren zu suchen, wo sie nicht zu finden ist, soll man unbedenklich die germanischen Quellen benützen, die man jetzt nicht glaubt beiziehen zu dürfen. Besonders aber soll die deutsche Geschichte und die deutsche Philologie und Alterthumskunde eine ganz neue Grundlage gewinnen. Die Nachrichten der Alten über die Kelten und Gallier, die wir bis jetzt als uns nicht angehend unbeachtet liessen, sollen wir auf uns beziehen. Die gallischen Denkmähler, heute noch von uns als fremde den Fremden überlassen, sollen wir als unsre Denkmähler zur Aufhellung unseres Alterthums anwenden dürfen. Die deutsche Mythologie, die deutsche Rechts- und Sittenkunde sollen eine neue Gestalt auf einer viel tieferen Grundlage erhalten. Ein halbes, ja ein ganzes Jahrtausend ruhmvoller Geschichte, das wir gutmüthig und leichtsinnig Preis gegeben haben, soll zurück verlangt werden. Wir sollen ein wirkliches Alterthum finden, das dem römischen und griechischen gleich ist, statt dass wir uns jetzt mit einem Mittelalter begnügen. Diess ist es, und nichts geringeres, um was es sich hier handelt, und wohl darf eine Untersuchung von so ausserordentlicher Wichtigkeit zunächst beim deutschen Volke, aber auch in Frankreich und England einige Aufmerksamkeit und allseitige sorgfältige Prüfung erwarten. Vielleicht ist die Erkenntniss, die hier gewonnen werden soll, dass der Gallier und der Germane nicht verschiedenen Stammes, sondern eines Blutes sind, nicht blos von historischer Bedeutung; vielleicht ist sie noch jetzt geeignet, Vorurtheile und Leidenschaften zu zerstreuen und zu dämpfen, die in hundertjährigen Irrthümern der Geschichtschreiber ihre Begründung und ihre Nahrung gefunden haben.

Der Irrthum ist wirklich nicht viel über hundert Jahre alt. Seit Erfindung des Bücherdrucks bis in den Anfang des vorigen Jahrhunderts war die herrschende Ansicht, dass die Germanen Kelten und die nächsten Blutsverwandten der Gallier seien. Alle Gelehrten stimmen darin fast ohne Ausnahme überein, und ich will daher hier nicht unnöthige Citate häufen; nur einige Belegstellen mögen genügen: Bollandus 1643 in den *Acta Sanctorum* II. S. 458 in der Einleitung de sanctis

Martyribus Clemente etc. sagt: *teutonica lingua olim omnibus Gallis communis.* Frick in der *commentatio de Druidis* Ulmae 1744, S. 21: *veteres Celtae quorum pars Germani fuere,* und S. 22: *Gallos aeque ac Germanos communi Celtarum nomine olim fuisse insignitos plurimis si opus foret veterum testimoniis comprobari posset;* dabei wird verwiesen auf Brower, Reinesius, Spener, Wachter, Gundlingius. Leibnitz in den *collectanea etymologica* (ed. Eccard) S. 57: *veteres Celtarum nomine Germanos Gallosque comprehendebant.* Es wäre ein leichtes, mit solchen Stellen ganze Seiten zu füllen. Dagegen sind die Gelehrten, welche die jetzige Ansicht, dass die Germanen keine Kelten seien, schon vor 1738 aussprechen, sehr selten. Als Schoepflin im Jahr 1754 diese Ansicht vertheidigte, konnte er sich auf Niemand berufen, als auf Bodinus aus dem 16. Jahrh., von dem er doch gestehen muss, dass er seine Sache schlecht geführt habe. Es ist wahr, dass die Stelle Caesars, wonach Ariovist die gallische Sprache erlernen musste, schon früh an dem Keltenthum der Germanen zweifeln machte, z. B. bei Hotomanus und Beatus Rhenanus, der in seinen *res germanicae* sagt: *veterem Gallorum linguam diversam a sermone germanico fuisse, satis indicat Caesar;* allein diess sind bis 1738 ganz vereinzelte Stimmen, die in der allgemeinen Uebereinstimmung nicht gehört wurden. Boxhorn in den 1654 nach seinem Tod herausgegebenen *origines Gallicae* spricht sich S. 5 entschieden aus: *Galli veteres et Germani ut pleraque alia omnia ita linguam inprimis communia et eadem habuere.* Wenn daher gegen das Ende der Schrift behauptet wird, die altgallische Sprache sei die kymrische, und nach der Stelle Caesars von der germanischen ganz verschieden, so scheint hier nicht mehr Boxhorn, sondern der Herausgeber der Schrift zu sprechen. Wenn dieser sich aber auf Joh. Is. Pontanus beruft, so hat er Unrecht. Denn Pontanus in den *res francicae* nimmt zwar nach Tacitus eine Verwandtschaft des Gallischen und Brittischen an, aber trotz der Stelle Caesars, die er anführt, behauptet er, dass die gallische Sprache der deutschen sehr ähnlich gewesen sei, und: *vocabula, quae ab autoribus Graecis Latinisque ut Gallica adducuntur, esse Germanicae indolis integro lexico demonstrari possit.*

Erst seit 1738 änderte sich die herrschende Ansicht. In diesem Jahr erschien zu Paris der erste Band des grossen von den Benedictinern herausgegebenen Sammelwerkes: *rerum Gallicarum et Francicarum scriptores.* In der Vorrede S. XXX beruft sich der Herausgeber Dom Martin Bouquet gegen Boxhorn auf die bekannte Stelle Caesars als Beweis, dass die gallische Sprache eine andre war als die germanische. Er fährt dann fort: *cette langue gauloise s'est conservée jusqu' aujourd'hui sans altération dans cette partie de la grande Bretagne qu'on appelle le pays de Galles. C'étoit aussi du tems de César la langue que parlaient les Celtes qui habitaient la troisième partie des Gaules.* Diese kurze Stelle, die doch gewiss nicht eine Prüfung und Begründung genannt werden kann, genügte, um der neuen Ansicht Geltung zu verschaffen. Diese wurde angenommen von Schoepflin in seiner *Alsatia illustrata*, wo ein bretonisches Vaterunser als Beispiel der Sprache der altgallischen Bewohner des Elsasses eingerückt ist. Um zu zeigen, dass mit dieser neuen Ansicht die Nachrichten der Alten nicht im Widerspruch stehen, schrieb Schoepflin 1754 seine *Vindiciae Celticae.* Durch ihn ist die noch jetzt häufig geäusserte Meinung aufgekommen, dass die Griechen, welche die germanischen Völker zu den Kelten rechnen, von dem Norden und Westen Europas zu geringe Kenntniss gehabt hätten, um die Völkerunterschiede richtig aufzufassen, und dass erst die Römer seit Cäsar gemerkt hätten, dass die Germanen ein ganz anderes Volk als die Gallier waren. Auf Bouquet und Schoepflin gestützt, erhielt die neue Lehre eine rasche Verbreitung, ohne doch die alte ganz verdrängen zu können. Noch immer blieben die Gelehrten zahlreich, welche die Germanen zu den Kelten rechneten. Erst in unserm Jahrhunderte musste der neuen Lehre die aufgeregte Leidenschaft zu Hülfe kommen, um ihr allgemeine Geltung zu verschaffen. In der Zeit der Erbitterung und des Krieges hörte man auf beiden Seiten gerne, dass Germanen und Gallier von je her ganz verschiedene Völker gewesen seien; das feingebildete Volk der Gallier, sagte man in Frankreich, hatte nichts gemein mit den rohen nordischen Barbaren, die zuerst unter Ariovist, dann unter dem Vandalenkönig Krokus, dem Franken Chlodio und andern, und zuletzt unter

Blücher unsere Gefilde verheerten; und solche Stimmen kann man noch jetzt jenseits des Reines hören. Dagegen beriefen sich die Deutschen auf des Tacitus Schilderung der Germanen, und liebten es, alle Stellen der Alten hervorzuheben, die von dem Wankelmuth, dem Leichtsinn und den Lastern der Gallier handeln, um zu zeigen, dass von jeher keine andere Beziehung, als die des Hasses und der Feindschaft zwischen den beiden Völkern stattfinden konnte. In dieser Zeit war es erwünscht zu hören, dass nie eine Gemeinschaft der Sprache, eine Gemeinschaft des Blutes die Völker verbunden habe. So kam erst in unserm Jahrhundert die Lehre Bouquet's und Schoepflin's zu völliger Herrschaft.

Die Kymren und Gaelen waren natürlich mit dieser Wendung der Dinge nicht unzufrieden. In Wales waren schon seit dem zwölften Jahrhundert die Gelehrten überzeugt, dass sie die wahren Kelten seien, oder eigentlich das Urvolk, von dem die alten Gallier, so wie alle andern Völker der Erde abstammten. Nichts finden sie daher natürlicher, als dass aus ihrer Sprache die Reste der gallischen Sprache sowie aber auch alle andern Sprachen Licht erhielten. Sie hatten nicht nur nichts dagegen einzuwenden, als man anfieng, für altgallische Wörter kymrische und gaelische Etymologieen zu suchen, sondern sie fanden es sogar unbedenklich, die erhaltenen altgallischen Wörter als veraltete Ausdrücke in ihre Wörterbücher aufzunehmen. In Deutschland und Frankreich hatte man vor Bouquet in dieser Beziehung nur unsichre Meinungen, weil man von den brittischen Sprachen nur geringe Kenntniss hatte. Allerdings meinen auch Leibnitz und Keysler (dieser in seinen *Antiquitates septentrionales*, Hannover 1720 S. 36), dass man die irische Sprache mit Nutzen zur Erklärung altgallischer Wörter anwenden könne; aber nichts destoweniger ist ihnen die deutsche Sprache die eigentliche keltische. Erst seit Bouquet und Schoepflin gilt es für unerlaubt, die keltischen Wörter und Namen, welche die Alten aufbewahrt haben, aus dem Deutschen zu erklären; aber erst in neuester Zeit sind Schriften möglich geworden, wie *die gallische Sprache* von Mone, und die *Ferienschriften* von Leo, in welchen die Vorliebe für die kymrische und irische Sprache so weit getrieben ist, dass eigentlich für eine deutsche

Sprache kaum noch ein Winkelchen übriggelassen wird. Auch die *Grammatica Celtica* von C. Zeuss steht, wie schon der Name sagt, ganz fest in dem Glauben, dass die kymrische Sprache die nächste Verwandte der altgallischen sei und trägt nicht das geringste Bedenken, die gallischen Wörter unter die kymrischen und irischen aufzunehmen. So kann es also jetzt als eine unbezweifelte allgemeine Ansicht gelten, dass erstens die Germanen keine Kelten, zweitens dass die Kymren und Gaelen Kelten seien, und so fest gewurzelt ist diese Ansicht, dass z. B. Gerlach in seiner *Germania* S. 55 das Zeugniss des Strabo für das richtige Verhältniss nur höchst komisch finden kann.

Doch blieb diese Ansicht nie ganz ohne Widerspruch. Wenig geeignet zu nachhaltiger Wirkung war das Werk von Pelloutier, (Prediger an der französischen Gemeinde in Berlin), dessen erster Band schon 1740 erschien, und das noch 1777 bis 1784 in deutscher Uebersetzung von Purmann unter dem Titel: *Aelteste Geschichte der Kelten, insonderheit der Gallier und Deutschen* herausgegeben wurde. Er rechnete gegen Bouquet die Deutschen zu den Kelten, aber auch alle Völker Spaniens und der brittischen Inseln waren ihm Kelten. Viel wichtiger ist ein neueres Werk: *Deutschlands Urgeschichte* von Karl Barth, zweite Auflage, Erlangen 1840. Gleich in der Vorrede wird als Zweck des Buches angegeben, den Irrthum zu bekämpfen, dass die Kelten urverschieden von den Germanen seien, und dagegen das deutsche Keltien, das unsre Zunge spreche, aufzuhellen. Ebenso wird hier zuerst das Keltenthum der Britten angefochten und S. 359 wird gesagt: „die dreist behauptete Abkunft der Britten von den Kelten steht mit allen geschichtlichen Zeugnissen, den Meinungen und Ansichten der Alten in geradem Widerspruch.“ Mit gründlicher Gelehrsamkeit wird in diesem Buch oft mit unwiderleglichen Gründen der herrschenden Ansicht entgegengetreten. Aber es fehlt dem Verfasser an Klarheit und Entschiedenheit. Oft scheint er vielmehr die herrschende Ansicht aufs lebhafteste zu vertheidigen, und die kymrische Sprache ist ihm sogar eine germanische S. 360. Das Buch verdient Anerkennung; aber es war nicht im Stande, der herrschenden Verwirrung ein Ende zu machen; es hat eher dazu beigetragen, diese noch zu vergrössern.

Wenn ich mich nun anschicke, die ganz verstummte Opposition wieder aufzunehmen, so muss ich vor allen Dingen bemerken, dass meine beiden Sätze in nothwendiger Verbindung stehen. Man kann nicht den einen derselben bejahen und den andern verneinen. Die brittischen Völker, wie ich der Kürze wegen die Kymren in Wales und der Bretagne, und die Gaelen in Irland und Schottland, mit einem Namen nennen will, können nicht Kelten sein, wenn die Germanen Kelten sind, und umgekehrt, wenn die Germanen Kelten sind, so können die Britten keine Kelten sein. Denn die Britten und die Germanen sind zwei ganz verschiedene Völker; ihre Sprachen, obgleich allerdings nicht ohne deutliche Spuren eines gemeinsamen Ursprungs, weichen doch so weit von einander ab, dass sie unmöglich in dem Verhältniss naher Verwandtschaft stehen oder gar nur verschiedene Mundarten derselben Sprache sein können. Wer also beweisen will, dass die Germanen Kelten sind, dem ist ebendarum der Beweis dafür auferlegt, dass die Britten mit Unrecht zu den Kelten gezählt werden.

Um nun diesen doppelten Beweis zu führen, scheint mir das gerathenste den Stoff in folgender Weise in vier Theile zu ordnen. In den ersten Theil stelle ich die negativen Beweise, welche nicht sowohl die Wahrheit meiner Sätze, als die Unmöglichkeit der entgegenstehenden darthun sollen; im zweiten Theil werde ich die Ansichten und Zeugnisse der Alten über das Verhältniss der Germanen zu den Kelten einer neuen Prüfung unterwerfen; im dritten Theil sollen die Thatsachen angeführt und untersucht werden, ob die Leibesbeschaffenheit, die Sitten, die Rechtsverhältnisse, die Religion der alten Kelten sie zu den Britten oder zu den Germanen stellt; endlich im vierten Theil soll die letzte Entscheidung von der Sprache genommen werden; die erhaltenen altkeltischen Wörter sollen darauf angesehen werden, ob sie wirklich, wie jetzt allgemein behauptet wird, kymrisch oder ob sie deutsch sind. Ich werde mich in allen Theilen auf das Nothwendige und Hinreichende beschränken müssen, sonst hätte ich allerdings Gelegenheit, aus jedem Theil, ohne gerade Ungehöriges einzumischen, ein ganzes Buch zu machen.

Erster Theil.

NEGATIVE BEWEISE.

Eine Wahrheit ist immer fruchtbar, und wenn eine Ansicht längere Zeit festgehalten wird, ohne durch Aufschlüsse, die sie bringt, durch Entdeckungen, die ihre natürliche Folge sind, durch Licht, das sie fortwährend verbreitet, sich als Wahrheit zu beurkunden, so muss man endlich zweifeln, ob sie mehr sei als eine überlieferte aber falsche Meinung. Seit mehr als hundert Jahren herrscht nun die Ansicht, dass brittische Völker unter dem Namen der Gallier oder Kelten ganz Frankreich, einen Theil von Spanien, Norditalien, grosse Striche von Deutschland und noch weiter nach Osten die Donauländer bis gegen das schwarze Meer hin inne gehabt haben; und was ist der Gewinn, den die Wissenschaft, die Geschichte aus dieser Ansicht ziehen konnte? Sind die keltischen Alterthümer von diesem Standpunct aus mit Nutzen betrachtet worden? Haben die Rechtsverhältnisse der alten keltischen Völker aus den Gesetzen, den Sitten und Gebräuchen der Kymren Erläuterung erhalten? Ist die alte Religion der Gallier aus der kymrischen Sprache und den Resten des heidnischen Volksglaubens der Kymren aufgeklärt worden? Sind deutliche Spuren der kymrischen oder irischschottischen Sprache in allen den weitverbreiteten Wohnplätzen der Kelten in den Ortsnamen nachgewiesen worden? und sind die zahlreichen keltischen Personennamen von den Galatischen in Kleinasien bis zu den Keltiberischen in Spanien als kymrische oder irische mit Sicherheit erkannt und erklärt worden? Auf alle diese Fragen muss ich mit Nein antworten, obgleich unsre Keltomanen oder vielmehr Brittomanen sie bejahen. Nichts hat die hundertjährige Herrschaft der jetzigen Ansicht der Wissenschaft eingebracht, als eine Fluth von windigen Etymologieen. Dass der gallische Gott Teutates fett war, weil ein kymrisches Adjectiv *tew* fett bedeutet, wovon *tewdawd*, pinguitudo, abgeleitet ist; dass die Deutschen fürchterlich schreien konnten, weil ein kymrisches Wort *german*, Schreier, zwar nie existirt hat, aber doch von unsern neuen Kymrischgelehrten gebildet werden konnte; solche Kostbarkeiten, deren man eine reiche Blumenlese sammeln könnte, sind der einzige Gewinn, den seit hundert Jahren die herrschende Ansicht des Keltenthums gebracht hat. Alle diese Dinge sind doch eigentlich dem Ernst der Wissenschaft ganz fremd, obgleich sie von den gelehrtesten Männern mit der ernsthaftesten Miene als die wichtigsten Entdeckungen vorgetragen werden. Einigemal haben solche Versuche, das keltische Alterthum aus den brittischen Sprachen aufzuhellen, ein vorübergehendes Aufsehen gemacht, aber sie waren nie von nachhaltiger Wirkung. Gegen eine Ansicht, die sich so gänzlich unfruchtbar zeigt, muss doch endlich ein Zweifel erlaubt sein; man kann sich des Bedenkens nicht erwehren, dass eine Lehre, die fast nur Lächerliches zur Folge hat, so allgemein sie gilt, doch ohne feste Begründung und ohne Wahrheit sei.

Aber diese Bedenken werden noch gesteigert durch eine wichtigere Betrachtung. Wenn es wahr ist, dass die Kelten ein andrer Volksstamm sind als die Germanen, so giebt es eigentlich in der Geschichte und der Geographie keinen Raum für die Germanen, und es ist durchaus unbegreiflich, woher plötzlich die germanischen Völker kommen sollen. Betrachten wir den Boden Europas etwa im zweiten Jahrhundert vor Christus. Wir finden keltische Völker nicht nur in Gallien und Norditalien, sondern auch die Helvetier und Bojer, entschieden keltischen Stammes, in Süddeutschland vom Main an und östlich und nördlich bis nach Böhmen hinein. Germania 28: *Igitur inter Hercyniam silvam Rhenumque et Moenum amnes Helvetii, ulteriora Boji, Gallica utraque gens, tenuere. Manet adhuc Boihemi nomen signatque loci veterem memoriam, quamvis mutatis cultoribus.* Weiter östlich kennt noch Tacitus keltische Gothini, und der ganze Raum von Böhmen bis zum adriatischen Meer ist von gallischen Völkern bewohnt; an sie schliessen sich östlich die Skordisker an, entschieden keltischen Stammes und bis zu den Illyriern und den Thrakern reichend. Weiter nördlich bis zu den Donaumündungen wohnen die Bastarnen und Peukiner, die ebenfalls für Galaten gehalten werden müssen, wenn man nicht alle historischen Zeugnisse verwerfen will; sie berühren sich mit thrakischen und mit sarmatischen Völkern. So haben wir also eine ununterbrochene Reihe keltischer Völker von Gallien durch die südliche Hälfte Deutschlands bis zu den illyrischen, den thrakischen und den sarmatischen Völkern, und hier ist nirgends Raum für die Germanen, wenn sie von den Kelten verschieden sein sollen. Ueber den Norden vermissen wir deutliche Nachrichten über die einzelnen Völker und ihre Grenzen, aber die Alten wissen nur, dass von den nördlichen Meeren an Kelten wohnen bis zu den Skythen. Die ältesten Bewohner des nördlichen Deutschlands, von denen wir wissen, sind die Kimbern, Teutonen und Ambronen, und diese werden von allen ältern Schriftstellern nicht anders als Gallier genannt. Auch ist gewiss richtig, dass die Personennamen der Kimbern und Teutonen ganz ebenso gebildet sind wie die gallischen; ja einer derselben, Bojorix, kommt bei Livius 34, 46 als der Name eines Bojerfürsten vor. Es ist also durchaus kein Grund da, die Kimbern und Teutonen nicht für Kelten zu halten. Wenn Poseidonius bei Strabo und Plutarch im Marius, und Diodor (V, 32) Recht haben, dass die Kimbern dieselben sind mit den Kimmeriern, so finden wir bei Herodot schon im siebten Jahrh. vor Chr. Kelten und Skythen in unmittelbarer Berührung, und es ist also für ein grosses Volk zwischen den Kelten und Skythen kein Raum da. Diess ist denn auch die Ansicht neuerer Forscher. W. Wackernagel eröffnet seine Geschichte der deutschen Literatur mit dem Satze, dass die Kelten und hinter ihnen die Slaven das Mittelland Europas einnahmen. P. A. Munch in seiner norwegischen Geschichte S. 12 der Uebersetzung von Claussen: „wir finden das äusserste Glied der Skythen im Westen da, wo das äusserste Glied der Kelten im Osten endigt," und S. 14: „für die ältesten Germanen bleibt demnach im eigentlichen Mitteleuropa während jener ältesten Zeit kein Raum übrig."

Woher sollen denn nun die Germanen kommen, die wir plötzlich im letzten Jahrhundert vor Christus in so zahlreichen Stämmen zwischen den Kelten einerseits und den Slaven, und Skythen und

Thrakern andererseits auftreten sehen? Sie seien, lehrt sowohl Wackernagel als Munch, aus Scandinavien gekommen und hätten wie ein Keil sich eindrängend die Kelten und die Slaven aus einander geworfen. Dafür beruft man sich auf die Sagen der Gothen und Langobarden, welche nach Jornandes und Paulus Diaconus wirklich aus Skandinavien gekommen sein sollen. Diese Annahme ist aber doch im höchsten Grad unwahrscheinlich, ja geradezu unmöglich. Zur Zeit des Tacitus, wo also die Erinnerung an diese grossen Züge noch ganz frisch hätte sein müssen, wussten die Germanen nichts davon. Wie hätte sonst Tacitus die bekannte Stelle Germania 2 schreiben können: *ipsos Germanos indigenas crediderim*? Ferner stehen, wie schon Wackernagel bemerkt, mit jener Annahme und mit jenen spätern Sagen die Ueberlieferungen der nordischen Völker selbst im geraden Widerspruch. Danach ging der Zug der Einwanderung nicht von Skandinavien nach Deutschland, sondern umgekehrt von Deutschland nach Skandinavien. Von Asien her kam Odin zuerst nach Russland, dann nach Sachsen, wo er lange wohnte und die Reiche an seine Söhne vertheilte; von da zog er nach Fünen, und endlich nach Schweden. Diese Wanderungen Odins zeigen ohne Zweifel den Weg, dem die deutschen Völker wirklich folgten. Mit diesen nordischen Erinnerungen an eine Einwanderung der Deutschen von Osten her stimmen die Ueberlieferungen der deutschen Völker selbst überein. Die Franken kamen nach der Sage von Troja, d. h. aus Asien, an die Donau und von da an den Rein. Auch Paulus Diaconus weiss, dass Wodan früher in Griechenland gewesen war, also von Osten nach Deutschland kam. Selbst die gothische Sage weist auf eine östliche Einwanderung hin, da ja nach ihr die Gothen nicht vom Norden durch Deutschland herabkamen, sondern vom äussersten Skythien, vom schwarzen Meer her einwanderten. Der Name Skandinavien war gewiss in den alten Gesängen, aus welchen ihre Geschichte geschöpft ist, nicht genannt, wohl aber ein Land, aus welchem sie zu Schiff über ein Meer auswanderten. Jedenfalls ist diess ein Beweis des hohen Alters dieser Ueberlieferungen, denn auf dem Zug von Osten her konnten die Deutschen sehr lange nicht über ein Meer geschifft sein. Welches Land und welches Meer ursprünglich gemeint sein konnte, wollen wir hier um so weniger untersuchen, als ein sicheres Ergebniss nicht zu erlangen wäre. Dieses Land nun nannte Cassiodorus*) *Scandinavia*, weil ihm nach seinen geographischen Kenntnissen ein anderes nicht denkbar schien. In den Liedern aber war jenes Land der ersten Heimath die Wiege des menschlichen Geschlechts, aus dem alle Völker herkommen, genannt worden in Ausdrücken, welche Cassiodor *officina gentium* und *vagina nationum* übersetzt hatte, und so wurden nun diese Ausdrücke auf Skandinavien angewandt, also auf ein Land, auf welches sie am wenigsten passten. Und diess führt uns zu dem Beweis der vollkommenen Unmöglichkeit einer Einwanderung der Deutschen aus dem Norden. Es müssten sich aus Skandinavien in kurzer Zeit solche massenhafte Auswanderungen nach Deutschland ergossen haben, dass plötzlich ganz Deutschland eine völlig neue und sehr zahlreiche Bevölkerung erhalten hätte. Diess ist aus doppeltem Grunde unmöglich. Erstens nämlich müsste eine so grosse Bewegung innerhalb der historischen Zeit eine gewaltsame Erschütterung aller europäischen Völker zur Folge gehabt, und bei römischen und griechischen Schriftstellern eine gleichzeitige Erzählung gefunden haben. Aber ausser dem kimbrischen Zug, der doch nirgends von einem Stoss nachdringender nördlicher Völker, sondern überall von einem Naturereigniss, einer Ueberschwemmung, hergeleitet wird, kommt im ersten und zweiten Jahrhundert vor Chr. nichts vor, was auf eine erzwungene Bewegung grosser Völkermassen schliessen liesse. Eine solche Einwanderung der ganzen deutschen Bevölkerung innerhalb eines oder zweier Jahrhunderte müsste in ihren Folgen noch viel bemerklicher gewesen sein, als einige Jahrhunderte später die Völkerwanderung. Aber mit Ausnahme jenes kimbrischen Zuges bleiben in dieser Zeit alle Völker ruhig in ihren Wohnplätzen sitzen; darum ist die Annahme, dass die Germanen aus Skandinavien eingewandert

---

*) Schon in einer der dem Prosper zugeschriebenen Chroniken ist *Scandia* genannt als Heimath der Langobarden. Auch die Burgunder sollen nach einer wie es scheint sehr alten *vita Sigismundi* aus einer Insel *Scandania* gekommen sein, und desswegen *Scandinii* geheissen haben.

seien, unmöglich. Sie ist zweitens unmöglich, weil sie nöthigt, in so früher Zeit eine ungemein zahlreiche Bevölkerung Skandinaviens anzunehmen. Skandinavien kann seiner geographischen Lage und Beschaffenheit nach nie zu den bevölkertsten Ländern gehören; es ist jetzt noch sehr schwach bevölkert, und konnte in der Zeit, von der hier die Rede ist, höchstens eine äusserst geringe Zahl von Einwohnern haben. Denn damals waren noch die allein bewohnbaren Ebenen und Thäler von den Urwäldern bedeckt, die erst im Mittelalter allmählich gelichtet wurden. Auf den Bergen konnten nomadische Lappländer mit ihren Rennthieren umherstreifen, an den Küsten konnten sich Jäger, Fischer, Seeräuber aufhalten; aber eine dichte, ackerbauende, Städte und Dörfer bewohnende Bevölkerung von vielen und verschiedenen Nationen, wie Jornandes sagt, *multae et diversae nationes, turba diversarum gentium*, ist in der Zeit vor Christus in Skandinavien durchaus undenkbar. Und wollte man auch die Möglichkeit einer frühern dichten Bevölkerung Skandinaviens zugeben, so müsste doch der ganze Boden Schwedens und Norwegens überall die Spuren derselben tragen. Eine so dichte Bevölkerung, als vorausgesetzt werden müsste, wäre nicht ohne Ackerbau möglich gewesen, und ein ackerbauendes Volk verschwindet nicht, ohne sein Dasein bemerklich gemacht zu haben. Nirgends aber in ganz Skandinavien finden sich Spuren einer frühern Bodencultur, nirgends Reste älterer menschlicher Wohnungen, nirgends die Gebeine und Grabdenkmähler der Bewohner selbst. Es muss also die Annahme, dass die Germanen aus Skandinavien eingewandert seien, entschieden verworfen werden.

Es bleibt also dabei: der Boden Mitteleuropas ist einerseits von den Kelten, andererseits von den Slaven und Thrakern eingenommen, und zwischen diesen sich berührenden Völkern ist kein Raum für eine besondere germanische Nation, die auch nicht von Norden her sich eingedrängt haben kann. Da nun aber doch germanische Völker vorhanden sind, so bleibt nichts anderes übrig, als dass sie einem jener drei Völker angehören, und also entweder Slaven oder Thraker oder Kelten sind. Slaven nun sind sie gewiss nicht; und auch zu den frühern Skythen dürfen sie nicht gerechnet werden, obgleich allerdings häufig besonders von spätern griechischen Schriftstellern deutsche Völker unter dem Namen der Skythen befasst worden sind.

Darüber ist es nicht nöthig umständlich zu sprechen. Dagegen muss allerdings genauer untersucht werden, ob nicht die Germanen vielleicht in dem grossen thrakischen Volksstamm verborgen waren. Es muss diess um so mehr geschehen, als eine so höchst gewichtige Stimme, wie die Jacob Grimms, mit unverkennbarer Vorliebe den Gedanken ausgesprochen hat, dass die Gothen, also entschieden Germanen, kein anderes Volk seien als die Geten, welche ebenso entschieden Thraker sind. Finden wir ein deutsches Volk unter den thrakischen Stämmen wieder, so müssen auch alle andern deutschen Völker thrakisch sein, und das Räthsel der Herkunft der Germanen wäre dann gelöst: sie sind ein Zweig des thrakischen Stammes. Aber eben weil diess die nothwendige Folge von Grimms Gleichstellung der Geten und Gothen wäre, ist diese Gleichstellung unmöglich; denn dass die Germanen nicht ein Zweig des thrakischen Volksstammes, sondern eine von diesem verschiedene selbständige Nation sind, kann doch ernstlich nicht bestritten werden. Thrakische Völker blühten noch lange, als schon die Germanen längst bekannt waren, und alle Geographen und Historiker scheiden sie von einander. Die thrakische Sprache war entschieden eine andere als die der Germanen, die erhaltenen Wörter findet man gesammelt in *Paul Boettichers Arica* (Halle 1851). Hiemit ist Grimms Hypothese bereits hinlänglich widerlegt; er wagt selbst nicht so weit zu gehen, die Deutschen den Thrakern beizuzählen, wie er doch müsste. Es ist aber doch nicht gerathen, die Gründe, die ein Mann wie Grimm für seine Ansicht beizubringen weiss, unerwogen zu lassen, wenn schon man zum Voraus von der Unhaltbarkeit dieser Ansicht überzeugt ist. In der That sind alle diese Gründe sehr schwach; und dass Grimm selbst sich von ihnen nicht befriedigt fühlte, zeigt die Art, wie er immer wieder auf seine Behauptung zurückkommt und sich selbst durch Herbeiziehung neuer Argumente oder Wiederholung der alten oder durch Betheurungen in seiner Meinung zu bestärken sucht.*) Die Beweise sind aber folgende. 1) Die Identität der Namen *Getae* und *Gothi*; allein die Lautverschiebung verlangt, dass der alte Name Geta auf gothischer Stufe nicht mit *G*, sondern mit *K* beginne; wären die Gothen wirklich die Geten, so müssten sie sich abgesehen vom Vocal Kuthans genannt haben. Der Einwand ist allerdings nicht zwingend; denn für Namen, besonders einheimische, die uns durch die Römer erhalten sind, gelten nicht die gleichen Gesetze der Lautverschiebung, wie für die urverwandten Wörter. Aber die Aehnlichkeit oder Gleichheit des Namens beweist noch nicht die Gleichheit des Volks. 2) Jornandes und viele andere Schriftsteller nennen wirklich die Gothen Geten. Diess ist richtig, aber durchaus nicht beweisend; es geschieht diess theils aus Unwissenheit, theils aus gelehrter Affectation; so sagen die Spätern *Παίονες* für *Παννόνοι*, *Dacia* für *Dania*, *Albani* für *Alemanni*, um keine Wörter, sogar in den Namen, zu gebrauchen, die nicht bei Classikern vorkommen. 3) Grosses Gewicht legt Grimm auf Plinius 4, 11: *Moesi, Getae, Aorsi, Gaudae, Clariaeque;* so wie hier *Getae* und *Gaudae* beisammen stehen, so später in Skandinavien *Gotland* und *Gautland;* wie ferner im griechischen Lustspiel *Γέτας* und *Δάος* die gewöhnlichen Sklavennamen sind, so treffen sich später altnordisch beisammen *Gautar* und *Danir*, ags. *Geatas* und *Dene*. Wenn die gleichen Namen in gleicher Verbindung vorkommen, so könne diess nicht zufällig sein, sondern es müssten wirklich die gleichen Völker gemeint sein. Richtig; aber die erste dieser Verbindungen beruht nur auf der einzigen Stelle des Plinius, wo die Namen nicht einmal nebeneinander stehen, die zweite Verbindung ist gar nicht vorhanden, da *Dani* doch nicht *Daci* sind; unglaublich ist es, dass Grimm wirklich behauptet, die Dänen seien die *Daci* der Alten; Beweis für diese höchst überraschende Behauptung wird kein andrer gegeben, als dass ja aus *Daci* wohl *Dacini*, und daraus *Dacni, Dani* hätte entstehen können. 4) Die historische Betrachtung soll auf Identität der Geten und Gothen führen; gerade an der Stelle, wo die Geten

---

*) Ausführlicher ist die Unhaltbarkeit von Grimms Hypothese dargethan von Sybel in Schmidts Zeitschrift für Geschichte IV.

unter Trajan ihren völligen Untergang erleiden, erscheinen kurze Zeit hernach die Gothen; es sei also die Vertilgung keine völlige gewesen, und bald nachher, als das Volk sich wieder etwas erholt habe, erscheine es wieder, und führe seinen alten Namen *Getae*, nur etwas getrübt *Guthae*. Allein erstens sind es nicht die Getae, welche von Trajan ausgerottet wurden, sondern die Daci; die Getae haben schon unter August aufgehört als Nation zu existiren; zweitens erscheinen zwar allerdings die Gothen im Laufe des 2. Jahrhunderts an der Donau im ehemaligen Dacia; aber wir wissen, dass sie erst im 2. Jahrhundert dahin kamen und früher im Nordosten Deutschlands*) wohnten, während die Geten schon im 6. Jahrhundert v. Chr. zwischen dem Haemus und Ister gefunden werden. Die historische Betrachtung lehrt also, dass die Geten und Gothen unmöglich dasselbe Volk sein können. 5) Die Sprache, sagt Grimm S. 806, würde einen aufwiegenden Grund in die Schale legen, aber er muss leider hinzufügen, wenn uns getische Denkmäler überliefert wären. Was wir besitzen von getischen und dakischen Wörtern, reicht offenbar nicht aus; es sind Eigennamen, von denen kein einziger ungezwungen als deutscher erkennbar ist; es sind ferner einige Pflanzennamen, welche ein Arzt aus dem ersten Jahrhundert, Dioscorides, gesammelt hat. Das Wichtigste darunter ist κρουστάνη, χελιδονιόν; diese Pflanze heisst litthauisch *Kregzdyne*, und *Kregzdė* heisst Schwalbe; diess ist allerdings ein sehr erheblicher Gewinn, der aber im mindesten nicht für den Satz, dass die Geten Gothen seien, beweisend ist, sondern ihm eher widerstrebt. Denn die litthauische Sprache ist doch entschieden eine andere als die gothische. 6) Endlich wird in Beziehung auf die Lebensweise hervorgehoben die Stelle des Horat. III, 24, 11:

---

*) Hier folge ich der allgemeinen Ansicht. Vielleicht aber ergiebt sich, dass jene *Guttones* des Pytheas an der Ostsee nicht die Gothen waren, und dass allerdings die Gothen schon viel früher unter anderm Namen am schwarzen Meere sassen. Darf man des Lydus Nachricht von einer Inschrift des Pompejus, der bei Byzanz Gothen besiegte, ganz unbeachtet lassen? Diess muss an andrer Stelle erörtert werden; aber selbst wenn sich finden sollte, dass allerdings diese Gothen zuweilen Geten genannt wurden, so bleiben doch die Gothen und die Geten zwei verschiedene Völker.

rigidi Getae
immetata quibus jugera liberas
fruges et Cererem ferunt;
nec cultura placet longior annua
defunctumque laboribus
aequali recreat sorte vicarius.

Ganz dasselbe sagt Caesar von den Sueven, B. G. IV, 1. Aber gerade dass Caesar ganz dasselbe sagt, so dass der Dichter fast nur die Prosa in Poesie verwandelte, lässt fast mit Sicherheit vermuthen, dass Horaz seine Nachricht nirgends anders gefunden hat, als im bellum gallicum, wie auch Orelli zu der Stelle bemerkt. Auf historische Zuverlässigkeit kam es dem Dichter bei einer Nachricht über ein barbarisches Volk nicht an, es war für seinen Zweck ganz gleichgültig, ob von den Geten oder von den Sueven die Rede war; und so sezte er unbedenklich *Getae*, weil *Suevi* nicht in seinen Vers passte. Die Geten und Daken hatten seit Jahrhunderten feste Wohnsitze in zahlreichen Städten und Dörfern; die Lebensweise, die ihnen der Dichter mit allzugrosser poetischer Freiheit zuschreibt, war bei ihnen ein Ding der Unmöglichkeit. Man muss vorsichtig sein, wenn man mit Dichtern zu thun hat, und darf ihre poetischen Ergüsse nicht wie baare Prosa aufnehmen. Diess sind etwa die Gründe Grimms für die Gleichstellung der Geten und Gothen.

Sollte das thrakische Volk, nach Herodot das volkreichste nach dem indischen, ganz verschwunden sein, ohne in einem der noch lebenden Völker fortzudauern? Manches spricht dafür, dass die Litthauer und die zu ihnen gehörigen Letten und Preussen, mit ihrer wunderbar alterthümlichen Sprache ein nach Norden gedrängter Rest des alten grossen thrakischen Volkes sind. Ihr ältester Gesammtname bei polnischen Chronisten ist *Gethae*, und derselbe Name ist enthalten in *Samogita*, wie ein Zweig der Litthauer heisst. Ihre Sprache nannten sie selbst die guddische, das ist die getische. Sehr auffallend ist das erwähnte *Kregzdyne* gleich dakisch *κρουστάνη*, *χελιδόνιον*. Die Erde heisst litthauisch mit einem fast reinen Zendwort *zem*, *ziam*, dasselbe scheint enthalten in dem thrakischen Namen des Gottes *Zamolxis;* ja ich finde erwähnt, dass sowohl *Ziamolux* als *Güveleisis* noch jetzt in der litthauischen Sprache erhalten seien, also Herodots *Ζάμολξις* für *Ζάλμοξις* und *Γεβελέϊζις*.

Gewiss sind diese Spuren deutlich genug, um eine Untersuchung zu veranlassen, die eine der interessantesten und lohnendsten werden könnte. Wenn dadurch die Vermuthung, dass die Litthauer die Nachkommen der Geten, und also die lebenden Repräsentanten des thrakischen Volksstammes sind, Bestätigung erhält, so ist damit über allen Zweifel erhoben, dass die Germanen zwar den Thrakern nahe verwandt, aber doch von denselben als Volk geschieden waren, und nicht mit denselben verwechselt oder zu ihnen gerechnet werden konnten.

Wir sehen also, dass Mitteleuropa auf der einen Seite von Kelten, auf der andern von thrakischen und skythischen Völkern besetzt war; ein Zwischenraum war nicht vorhanden, auf dem noch eine andere grössere Nation sich bewegen konnte; von Norden her, aus Skandinavien, sind die Germanen nicht gekommen; unter den skythischen und den thrakischen Stämmen sind sie nicht versteckt; woher nun sollen sie kommen, wie ist ihre Existenz möglich, wenn sie nicht zu den Kelten gehören? Es bleibt keine andere Möglichkeit; die seit Ariovists Zeiten in so grossen Heerhaufen und so zahlreichen Bevölkerungen auftretenden germanischen Völker müssen zu den Kelten gerechnet werden, und früher unter diesem Namen mit eingeschlossen gewesen sein.

Diess wird auch zugegeben, aber man sagt: die Germanen seien irrthümlich unter dem Namen der Kelten befasst worden, so lange man die nordischen Völker nicht kannte; sobald man sie näher habe kennen lernen, habe man auch die wesentliche Verschiedenheit von den Kelten erkannt, und sie nun auch im Namen getrennt. Diess führt uns auf den zweiten Theil unserer Untersuchung.

Zweiter Theil.

DIE ANSICHTEN DER ALTEN.

Zuerst werde ich das Verhältniss der Germanen zu den Kelten ins Auge fassen, und am Schluss erst das Keltenthum der Britten untersuchen. Dabei versteht es sich, dass ich nicht um Worte streiten will. Die Alten nennen den ganzen Volksstamm, um den es sich hier handelt, bald Kelten, bald Galaten, und davon unterschieden ist der Name der römischen Provinz *Gallia* bald *Galatia* bald *Celtice*. Wer nun sophistisch verfahren will, kann die Stellen hervorheben, wo ein scheinbarer Gegensatz zwischen Galaten und Kelten oder auch zwischen Kelten und Germanen entsteht, wenn man geographische Namen ethnographisch auffasst. Wir verstehen unter Kelten natürlich nicht die Bewohner eines bestimmten Landes, sondern den ganzen Volksstamm, den die Alten bald den keltischen, bald den galatischen nennen.

Es wäre höchst wunderbar, wenn die Zeugnisse der Alten über das Verhältniss der Germanen zu den Kelten auf einem Irrthum beruhten. Wenn es wahr ist, wie behauptet wird, dass die Alten, je genauer sie diese Völker kennen lernten, um so sicherer sie als stammverschiedene trennten, so gebe ich mich geschlagen und trete der herrschenden Ansicht bei, dass die Germanen keine Kelten seien. Wenn im Gegentheil aus den Zeugnissen der Alten sich ergiebt, dass die Germanen als Kelten erkannt wurden, so halte ich schon durch diese Zeugnisse meinen Satz für hinreichend erwiesen. Es kommt hier vor allem darauf an, welche Zeugnisse man zu Grunde legt. Rhetoren und Dichter können nur zur Bestätigung in untergeordneter Weise beigezogen werden. Geschichtschreiber werden von grösserem Gewicht sein, wobei aber zu unterscheiden ist, ob sie aus eigner Kenntniss, oder nach ältern vielleicht unklaren Schriftstellern berichten. Am genausten und zuverlässigsten müssen die Nachrichten der Geographen sein. Es wird ferner auf die Zeit des Schriftstellers ankommen. Er soll nicht früher geschrieben haben, als die Germanen näher bekannt geworden waren; aber früher, als die Gallier in Italien und dem eigentlichen Gallien völlig romanisirt waren, denn später war es nicht mehr möglich, über das Verhältniss der Germanen zu den Kelten anders als nach den überlieferten oder neu entstandenen Meinungen zu urtheilen.

In allen diesen Beziehungen kann kein Gewährsmann dem Strabo vorgezogen werden. Dieser Geograph schrieb sein grosses Werk unter August und Tiberius, also zu einer Zeit, als man die Germanen bereits hinlänglich kennen gelernt hatte, und als man sie noch mit den Galliern, die ihre Nationalität noch nicht völlig abgelegt hatten, vergleichen konnte; er ist ein sorgfältiger Kritiker, dem es überall ernstlich um die Wahrheit zu thun ist, und der sich auf Reisen durch eigene Anschauung zu belehren suchte. Es muss uns also vor allem wichtig sein, wie er sich über unsere Frage ausspricht. Auf ihn beruft man sich gerade für die herrschende Ansicht, und allerdings trennt er dem Namen nach die Kelten von den Germanen. Ihm ist nämlich *Κελτικὴ* ein geographischer Namen, womit er das lateinische *Gallia* übersetzt. Die Grenzen der *Gallia transalpina*, *ἡ ὑπὲρ τῶν Ἄλπεων Κελτικὴ* sind die Pyrenäen, der Rein von seinen Quellen bis zu seiner Mündung, die Alpen von den Quellen des Reins bis Ligurien, und die beiden Meere p. 310. *Gallia cisalpina* ist *Κελτικὴ ἡ ἐντὸς Ἄλπεων*. In diesem Sinn gehört ihm also natürlich das Land der Germanen nicht zur *Κελτικὴ*, und in diesem Sinn scheidet er genau zwischen Kelten und Germanen. So sagt er S. 290: jenseits des Reins neben den Kelten wohnen die Germanen. Hiemit ist aber im mindesten nicht gesagt, dass er die Germanen für ein ganz anderes Volk als die Gallier hielt. Vielmehr drückt er sich in dieser Beziehung aufs bestimmteste aus. Zuerst sagt er S. 176, dass von den drei Theilen, in welche früher, nämlich nach Caesar, Gallien, *ἡ Κελτικὴ* eingetheilt worden sei, die Aquitaner, in Sprache und Körperbildung gänzlich abweichend, keine Galaten seien; die Kelten aber und die Belgen, zwar in der Sprache und Lebensweise einander nicht ganz gleich, aber doch alle von galatischer Bildung seien. Neben den geographischen Grenzen unterscheidet er also die Völkerverwandtschaft. Der Name des Volks nach der Abstammung ist ihm Galaten; und er fügt weiter hinzu S. 189, dass derjenige Theil der Galaten, welche in der Narbonitis wohnten, eigentlich Kelten hiessen, und dass von ihnen durch die benachbarten Massalioten der Name Kelten auf alle Galaten übertragen wurde. So braucht er denn auch selbst von den östlichen Völkern, den Tauriskern und Skordiskern, wo an jenen geographischen Gebrauch von *Κελτικὴ* nicht gedacht werden konnte, ohne Unterschied die Bezeichnung Kelten und Galaten, z. B. S. 313 heissen sie Kelten, S. 315 Galaten. Wenn er also die Germanen von den Kelten scheidet, so ist damit nur gesagt, dass sie nicht geographisch der *Gallia cisalpina* oder *transalpina* angehören, so wie er von den Aquitanern nicht sagen will, dass sie keltischen Stammes seien, obgleich er sie ebenfalls geographisch Kelten nennt. Es fragt sich nun, ob er die Germanen dem grossen Volksstamm der Galaten zuzählt, zu welchem er die Kelten im engern Sinn, die Belgen, die Bojer, die Skordisker u. s. w. rechnet, oder ob er sie, ebenso wie er es von den Aquitanern ausdrücklich bemerkt, diesem abspricht. Ausdrücklich sagt er S. 290, dass die Germanen mit Recht die ächten Galaten genannt werden, denn sie seien den Kelten, also den keltischen oder galatischen Bewohnern von Gallien, in Leibesbeschaffenheit, Sitte und Lebensweise gleich (*παραπλήσιοι καὶ μορφαῖς καὶ ἤθεσι καὶ βίοις ὄντες*) und übertreffen sie nur an Grösse, Wildheit und blonder Farbe der Haare. Und fast noch schlagender sagt er S. 195, wo er die Sitten der Gallier schildern will, er nehme die Schilderung nicht von den Kelten, wie sie jetzt unter der römischen Herrschaft seien, sondern von den alten Kelten, und von den Germanen; denn von Natur und Verfassung seien beide einander gleich und verwandt: *καὶ γὰρ τῇ φύσει καὶ τοῖς πολιτεύμασι ἐμφερεῖς εἰσὶν οὗτοι καὶ συγγενεῖς ἀλλήλοις.* Kann man nach solchen Aeusserungen noch den geringsten Zweifel haben über Strabo's Ansicht von dem Keltenthum der Germanen? Wenn er die Sitten der Kelten schildern will, sieht er sich nicht in Gallien oder Italien um, wo die Kelten schon längst durch die Berührung mit den Römern und unter der Herrschaft derselben ihre Eigenthümlichkeit in den Gebräuchen und der Lebensweise verloren oder doch nicht mehr rein erhalten hatten, sondern er nimmt seine Beispiele bei den Germanen, weil diese, die ächten, wahren Kelten, die alten Sitten bewahrt haben, die früher allen Kelten, auch in Italien und Gallien gemeinsam waren. Strabo ist weit entfernt, meiner Ansicht zu widersprechen, sondern er ist im Gegentheil ihre beste Stütze. Man sieht hier, wie nöthig es ist, die Schriftsteller nicht oberflächlich zu betrachten, denn dem Wortlaute nach scheidet allerdings Strabo die Kelten ganz bestimmt von den Germanen, wie wir oben gesehen haben, und es ist daher hauptsächlich Strabo, mit dessen Zeugniss Schoepflin die jetzt herrschende Ansicht begründet hat. Indem Schoepflin die geographischen Namen Strabos ethnographisch deutet, lässt er ihn gerade das Gegentheil von dem sagen, was er wirklich in den deutlichsten Ausdrücken ausspricht.

Ich könnte mich mit diesem vortrefflichen Zeugen begnügen, und mit ihm allein einem Heer von ungenauen, unkritischen Rhetoren und Dichtern entgegentreten; wir wollen aber doch auch die Ansichten anderer Schriftsteller kennen lernen.

Etwas früher als Strabo schrieb **Dionys von Halicarnass.** Wenn er Art. Rhetor. p. 118 die Barbaren eintheilt in Skythen, Thraker, Kelten, Iberier und Aegyptier, so sieht man, dass er die Germanen, die ihm nicht unbekannt waren, zu den Kelten rechnet; sonst hätte er sie zwischen den Thrakern und Kelten als ein besonderes Volk erwähnen müssen. Ganz deutlich erhellt die Ansicht des Dionys aus dem Anfang des 14. Buchs der Antiquit. Roman. in den von Angelo Mai herausgegebenen Fragmenten. Hier wird zuerst das Keltenland, *ἡ Κελτικὴ*, geographisch bestimmt; die Gränzen seien die Pyrenäen, der Ocean, die Alpen, Skythien und Thracien und die Donau; und es werde in der Mitte vom Rein durchschnitten; und der Theil rechts vom Rein bis zu den Skythen und Thrakern heisse Germania, der andere aber bis zu den Pyrenäen Galatia: *ἡ δὲ Κελτικὴ — σχίζεται μέση ποταμῷ Ῥήνῳ —, καλεῖται δ᾽ ἡ μὲν ἐπὶ τάδε τοῦ Ῥήνου, Σκύθαις καὶ Θρᾳξὶν ὁμοροῦσα Γερμανία μέχρι δρυμοῦ Ἑρκυνίου* *καὶ τῶν Ῥιπαίων ὀρῶν καθήκουσα, ἡ δ' ἐπὶ θάτερα τὰ πρὸς μεσημβρίαν βλέπουσα μέχρι Πυῤῥήνης ὄρους ἢ τὸν Γαλατικὸν κόλπον παραλαμβάνουσα, Γαλατία, τῆς θαλάττης ἐπώνυμος.* Man kann sich nicht deutlicher und bestimmter ausdrücken. Die Gallier und Germanen sind nach Dionys nur ein Volk, die Kelten; derjenige Theil des keltischen Landes, der den Römern unterworfen ist, wird Gallien genannt, der andre Germanien. Dionys ist also ganz einverstanden mit Strabo in der Sache; aber er braucht die Wörter Kelten und Galaten in andrer Weise. Der Name des ganzen Volks ist bei ihm Kelten, bei Strabo Galaten; das römische *Gallia* übersetzt Dionys *Γαλατία*, Strabo aber *Κελτική*. Diese Verschiedenheit des Sprachgebrauchs zeigt, dass Strabo und Dionys ganz unabhängig von einander schrieben; wenn sie in der Sache ganz übereinstimmen, so ist damit erwiesen, dass die von ihnen in ganz verschiedener Weise ausgesprochene Ansicht die allgemeine ihrer Zeitgenossen war, und es lässt sich nicht denken, dass sie so schreiben konnten, wenn gerade damals eine entgegenstehende Ansicht oder Erkenntniss gewonnen und verbreitet worden wäre.

Ebenfalls unter August schrieb Diodor von Sicilien. Auch bei ihm gränzt Galatia an Skythia V, 23: *τῆς Σκυθίας τῆς ὑπὲρ τὴν Γαλατίαν.* Caesar schlägt eine Brücke über den Rein, um zu den jenseits wohnenden Galaten zu kommen V, 25; und gerade wie Strabo, aber ausführlicher und bestimmter lehrt Diodor V, 32, dass eigentlich die Massilia zunächst wohnenden bis zu den Alpen Kelten heissen, die aber am Ocean und am Herkynischen Gebirge und noch weiter bis zu den Skythen würden eigentlich Galaten genannt; die Römer seien es, die alle diese Völker mit dem einen Namen Galaten (Gallier) befassten; *) und zu diesen nördlicheren, wilderen Galaten ge-

---

*) *Χρήσιμον δ' ἐστὶ διορίσαι τὸ παρὰ πολλοῖς ἀγνοούμενον· τοὺς γὰρ ὑπὲρ Μασσαλίας κατοικοῦντας ἐν τῷ μεσογείῳ καὶ τοὺς παρὰ τὰς Ἄλπεις, ἔτι δὲ τοὺς ἐπὶ τάδε τῶν Πυρηναίων ὀρῶν Κελτοὺς ὀνομάζουσι· τοὺς δ' ὑπὲρ ταύτης τῆς Κελτικῆς εἰς τὰ πρὸς νότον νεύοντα μέρη παρά τε τὸν Ὠκεανὸν καὶ τὸ Ἑρκύνιον ὄρος καθιδρυμένους καὶ πάντας τοὺς ἑξῆς μέχρι τῆς Σκυθίας, Γαλάτας προσαγορεύουσιν· οἱ δὲ Ῥωμαῖοι πάλιν πάντα ταῦτα τὰ ἔθνη συλλήβδην μιᾷ προσηγορίᾳ περιλαμβάνουσιν, ὀνομάζοντες Γαλάτας ἅπαντας.*

hören die Kimbern und auch diejenigen, welche Rom eroberten und welche den Tempel von Delphi plünderten. Wenn also Diodor das gallische Heer, das 225 v. Chr. gegen die Römer aufbrach, aus Kelten und Galaten bestehen lässt, so ist seine Meinung, dass nicht nur Gallier aus dem eigentlichen Gallien (Kelten), sondern auch Germanen (Galaten) sich zu diesem Zug verbunden hätten. Diese Galaten sind dieselben, welche in den Fasti Capitolini *Germani* heissen. Diodor ist also ganz derselben Ansicht wie Strabo, und wendet auch die Wörter Kelten und Galaten ebenso an wie dieser. Merkwürdig ist das ausdrückliche Zeugniss, dass die Römer auch die Germanen zu den Galaten zählten. Also auch dieser Zeuge ist für mich gegen die herrschende Lehre.

Appian, schon im zweiten Jahrhundert, zählt unter die gallischen Kriege auch den gegen Ariovist; er sagt, die Kelten, welche Rom eroberten, seien vom Rein gekommen, was nach der eben angeführten Stelle Diodors dahin zu verstehen ist, dass sie Germanen waren. Wenn Appian sagt, die Römer herrschen über einige keltische Völker jenseits des Reins, so meint er doch gewiss deutsche. Die Kimbern nennt er ausdrücklich Kelten. Civ. 1, 29: *Κιμβροὶ γένος Κελτῶν*, und Ill. 4: *Κελτοῖς τοῖς Κίμβροις λεγομένοις*. *Κελτοὶ* ist ihm der Name des ganzen Volksstammes; nur die asiatischen Galaten nennt er immer *Γαλάται*. Sonst nennt er *Γαλάται* nur diejenigen Kelten, welche im römischen *Gallia* wohnten. So Hisp. 1: östlich von den Pyrenäen wohnen *Κελτοὶ, ὅσοι Γαλάται τε καὶ Γάλλοι νῦν πρoς αγορεύονται*. Hannibal kommt über die Pyrenäen: *ἐς τὴν Κελτικὴν τὴν νῦν λεγομένην Γαλατίαν*. *Γαλάται* heissen die Bewohner der römischen *Keltike*, exc. XV. *ἐς Γαλάτας* heisst ins römische Gallien exc. XIV. Die Gesandten, welche Caesar zu Ariovist schickte, also die Gallier Procillus und Metius, heissen exc. XVII. *Γαλάται*. Aber er weiss, dass auch diese *Γαλάται* Kelten sind, und auch die römische *Gallia* ist *Κελτική*, wie sie in Civ. fast immer genannt wird; doch 1, 4 *Γαλατία*.

Plutarch zeigt auch im Gebrauch der Namen Kelten und Galaten, dass er aus verschiedenen Quellen schöpfte. Wenn er öfter Kelten und Germanen scheidet, so thut er diess nur in dem geographischen Sinn wie Strabo. Er sagt z. B. im *Caesar*, dieser habe die Absicht gehabt, die Parther zu unterwerfen, und dann durch Skythien nach Germanien zu ziehen, und von da durch die Kelten nach Italien zurückzukehren. Die Kelten sind hier die Uebersetzung von *Gallia;* es ist aber damit nicht gesagt, dass die Germanen ein ganz anderes Volk waren als die Gallier. Er unterscheidet zuweilen Kelten und Galaten und versteht dann unter den letztern wie Diodor die Germanen. So spricht er im *Camillus* von Galaten, welche über die Ripäen an den nördlichen Ocean gekommen seien und das äusserste Europa bewohnen; er sagt aber ausdrücklich, sie seien keltischen Geschlechts: *οἱ δὲ Γαλάται τοῦ Κελτικοῦ γένους.* Von den Kimbern, die er für Germanen erkennt, sagt er, dass sie von Einigen Keltoskythen genannt würden, weil Keltike an die Skythen grenze: er lässt diess zweifelhaft, aber dass die Kimbern Kelten seien, scheint ihm nichts auffallendes, sondern sich von selbst zu verstehen.

Dio Cassius, der im dritten Jahrhundert, aber nach ältern Quellen schrieb, nennt die Germanen fast immer Kelten, und dagegen die Gallier Galaten. Er steht also im Gebrauch der Namen Kelten und Galaten dem Strabo und Diodor gegenüber. So sagt er lib. 39 Reim. p. 219: *ὁ δὲ Ῥῆνος . . . ἐν ἀριστερᾷ μὲν τήν τε Γαλατίαν καὶ τοὺς ἐνοικοῦντας αὐτήν, ἐν δεξίᾳ δὲ τοὺς Κελτοὺς ἀποτέμνεται.* Der Rein scheidet links die Gallier, rechts die Kelten. So sind ihm die Chatten, die Tenchterer und Usipeten Kelten, und er wechselt ab mit Kelten und Germanen: Augustus hat aus Furcht vor den Germanen und Galaten aus Rom alle Kelten und Galaten verbannt. An andern Stellen ist ihm *Germania* die römische *Germania superior* und *inferior*, und diese wird von einem Theil der Kelten bewohnt: 53, p. 704: *Κελτῶν γάρ τινες, οὓς δὴ Γερμανοὺς καλοῦμεν, πᾶσαν τὴν πρὸς τῷ Ῥήνῳ Κελτικὴν κατασχόντες Γερμανίαν ὀνομάζεσθαι ἐποίησαν, τὴν μὲν ἄνω, τὴν μετὰ τὰς τοῦ ποταμοῦ πηγάς, τὴν δὲ κάτω, τὴν μέχρι τοῦ Ὠκεανοῦ τοῦ Βρεττανικοῦ οὖσαν.* Hier wohnen also die *Germani* links vom Rein. Aber er weiss, dass die Unterscheidung der Gallier und der Germanen eine junge ist, und dass früher die Gallier ebenfalls Kelten hiessen: *οὗτος γὰρ ὁ ὅρος, ἀφ' οὗγε καὶ ἐς τὸ διάφορον τῶν ἐπικλήσεων ἀφίκοντο, δεῦρο ἀεὶ νομίζεται· ἐπεὶ τόγε πάνυ ἀρχαῖον Κελτοὶ ἑκάτεροι οἱ ἐπ' ἀμφότερα τοῦ ποταμοῦ οἰκοῦντες ὠνομάζοντο.* Der

Sprachgebrauch Dios hätte sich gar nicht bilden können, wenn man die Germanen nicht für ein keltisches Volk gehalten hätte.

Pausanias, der unter den Antoninen schrieb, sagt von den Römern *Attica* 1, 9, sie hätten sich ganz Thracien unterworfen, und von den Kelten so viel als ihnen wünschenswerth geschienen; auf den Theil aber, der wegen Kälte und Unfruchtbarkeit unwerth sei, hätten sie gern verzichtet. Es ist deutlich, dass hier von Deutschland die Rede ist.

Aristides in der Lobrede auf Marc Aurel nennt die von diesem besiegten Völker, also die Markomannen und ihre Verbündeten, lauter entschiedene Germanen, Kelten, die grössten und wildesten aller Menschen.

Clemens Alexandrinus in *Paedagogus* III, 227 spricht von Kelten und Skythen, und nennt jene einige Zeit nachher Germanen.

Nach Arrian *expeditio Alex. M.* 1, 3 ist die Donau die Grenze gegen keltische Völker, bei welchen sie auch entspringt.

Libanius zu Anfang des 4. Jahrh. in der 3. *Oratio* nennt die Franken einen Stamm der Kelten.

Suidas sagt: Keltoi, Volksname, die am Reinstrom wohnen und auch *Germani* genannt werden.

Alle diese angeführten Schriftsteller schrieben, nachdem die Germanen bekannt waren; die frühern vor Caesar wissen durchaus nichts von einem besondern Volksstamm, der zwischen dem keltischen und skythischen wohnte, und sie rechnen das eigentliche Deutschland unbedenklich und unzweifelhaft zum Keltenland. Skymnos von Chios, der ungefähr 100 Jahre vor Chr. schrieb, sagt v. 188: im entferntesten Keltike liegen die Nordsäulen, ein weit ins Meer ragendes Vorgebirg; da wohnen die äussersten Kelten. An sie reiht er die Heneter, also Illyrier. Von diesen also bis zu jenem Vorgebirg reichen die Kelten.

Aristoteles nennt *de mundo* 3 Keltike und Skythien neben einander; in *histor. anim.* 8, 28 glaubt er, der Esel könne in Keltike der Kälte wegen nicht fortkommen; und der Scholiast bemerkt zur Meteorologie 1, 13, dass die Arkynien im Keltenlande liegen.

Ephorus kennt im Westen und Norden von Europa nur Kelten und Skythen.

Pytheas ist der erste, der auf seiner Entdeckungsreise c. 320 v. Chr. von den Teutonen und Gothonen Kunde erhielt; aber auch er muss unter Keltike Germanien verstanden haben; denn er sagt, dass man einige Tage brauche, um von Keltike nach Cantium, der östlichen Küste von Britannien, zu schiffen.

Timaeus, ein als genauer Kenner des Westens anerkannter Geschichtschreiber, weiss nur von Kelten zu berichten.

Polybius, der selbst in Iberien und im Lande der Kelten Reisen gemacht hat, scheint nichts erfahren zu haben von einem von den Kelten verschiedenen Volk jenseits des Reins. Er nennt den Volksstamm den galatischen: *πᾶν τὸ Γαλατικὸν φῦλον* II, 33. Kelten heissen ihm die italischen Galaten und diejenigen, durch deren Gebiet Hannibal von den Pyrenäen zu den Alpen zog. Aber die Gäsaten nennt er vorzugsweise Galaten, obgleich III, 48 unter Kelten von der Rhone wohl die Gäsaten gemeint sind. Eine Unterscheidung der Namen Kelten und Galaten lässt sich bei ihm nicht durchführen; nur braucht er den Namen Galaten als allgemeinern und vorzugsweise für die westlichen und nördlichen, den Namen Kelten für die italischen und südgallischen.

Es mögen diese Zeugnisse, die leicht vermehrt werden könnten, genügen, um zu zeigen, dass die Griechen die Germanen immer zu den Kelten zählten. Bei den ältern Zeugnissen könnte man einwenden, dass sie entweder vor der Einwanderung der Germanen aus den Norden geschrieben seien, und also der Wahrheit gemäss nur von Kelten berichten konnten, oder dass die Griechen, ehe die Römer die Germanen genauer kennen lernten, irrthümlich glaubten, dass die Bewohner der spätern Germania von den Kelten nicht verschieden seien. Nun aber haben Strabo und so viele andre griechische Geschichtschreiber nach der angeblichen Entdeckung der Römer geschrieben. Sie haben unter den Römern, für die Römer, nach römischen Berichten geschrieben: wie sollten sie alle von einer so wichtigen Entdeckung gar keine Kenntniss genommen haben? Nicht nur machen sie gar keinen Gebrauch davon, und verschliessen sich mit dem unbegreiflichsten Eigensinn gegen die Wahrheit, sondern sie nehmen auch nicht einmal den geringsten Bezug, nicht einmal in ablehnender oder spöttischer Weise, auf die angebliche Entdeckung eines ganz neuen Völkerstammes. Aus den griechischen Schriftstellern könnte man durchaus nichts davon erfahren, dass die Römer seit Caesar die Germanen als ein nichtkeltisches Volk kennen gelernt hatten. Im Gegentheil müssten wir nach der angeführten ausdrücklichen Stelle des Diodor der Meinung sein, dass auch die Römer ebenso wie die Griechen die Germanen zu den Galaten zählten. Wie ist nun eine so allgemeine Verblendung, eine so eigensinnige Verschliessung gegen die erkannte und allgemein bekannte Wahrheit bei so vielen von einander unabhängigen Männern zu begreifen? Ich gestehe, dass ich mir diese Erscheinung durchaus nicht zu erklären im Stande bin; es wäre nicht nur eine unbegreifliche Befangenheit in den hergebrachten Ansichten, sondern es wäre ein völliges Wunder, dass eine so wichtige Entdeckung der Römer, die den Griechen unmöglich unbekannt bleiben konnte, wie nach einer gemeinsamen Verabredung von Allen, die griechisch schrieben, mit keinem Wort auch nur erwähnt wurde. Ehe ich an eine solche wunderbare Verschwörung aller Griechen gegen die Nationalität der Germanen, an eine so allgemeine Verstockung und halsstarrige Durchführung alter Irrthümer glaube, eher wage ich an der angeblichen Entdeckung zu zweifeln.

Ich wende mich also zu den Römern. Ohne Umschweife will ich mich sogleich zu demjenigen wenden, welcher zuerst die Germanen entdeckte, welcher zuerst durch Berührung mit diesem Volke zu der Einsicht kam, dass sie nicht, wie man bisher geglaubt hatte, zu den Kelten gehörten, sondern ein eigner, bis dahin ganz unbekannter Völkerstamm waren, zu Julius Caesar. Wo hat er diese Entdeckung gemacht, die wir Deutsche für eine äusserst wichtige halten dürfen? Wo hat er uns entdeckt, und in welchen Ausdrücken hat er diese seine Entdeckung niedergelegt? Dass man nämlich vor Caesar auch in Rom nichts davon wusste, dass die Germanen ein nichtkeltischer Volksstamm waren, wird allgemein zugegeben: die Römer waren bis auf Caesar in den überlieferten falschen Ansichten der Griechen befangen; erst durch Caesar, der zuerst die Germanen genauer kennen lernte, erhielten sie bessere Kunde. Wir wollen doch die betreffenden Stellen ansehen.

Es ist bekannt, dass Caesar in Gallien selbst drei Völker unterschied, die Belgen, Celten und Aquitaner. Nach seiner Beschreibung müsste man diese für drei ganz verschiedene Völker halten, denn er sagt: *hi omnes lingua, institutis, legibus inter se differunt.* Strabo hat es für nöthig gefunden, diese Stelle, ohne doch Caesar zu nennen, zu berichtigen, indem er ganz richtig bemerkt, dass die Belgen und die eigentlichen Kelten, obgleich etwas von einander verschieden, doch eines Stammes, Galaten seien, die Aquitaner aber wirklich einem andern Stamm angehören; und indem er auch die geographische Angabe Caesars: *Gallos ab Aquitanis Garumna flumen dividit* viel genauer bestimmt. Uns kommt es hier besonders darauf an, wie Caesar die Belgen von den eigentlichen Kelten scheidet. Wirklich hat er diese Scheidung öfters im Auge, z. B. II, 3: *Remi, qui proximi Galliae ex Belgis sunt.* Unter *Gallia tota* scheint I, 30 und 31 nur das engere Gallien, die eigentlichen Kelten verstanden zu sein. Allein die Unterscheidung wird nicht durchgeführt; die Aduatiker II, 30, die Bellovaken VII, 59, werden Gallier genannt. In V, 27 sagt der Eburone *Ambiorix,* dass die Eburonen an dem allgemeinen Aufstand der Gallier Theil nehmen müssten, weil die Gallier sich den Galliern nicht entziehen könnten, besonders wenn es sich um die Wiedererlangung der Freiheit handle. Es sind also auch bei Caesar die Belgen im weitern Sinn Gallier, und zwar nicht nur geographisch, sondern sie wissen, dass sie eines Stammes sind. Auch finden wir bei den Belgen dieselben Namen wie bei den Kelten im engern Sinn, zum Beweis, dass die Sprache nur dialektisch verschieden war. Die Belgen aber sind über den Rein gekommen und von germanischer Abkunft: *plerosque Belgas esse ortos ab Germanis, Rhenumque antiquitus transductos, propter loci fertilitatem ibi consedisse Gallosque, qui ea loca incolerent, expulisse* B. G. 2, 4. Es müssen also die Belgen auch mit den Germanen nah verwandt und also auch die Germanen im weitern Sinn Kelten oder Gallier nach Caesars Meinung gewesen sein. Die Aduatiker, die einmal

Gallier genannt werden, sollen sogar, wie unmittelbar vorher gesagt wird, 2, 29 von den Kimbern und Teutonen abstammen. Es ist daher deutlich, dass unter den Galliern in 2, 30 (*plerumque omnibus Gallis prae magnitudine corporum suorum brevitas nostra contemptui est*) ganz im Sinn Strabos der ganze galatische Volksstamm gemeint ist, Kelten im engern Sinn, Belgen und Germanen. Wenn man auch annehmen wollte, Cäsar sei hinsichtlich der germanischen Abkunft der Belgen im Irrthum gewesen, so steht doch fest, dass die Belgen selbst sich ihrer Verwandtschaft mit den Germanen rühmten; das bezeugt auch Tacitus Germ. 28: *Treviri et Nervii circa affectationem Germanicae originis ultro ambitiosi sunt, tanquam per hanc gloriam sanguinis a similitudine et inertia Gallorum separentur.* Es genügt aber dieser Glaube der Belgen, um zu beweisen, dass Caesar und Strabo wirklich die Wahrheit berichten; denn wie hätten die Belgen den Glauben unter sich erhalten können, dass sie mit den Germanen, die sie ja durch ununterbrochenen friedlichen oder feindlichen Verkehr sehr genau kannten, aufs engste verwandt seien, wenn diese in der Sprache ganz von ihnen verschieden gewesen wären? So sehen wir denn auch bei Caesar, dass bei allen Anlässen die Belgen über den Rein zu den Germanen Boten schicken, und dass diese ihren Verwandten diesseits zu Hülfe kommen; und dieser Verkehr ist so an der Tagesordnung und so lebhaft, dass er unmöglich durch Sprachverschiedenheit erschwert, und durch Dolmetscher vermittelt sein konnte, von welchen nirgends die Rede ist.

Es scheint also, dass Caesar ganz derselben Ansicht ist, wie Strabo, und wir haben bis dahin von seiner angeblichen Entdeckung nicht das geringste entdecken können; im Gegentheil würde eine solche Entdeckung ganz unverträglich sein mit allem, was wir bisher bei Caesar gefunden haben. Wo steckt sie denn, diese grosse wichtige Entdeckung, die doch sehr deutlich ausgesprochen sein muss, da sie allgemeinen Glauben gefunden hat? Sie soll ausgesprochen sein in den Worten VI, 21: *Germani multum ab hac consuetudine (Gallorum) differunt.* Nun ja; die Kelten rechts vom Rein wichen in der Lebensweise sehr ab von den westlichen Kelten; aber Kelten waren sie nichts destoweniger. Zur Zeit Karls des Grossen konnte man gewiss von den Sachsen sagen, dass sie in der Lebensweise von den Franken sehr verschieden waren, aber Deutsche waren sie nichts destoweniger ebenso wie die Franken. Diese Stelle beweist also nicht das geringste; sie beweist nicht einmal, dass Cäsar die Germanen für ein ganz anderes Volk als die Gallier hielt; wie er von den Belgen gesagt hatte, dass sie in Sprache, Sitten und Gesetzen von den eigentlichen Kelten verschieden seien, und doch erkannte, dass sie Gallier waren wie diese, so konnte er auch von den Germanen sagen, dass sie von den eigentlichen Kelten und vielleicht auch von den Belgen in der Lebensweise sehr verschieden seien, und doch wissen, dass auch sie im weitern Sinn Gallier, Galaten, Kelten waren. Diess soll aber unmöglich seine Ansicht gewesen sein, weil er wusste, dass die germanische Sprache eine ganz andere als die gallische war. Und so kommen wir zu der wichtigen Stelle, welche gegen das einstimmige Zeugniss des ganzen Alterthums die Grundlage der herrschenden Meinung geworden ist. Es ist die Stelle 1, 47, welche im gewöhnlichen Text also lautet: *commodissimum visum est C. Valerium Procillum, C. Valerii Caburi filium, summa virtute et humanitate adolescentem, cujus pater a C. Valerio Flacco civitate donatus erat, et propter fidem et propter linguae Gallicae scientiam, qua multa jam Ariovistus longinqua consuetudine utebatur, et quod in eo peccandi Germanis causa non esset, ad eum mittere, et Marcum Mettium, qui hospitio Ariovisti utebatur.* Hier ist also deutlich gesagt, dass Ariovist die gallische Sprache erst in Gallien während seines langen Aufenthalts gelernt hatte. Wie lange er damals schon unter den Galliern lebte, geht nicht sicher aus der Stelle 1, 36 hervor, wo er von 14jährigen Kriegen spricht. Jedenfalls waren es schon mehrere Jahre, seit er über den Rein gekommen war; und es muss also wohl die gallische Sprache eine ganz andre als die germanische gewesen sein, da ein Germane viele Jahre nöthig hatte, um sie hinreichend verstehen und sprechen zu lernen. Die Stelle ist also allerdings mit meiner Ansicht unverträglich, und kann nicht von einer blosen Dialectsverschiedenheit verstanden werden. Aber je genauer ich die Stelle betrachte, desto mehr überzeuge ich mich, dass sie verdorben ist und nicht den Text gibt, den Caesar geschrieben hat.

Die gemeine Lesart ist zwar durch die meisten und ältesten Handschriften, so wie durch Petrarcha in seiner vita C. Julii Caesaris und durch den griechischen Metaphrasten (..ᾗ διὰ τὴν συνήθειαν τὰ πολλὰ ἐχρῆτο) verbürgt; aber nichts destoweniger ist der Satz *propter linguae Gallicae scientiam, qua multa jam Ariovistus longinqua consuetudine utebatur* schon in stylistischer Hinsicht verdächtig, und scheint keineswegs der Sprache Caesars angemessen. Fulvius Ursinus führt eine abweichende Lesart ein mit den Worten: *ita minus corrupte;* dass also der gemeine Text corrumpiert sei, ist ihm eine ausgemachte Sache. Dass diess Gefühl allgemein war, zeigen die Verbesserungsversuche, die von jeher gemacht wurden. Die editiones Venetae des 15. Jahrh. lesen *longa* für *longinqua,* und diess wird von Ciacconius und Brantius gebilligt. Apitz streicht *longinqua* als eine Glosse, um *multa* mit *consuetudine* verbinden zu können. Statt *multa* wird *multum* vorgeschlagen von Ciacconius. Die Construction ist ebenso unsicher. Oudendorp bezog *qua multa* auf das zunächststehende *scientia,* Herzog aber und Schneider auf das weiter entfernte *linguae.*

Schon diese stylistische Unsicherheit der Stelle verräth eine Corruption. Diess wird aber völlig deutlich, wenn man auf den Inhalt eingeht. Es ist schon höchst wunderlich, dass die Römer und die Germanen, Caesar und Ariovist sich in ihren Unterhandlungen weder der römischen noch der deutschen, sondern einer dritten, ihnen beiden gleichfremden Sprache bedient haben sollen. Der stolze Ariovist soll sich bemüht haben, die Sprache der unterworfenen Gallier zu lernen; er soll nicht ganz einfach, wenn die Gallier eine ganz andere Sprache redeten, es diesen überlassen haben, seine Befehle verstehen zu lernen, denen er jedenfalls den nöthigen Nachdruck zu geben wusste? Dem Caesar hatte er sagen lassen, wenn die Römer etwas von ihm wünschten, sollten sie zu ihm kommen; gewiss also wollte er ihnen nicht in der Sprache entgegenkommen, sondern verlangte, dass in seiner, des Siegers und Gebieters Sprache verhandelt würde. Man sollte nach dieser Stelle glauben, dass es ein wahres Glück war, dass Ariovist gallisch gelernt hatte. Sonst hätten Caesar und Ariovist gar nicht unterhandeln können, da weder ein Römer germanisch, noch ein Germane lateinisch verstand. Wie nur der frühere Verkehr vermittelt wurde, als Ariovist den Ehrentitel *Amicus* erhielt, und als er dem Metellus Celer einige fremde Sklaven schenkte! denn jener *rex Suevorum*, von dem Plinius II, 67 spricht, kann kein andrer als Ariovist sein. *) Betrachten wir ferner die Stelle in ihrem Zusammenhang, so ist ganz deutlich, dass die gemeine Lesart nicht die ächte ist. Nachdem schon eine Unterhandlung durch Feindseligkeiten gestört worden war, bedachte sich Caesar, Gesandte zu neuen Unterhandlungen abzuschicken, weil er wohl einsah, dass diese der augenscheinlichsten Gefahr ausgesetzt waren. *Legatum e suis sese magno cum periculo ad eum missurum et hominibus feris objecturum existimabat.* Da ihm aber doch, wie es scheint, sehr daran gelegen war, die Feindseligkeiten noch aufzuschieben, so schien es ihm das beste, den Procillus und den Mettius zu schicken. Warum schien ihm das das beste? Offenbar weil er Ursache hatte zu glauben, dass Ariovist diesen beiden nichts zu Leide thun werde; und wenn er die Gründe angibt, weshalb er gerade

---

*) Die Nachricht lautet bei Plin.: *Nepos Cornelius tradit: Quinto Metello Celeri, L. Afranii in consulatu collegae, sed tum Galliae proconsuli, Indos a rege Suevorum dono datos, qui ex India commercii causa navigantes tempestatibus essent in Germaniam abrepti.* Bei Pomponius Mela 3, 4: *Cornelius Nepos testem rei Q. Metellum Celerem adjicit, eumque ita retulisse commemorat: cum Galliis proconsule praeesset, Indos quosdam a rege Botorum dono sibi datos; unde in eas terras devenissent requirendo cognosse, vi tempestatum ex Indicis aequoribus abreptos emensosque quae intererant tandem in Germaniae litora exiisse.* Q. Metellus Celer war Consul im Jahr der Stadt 694. Gallien verwaltete er zweimal, einmal als Prätor 691, und dann als Proconsul 695 (61 v. Chr.). In dem letzten Jahr war sicherlich Ariovist *rex Suevorum;* und dieser bewarb sich gerade in diesem Jahr, im Consulat Caesars, eifrig um die Freundschaft der Römer, B. G. 1, 35 und 40: *Ariovistum se consule cupidissime populi Romani amicitiam appetisse.* Das Geschenk, welches Ariovist dem Proconsul machte, war eines der Mittel, mit welchen er die Gunst Caesars und des Senats zu erlangen suchte.

diese beiden zu schicken für gut fand, so können sie unmöglich von etwas anderm hergenommen sein als eben von den Ursachen die er hatte, jenes zu glauben. Den Mettius schickte er, weil dieser der Gastfreund Ariovists war, *qui hospitio Ariovisti utebatur*. Da hatte Caesar allerdings Grund zu glauben, dass Mettius von Ariovist nichts für sich zu befürchten habe, und dass er also am besten thue, diesen zum Gesandten zu wählen. Warum aber wählte er den Procillus? Woraus konnte er schliessen oder hoffen, dass auch dieser von Ariovist nichts zu befahren habe? Er wählte ihn wirklich, wie den Mettius, *quod in eo peccandi Germanis causa non esset;* aber warum konnte er denn hoffen, dass gerade Procillus verschont bleiben werde? Vielleicht weil er *summa virtute et humanitate adolescens* war? Das machte schwerlich Eindruck bei Ariovist. Oder weil schon sein Vater römischer Bürger geworden war? Das war noch weniger für Ariovist ein Grund ihn freundlich zu behandeln. Oder wegen seiner Ergebenheit gegen Caesar, *propter fidem?* Das war im Gegentheil für Ariovist ein Grund, ihn nicht zu schonen. Oder weil er gallisch sprechen konnte, *propter linguae Gallicae scientiam?* Es musste dem Ariovist ganz gleichgültig sein, ob Procillus gallisch verstand oder nicht, und das konnte ihn unmöglich bewegen, diesen Boten freundlicher zu behandeln als andere. Nach der gemeinen Lesart sagt also Caesar hier gerade das nicht, was er nothwendig sagen müsste, und was er sagt ist nicht das Erwartete. Es ist deutlich, dass Caesar nicht so geschrieben haben kann, wie der gemeine Text liest.

Nun aber geben einige Handschriften eine andere Lesart: ... *donatus erat, quorum amicitia Ariovistus iam a longinqua consuetudine utebatur, et propter fidem et propter linguae Gallicae scientiam et quod in eo peccandi* .... So ein Wiener Codex; und etwas abweichend zwei im Vatican: *quorum amicitia iam Ariovistus longa consuetudine utebatur* ... Diese Lesart ist offenbar die vom Zusammenhang geforderte. Procillus selbst und schon der Vater des Procillus waren von langer Zeit her Freunde des Ariovist. Da konnte freilich Caesar sich mit der Hoffnung schmeicheln, dass er den Procillus ohne Gefahr zu Ariovist schicken dürfte; und er that diess um so lieber, weil er zugleich sich auf ihn verlassen konnte, *propter fidem.* Es kann, wie mich dünkt, nicht im mindesten zweifelhaft sein, dass wir hier die ächte Lesart haben, die in den Text aufgenommen werden muss. Bezeugt ist sie allerdings nur durch drei Handschriften, cod. Vindob. nr. 594 Sec. XIII, und die von Ursinus benützten codd. Vatic. 3323 Sec. XV und 3324 Sec. X oder XI. Alle drei gehören zu der sogenannten schlechteren oder interpolirten Familie, Schneider p. XLVI—XLVII. Ein vierter Zeuge, und zwar für die ursinische Lesart, ist der Rand des cod. Paris. 5763 Sec. IX, indem an demselben eine zweite Hand aus einem Exemplar der schlechtern Familie Varianten beigefügt hat, Nipperdey p. 40. Diese zweite Handschriftenclasse hat allerdings keine so alten Zeugen aufzuweisen, wie die erste; allein es werden Lesarten übereinstimmend mit ihr gefunden schon bei Flodoardus Sec. X, ja selbst bei Orosius, der a. 410 schrieb, Nipp. p. 39, 45. Es kann hier natürlich nicht unsre Sache sein, den Werth der verschiedenen Familien der Handschriften des bellum gallicum abzuwägen; in diesem einen Fall ist es aber nicht zweifelhaft, dass die sogenannte schlechtere Familie die bessere Lesart bewahrt hat; ob diess auch noch an mehreren Stellen der Fall ist, können wir hier nicht untersuchen. Es ist deutlich, wie der corrumpirte gemeine Text entstand. Man nahm Anstand an der *lingua gallica,* die hier einfach als die Sprache Ariovists erscheint, und wollte durch Verschiebung der *longinqua consuetudo* begreiflich machen, wie Ariovist die gallische Sprache gelernt habe.

Wenn wir nun die Stelle in der ächten Lesart lesen, was lehrt sie uns über das Verhältniss der germanischen und der gallischen Sprache? Gerade das Gegentheil von dem, was aus der falschen Lesart folgt. Caesar wählte den Procillus auch deswegen, weil er die gallische Sprache verstand. Es war also für Caesar eine ausgemachte Sache, dass man in der gallischen Sprache mit Ariovist unterhandeln konnte; er wusste also gar nicht anders, als dass die Sprache Ariovists keine andre als die gallische war. Durch Vermittlung desselben C. Valerius Procillus hatte Caesar 1, 19 dem Aeduer Divitiacus Vorstellungen gemacht. Dieselbe Sprache also, welche der Aeduer verstand, machte den Procillus geschickt, mit

Ariovist zu unterhandeln. Es ist somit vollkommen erwiesen, dass die Sprache der Aeduer von der Sprache der Germanen nur dialektisch verschieden sein konnte, und Caesar selbst hat nie eine andre Ansicht gehabt, als dass die gallische Sprache, mit dialektischen Verschiedenheiten, die gemeinsame der eigentlichen Kelten, der Belgen und der Germanen war. Es ist also ganz unwahr, dass Caesar die Germanen, eine neue und bis dahin mit Unrecht mit den Kelten vermengte Nation, entdeckt habe. Eine solche Entdeckung hat Caesar nicht gemacht; er hat vielmehr, wie alle seine Zeitgenossen, die Germanen für ein Glied des grossen gallischen oder keltischen Volksstammes gehalten.

Denn auch die andern Römer wussten nicht anders, als dass die Germanen im weitern Sinn Gallier waren. Nach Florus III, 3 waren die Kimbern und Teutonen Flüchtlinge vom äussersten Gallien am Ozean; sie suchten neue Wohnsitze, wurden aber von Gallien abgehalten. Hier wird also unterschieden zwischen Gallien, der spätern römischen Provinz, und Gallien als Land der Kelten oder Gallier im weitern Sinn; und Florus muss im letzten Sinn ganz Germanien zu Gallien gerechnet haben. Florus aber hat keine andere Quelle als den Livius. Es ist also höchst wahrscheinlich, oder fast sicher, dass Livius die Germanen im weitern Sinn zu den Galliern oder Kelten zählte. Die Bücher des Livius, in welchen er die germanischen Kriege erzählte, sind verloren; aber in der Epitome des Buchs 77 wird der kimbrische Gefangene, welcher den Marius in Minturnae ermorden sollte, ein Gallier genannt. Livius hat also unbedenklich die Kimbern, die man zu seiner Zeit bestimmt als Germanen erkannt hatte, Gallier nennen dürfen, weil die Germanen im weitern Sinn Gallier oder Kelten waren. Noch bestimmter zeigt er, dass er Germanen und Gallier für sprach- und blutsverwandt hält, in dem, was er von den Bastarnen erzählt 40, 5. Er sagt, Philipp von Macedonien habe c. 180 n. Chr. den Plan gehabt, die Bastarnen in Sold zu nehmen, und mit ihnen zu Land am adriatischen Meer vorbei nach Italien zu ziehen, um die Römer in ihrer Heimath zu vernichten. Dabei überlegte Philipp, dass den Bastarnen der Durchzug durch das Land der Skordisker nicht unmöglich sein werde, weil sie mit den Skordiskern sprachverwandt seien: *facile Bastarnis Scordiscos iter daturos; nec enim aut lingua aut moribus aequales abhorrere.* Nun aber sind dem Tacitus und schon dem Strabo die Bastarnen Germanen; es konnte also auch Livius nicht wohl unbekannt sein, dass sie den Germanen beigezählt wurden; die Skordisker aber werden überall Gallier genannt. Livius wusste also, und sagt es als etwas, das durchaus nichts auffallendes hat, dass die Germanen und die Gallier eine und dieselbe Sprache redeten.

Petronius im Satyricon 122 lässt den Caesar sprechen:

pulsus ab urbe mea dum Rhenum sanguine tingo,
dum Gallos iterum Capitolia nostra petentes
Alpibus excludo, vincendo exerceor exsul;
sanguine Germano sexagintaque triumphis
esse nocens coepi.

Es ist diess eine deutliche Beziehung auf B. G. 1, 33, wo Caesar die Befürchtung ausspricht, dass Ariovist, wenn er sich ganz Galliens bemächtigt hätte, nach Italien ziehen werde. Von den eigentlichen Galliern war eine Wiederholung des Zuges des Brennus nicht mehr denkbar; überdiess wird vorher der Rein erwähnt, und nachher das germanische Blut; es werden also hier ganz deutlich die Germanen des Ariovist Gallier genannt.

Cicero in seiner Rede de provinciis consularibus, gehalten a. u. 698, also im dritten Jahr des gallischen Krieges, rechnet entschieden die Kimbern und Teutonen zu den Galliern, indem er sagt: *ipse ille C. Marius, cujus divina atque eximia virtus magnis populi Romani luctibus funeribus subvenit, influentes in Italiam Gallorum maximas copias repressit.* Wenn er nun fortfährt, dass erst Caesar sich nicht mit einer Vertheidigung gegen die Gallier begnügt, sondern sie in ihrem Lande aufgesucht habe, um sie den Römern zu unterwerfen, und dass er desshalb den grössten und tapfersten Völkern, *cum acerrimis nationibus et maximis Germanorum et Helvetiorum* glückliche Schlachten geliefert habe, so sieht man, dass er ebenso die Germanen wie die Helvetier zu den Galliern rechnet. So kann er auch in der Republik III, 9 nur die Germanen im Sinn haben, wenn er sagt: *Galli turpe esse ducunt frumentum manu quaerere: itaque armati alienos agros demetunt.* Diess galt zu seiner Zeit längst nicht mehr von den Galliern im engern Sinn.

Merkwürdig ist die Art, wie Cicero den Namen *Celtiberi* anwendet; er kann darunter fast nur die Germanen verstanden haben. Er sagt de officiis I, 38: *sic cum Celtiberis, cum Cimbris bellum ut cum inimicis gerebatur, uter esset, non uter imperaret; cum Latinis, Sabinis, Samnitibus, Poenis, Pyrrho de imperio dimicabatur.* So hartnäckig die Celtiberer in Spanien sich vertheidigten, so handelte es sich doch in den Kriegen mit ihnen nie um die Existenz des römischen Volkes. Ebenso stellt er *Cimbri* und *Celtiberi* zusammen Tuscul. disp. II, 65: *at Cimbri et Celtiberi in proeliis exsultant, lamentantur in morbo;* und in Philipp. 9, 12 nennt er den Saxa unter den Anhängern des Antonius, der *ex ultima Celtiberia* komme; derselbe Saxa heisst Philipp. 13: *homo deductus ex ultimis gentibus.* Hier wird *ultima Celtiberia* und *ultimae gentes* gebraucht wie Philipp. 5 *ultima Gallia,* woher Antonius ein Heer von Galliern und Germanen ziehen könne. Klingt nicht *Saxa* ganz wie ein deutscher Name? Er gehörte wohl ebenso wie *Cotyla*, *Lento, Nucula, Saserna* (Philipp. 13) zu jener gefürchteten *legio alaudarum,* welche Caesar aus Galliern und Deutschen geworben hatte, und welche dem Antonius zugefallen war. Wie aber Cicero die Germanen *Celtiberi* nennt, so wird auch umgekehrt von den spanischen Celtiberern der Name *Germani* gebraucht bei Plinius 3, 3: *Oretani, qui et Germani cognominantur,* und bei Ptolemaeus, Ὤρητον Γερμανῶν. Erst Diodor Sic. 5, 33 scheint durch den Namen auf die Vermuthung geführt worden zu sein, dass die Celtiberer ein aus Kelten und Iberern gemischtes Volk seien.

Noch Lucanus, der seine *Pharsalia* unter Nero schrieb, nennt unbedenklich die germanischen Truppen Caesars Gallier. So lässt er den Pompejus II, 535 zu seinem Heere sprechen:

Gallica per gelidas rabies effunditur Alpes.

Diese *gallica rabies* sind dieselben, von welchen es heisst II, 51:

fundat ab extremo flavos Aquilone Suevos
Albis et indomitum Rheni caput;

dieselben, welche I, 476 barbarische heissen:

barbaricas saevi discurrere Caesaris alas,

dieselben wilden Völker des Nordens, welche aus den Ländern zwischen Rein und Elbe kommen, um Rom zu plündern, wie die erschrockenen Römer sagen I, 481:

hunc (Caesarem) inter Rhenum populos Albimque iacentes
finibus Arctois patriaque a sede revulsos
pone sequi, iussamque feris a gentibus Urbem
Romano spectante rapi.

Es sind die germanischen Cohorten Caesars gemeint, die *legio alaudarum*, und die germanischen Reiter, welche Caesar's Siege entschieden, eben jene *homines deducti ex ultimis gentibus*, von welchen Cicero spricht.

Aufs deutlichste zeigt sich an den Kimbern, dass die Römer die Germanen dem gallischen Volkstamm beizählten. Denn dass die Kimbern aus dem nördlichen Germanien kamen, war seit Caesar und Strabo allgemein anerkannt; nichtsdestoweniger wurden sie allgemein Gallier genannt. Ein Wirthsschild, auf welchem das Gesicht eines die Zunge ausreckenden Kimbern gemahlt war, hiess *scutum cimbricum;* aber Cicero de oratore, 2, 66 und Plinius 35, 4 nennen die Figur einen Gallier. Bei Cicero, Livius, Sallust werden die Kimbern unbedenklich Gallier genannt.

Besonders merkwürdig ist das *monumentum Ancyranum*. Hier sagt August: *Gallias et Hispanias provincias quousque eas alluit Oceanus a Gadibus ad ostium Albis fluminis — composui.* Er rechnet also auch das Land vom Rein bis zur Elbe zu Gallien. Er sagt ferner: *signa militaria compluria per alios duces amissa devictis hostibus recepi ex Hispania et Gallia et a Dalmateis.* Innerhalb des eigentlichen Galliens wurden zu Augusts Zeiten keine Feinde besiegt, und keine verlorenen Feldzeichen wieder gewonnen. Es kann nur die Niederlage des Lollius 16 v. Chr. gemeint sein, bei welcher der Adler der fünften Legion den Germanen in die Hände fiel; als Augustus selbst in Gallien erschien, zogen sich die Germanen zurück und scheinen den Adler freiwillig wieder ausgeliefert zu haben, um die Gefahr abzuwenden.

Noch spätere Schriftsteller wissen nicht anders, als dass die Germanen zu den Galliern gehören. Bei Aurelius Victor de Caesar. 16 heisst es vom markomannischen Krieg: ganz Gallien war in Brand, und König Marcomer beherrschte die Völker von Caruntum bis in die Mitte Galliens. Hier sind also deutlich die Länder links von der Donau, Franken und Böhmen als gallische bezeichnet. Zu dem Vers des Virgil, Aen. VII, 740: *teutonico ritu soliti torquere cateias* bemerkt Servius: *cateias tela gallica, unde et teutonicum ritum dixit*, er hält also teutonisch und gallisch für gleichbedeutend. Ebenso sagt Vibius Sequester *Teutones Galli*, wofür die Herausgeber mit Unrecht setzen *Teutones Germani*. Derselbe sagt: *Arar Germaniae fluvius*. Er nennt also einerseits entschieden germanische Völker Gallier, andrerseits erstreckt sich ihm der Name *Germania* weit nach Gallien hinein.

Der deutlichste Beweis, dass die Römer die Germanen für Gallier hielten, liegt im Namen Germanen selbst. Alle Etymologieen des Namens aus dem Deutschen oder aus dem sogenannten Keltischen, nämlich aus dem Brittischen, sind ganz unhaltbar. Die Erklärung Heermänner, Wehrmänner, Wermänner (für Kriegsmänner) oder Germänner von Ger (hasta) ist nichts als eine Spielerei ohne wissenschaftlichen Ernst. Der Name kommt nirgends als einheimischer vor, und ist nach dem ausdrücklichen Zeugniss des Tacitus kein deutscher. Eine Ableitung aus dem kymrischen *garm*, *gairm* (clamor) hat sich in neuerer Zeit besonderer Gunst zu erfreuen. Sie ist zuerst von Leo, dann auch von J. Grimm aufgestellt worden. Aber dass im Kymrischen ein Wort *garmwyn*, im Gaelischen *gairmean* als Volksname vorkomme, ist nicht nachzuweisen. Nichts ist gefährlicher und unerlaubter, als zum Behuf von Etymologieen einer Sprache beliebige Wörter anzudichten.*) Nun hat Zeuss in der grammatica celtica

---

*) Unlängst hat man geglaubt, den Namen *Germani* wirklich als ein brittisches Wort nachweisen zu können. Im Anzeiger des germanischen Museums, August 1854 erinnert Dr. Dümmler an die Stelle *Beda Venerab. hist. eccl. gentis Angl.* V, 9: hier wird gesagt, dass die Angeln und Sachsen von den benachbarten Britten *Garmani* genannt würden. Die Sache

S. 735 erklärt, dass von *gairm* unmöglich *german*, sondern höchstens *germenan* abgeleitet sein konnte, das aber auch nie existirte. Zum Ersatz bietet Zeuss eine neue Ableitung von *gair* (vicinia), *ger* (vicinus); aber auch das so gewonnene *german* (vicinus) kommt nirgends in der Sprache vor, sondern ist ebenfalls nur, wie Zeuss glaubt, eine mögliche Bildung. Wenn man aber S. 862 erfährt, dass der zweite Theil des Namens ein Adjectiv *man* (parvus) sei, wonach also *Germani* heissen müsste parvi vicini, so ist auch diese neue Ableitung schwerlich sehr verführerisch, und weder die kleinen Nachbarn noch die grossen Schreier werden Beifall finden. Es ist aber wirklich unbegreiflich, wie man solchen bodenlosen, in der Luft schwebenden Etymologieen, die höchstens als Spiele des Witzes unterhalten können, das geringste Gewicht beilegen konnte, da wir doch über die wirkliche Bedeutung des Wortes *Germani* die deutlichsten und zuverlässigsten Zeugnisse haben.

Wenn wir vorerst die *fasti capitolini*, auf die wir zurückkommen werden, unberücksichtigt lassen, so ist sicher, dass der Name *Germani* vor Caesar nie vorkommt. Zum erstenmal wurde der Name im Senat gebraucht in jener Rede des Cicero *de provinciis*, zwei Jahre nach der Besiegung des Ariovist.

Es ist ferner voranzuschicken, dass der gallische Namen den Römern seit Brennus ein Schrecken war. Sallust Jug. 114: *inde ad nostram memoriam Romani sic habuere, alia omnia virtuti suae prona esse, cum Gallis pro salute, non pro gloria certare.* Es war

---

ist sehr einfach. Als die Sachsen nach Britannien kamen, fanden sie daselbst eine Bevölkerung, die nicht nur mehrere Jahrhunderte lang unter römischer Herrschaft gestanden hatte, sondern auch grossentheils romanisch war. Diese Romanen nannten natürlich die aus *Germania* kommenden Angeln und Sachsen *Germani*, und von ihnen erhielten die Britten, die noch ihre alte Sprache, aber vielfach mit lateinisch gemischt, bewahrt hatten, den Namen, mit dem sie die fremden Eroberer nannten. Jenes *Garmani* ist also nichts als das lateinische *Germani*, und es ist durchaus nicht erwiesen, dass jemals ein kymrisches Wort, sei es *garmwyn*, oder *german*, als Volksname üblich war.

also von Alters her der Glaube der Römer, dass ihrem Reich von den Galliern und nur von den Galliern Gefahr drohe. Dasselbe sagt Cicero in der Rede de prov. cons.: *nemo sapienter de republica nostra cogitavit jam inde a principio hujus imperii, quin Galliam maxime timendam huic imperio putaret.* Es war auch den Feinden Roms bekannt, dass sie kein Volk mehr fürchteten, als die Gallier: daher suchte Mithridat gallische Hülfsvölker zu werben, Justin 38, 4, weil *Gallorum nomen semper Romanos terruit.* Uebrigens war der Schrecken des gallischen Namens im Orient nicht minder allgemein, als in Rom: Justin 25: *denique neque reges Orientis sine mercenario Gallorum exercitu ulla bella gesserunt, neque pulsi regno ad alios quam ad Gallos confugerunt. Tantus terror Gallici nominis et armorum invicta felicitas erat, ut aliter neque majestatem suam tutam, neque amissam recuperare se posse sine Gallica virtute arbitrarentur.*

Nun ist es Zeit die Zeugnisse über die Bedeutung des Namens *Germani* zu vernehmen. Strabo sagt 7, 1, 2: *διὸ δίκαιά μοι δοκοῦσι Ῥωμᾶιοι τοῦτο αὐτοῖς θέσθαι τοὔνομα, ὡς ἂν γνησίους Γαλάτας φράζειν βουλόμενοι· γνήσιοι γὰρ οἱ Γερμανοὶ κατὰ τὴν Ῥωμαίων διάλεκτον.* Die Römer also haben ihnen den Namen *Germani* gegeben, um sie als die ächten Galaten zu bezeichnen. Es ist wunderlich, dass Bouquet diese Stelle übersetzt: *itaque recte mihi videntur Romani hoc nomen eis indidisse, cum eos fratres esse Gallorum vellent ostendere.* Als ob man *γνησίους Γαλάτας* übersetzen könnte *fratres Gallorum.* Und doch wird diese falsche Uebersetzung noch immer widerholt, sogar in Werken von gründlicher Gelehrsamkeit. Strabo sagt nicht, dass die Römer die Germanen Brüder der Gallier, sondern ächte Gallier, wahre Galaten genannt haben. Das zweite Zeugniss ist die bekannte Stelle des Tacitus Germ. 2. Nachdem er die Namen *Ingaevones, Herminones, Istaevones, Marsi, Gambrivii, Suevi, Vandalii* angeführt hat, fährt er fort: *eaque vera et antiqua nomina. Ceterum Germaniae vocabulum recens et nuper additum; quoniam qui primi Rhenum transgressi Gallos expulerint, ac nunc Tungri, tunc Germani vocati sint. Ita nationis nomen, non gentis evaluisse paullatim, ut omnes, primum a victore ob metum, mox a se ipsis invento nomine Germani vocarentur.* So lautet die Stelle, und alle Aenderungen, mit denen sie in den Ausgaben erscheint, wie *victo* oder *victis* für *victore*, und *in gentis* für *non gentis* sind ohne alle Beglaubigung und ohne allen Werth.

Weil man den ganz einfachen Wortlaut der Stelle, dass die Besieger der Germanen sich vor diesen fürchteten und aus Furcht ihnen den Namen gaben, nicht glaubt gelten lassen zu können, bemüht man sich, die künstlichsten Auslegungen einfach und natürlich zu finden. Zuerst verstehen hier alle Ausleger unter *natio* das untergeordnete, besondere, und unter *gens* das allgemeinere, gewiss unrichtig; denn gerade vorher waren *Suevi*, *Marsi* u. s. w. *gentis appellationes* genannt worden, und diesen alten Namen der einzelnen Völker wird jetzt *nationis nomen*, der Gesammtname der Nation, als ein allmählich aufgekommener gegenübergestellt. Wenn schon Tacitus in der Anwendung der Wörter *natio* und *gens* sich nicht gleich bleibt, und zuweilen auch *natio* für das einzelne Volk braucht, so ist doch sicher, dass er wie in Ann. 4. 72: *id aliis quoque nationibus arduum apud Germanos difficilius tolerabatur,* wie in Ann. 2, 64 *omnem eam nationem,* 2, 72 *exterae nationes,* so auch hier unter *natio* die Nation im Ganzen versteht. So sagt Caesar 6, 6: *natio est omnis Gallorum admodum dedita religionibus*, und unsre Wörterbücher haben Unrecht, wenn sie lehren, dass die *gens* aus den *nationes* bestehe. Ferner soll der *victor* die Tungri selbst sein, die sich und ihre Blutsverwandten jenseits des Reins Germanen genannt hätten, *ob metum,* um nämlich die Gallier in Furcht zu erhalten. Diese Erklärung, die nichts erklärt und philologisch unmöglich ist, wurde in neuerer Zeit besonders von Waitz in der Verfassungsgeschichte aufgestellt, und in der Verzweiflung sogar von Philologen angenommen. Nachdem Waitz das Wort *Germani* für ein gallisches erklärt hat, fährt er fort: „Anfangs hiessen die Tungri *Germani;* von ihnen aber, die siegreich in Gallien eingedrungen waren *(a victore),* wurden alle Stämme jenseits des Reins mit demselben Namen genannt; sie wollten den Galliern andeuten *(ob metum),* dass diese desselben Stammes seien wie sie (die Tungri); und so gieng der Name des Stammes auf das ganze Volk über, wurde von diesem selbst angenommen und gebraucht.“ Diese

Erklärung erklärt nichts: denn warum die Tungri von den Galliern *Germani* genannt wurden, das einzige worauf es ankommt, wird hier nicht erklärt; sondern es wird einfach angenommen, die Gallier hätten den Namen gegeben, da er ein gallisches Wort sei. Der also auf unerklärte Weise vorhandene gallische Name sei dann von den Tungrern selbst angenommen und *ob metum*, nämlich um aus Furcht vor den Galliern diesen selbst Furcht zu machen, auf alle Germanen ausgedehnt worden, damit die Gallier merkten, dass die kleine Schaar der Tungri nicht allein stehe, sondern grosse und zahlreiche Völker zum Schutz hinter sich habe. Diese Auffassung ist philologisch nicht zu rechtfertigen; denn der *victor* kann nicht ein siegreicher Theil der *omnes* sein, sondern muss im Gegensatz stehen zu *a se ipsis;* der *victor* kann nur der Besieger der Germanen sein, unmöglich die siegreichen Germanen selbst. Ich bleibe also bei dem einfachen, natürlichen Sinn der Worte stehen, wonach die Germanen diesen Namen von demjenigen erhielten, der sich zwar vor ihnen fürchtete, sie aber doch besiegte.

Es ergiebt sich nun aus den beiden Zeugnissen des Strabo und des Tacitus, 1) dass die Römer den Namen gegeben haben, und dass er also lateinisch ist. Strabo sagt es ausdrücklich, dass die Römer den Namen gegeben haben, und dasselbe sagt Tacitus in den Worten *primum a victore Germani vocabantur*. Der Besieger der Germanen kann kein andrer sein als der Römer. Man will die Stelle des Tacitus ändern: *a victo* oder *a victis*, und meint dann das Wort *Germani* als Gallisches auffassen zu dürfen; die besiegten Gallier hätten aus Furcht den eindringenden Germanen diesen Namen, der also eine schreckliche Eigenschaft bezeichne, gegeben. Es ist schwer zu begreifen, wie eine solche Aenderung und Auffassung der Stelle Beifall finden konnte. In diesem Fall hätte doch Tacitus nothwendig hinzufügen müssen, was denn die Bedeutung des Wortes *Germani* in gallischer Sprache sei. Er hätte, wenn die Deutung Leos und Grimms richtig wäre, sagen müssen: sie seien von den besiegten Galliern aus Furcht Germanen genannt worden, weil *german* in der gallischen Sprache einen schrecklichen Schreier bezeichne. Da er diess nicht sagt, so müssen Leo und Grimm annehmen, dass Tacitus bei allen seinen Lesern habe voraussetzen dürfen, dass ihnen die gallische Bedeutung des Wortes bekannt sei. Sonst hätte ja von Tacitus bis auf Leo kein Mensch die Stelle verstehen können; und das ist doch schwer zu glauben, dass Tacitus wissentlich so geschrieben habe, dass ihn von seinen Zeitgenossen Niemand verstehen konnte. Eben weil er bei seinen Lesern die Bedeutung des Wortes *Germani* als bekannt voraussetzte, kann er diess nicht für ein gallisches Wort ausgeben, und als ein gallisches aufgefasst haben wollen, sondern ebenso wie Strabo als ein lateinisches.

2) Die Römer gaben den Namen denjenigen Germanen, die zuerst über den Rein kamen und dann von ihnen besiegt wurden. Welche Germanen diess waren, konnte keinem Römer zweifelhaft sein, der das erste Buch des bellum gallicum gelesen hatte. Es waren ohne Zweifel schon früher einzelne Schaaren von Germanen plündernd über den Rein gekommen, aber sie hatten nicht von dem Lande Besitz genommen; sie waren nicht diejenigen, von welchen Tacitus absichtlich hervorhebt, *qui Gallos expulerint.* Die ersten Germanen in Gallien waren diejenigen, die von den Sequanern und Arvernern gegen die Aeduer zu Hülfe gerufen sich als Sieger in Gallien niederliessen, aber unter ihrem König Ariovist von Caesar geschlagen wurden. Damals also muss nach dem Zeugniss des Tacitus der Name aufgekommen sein, und wirklich kommt er vorher nie vor, und wird zuerst bald nach der Niederlage des Ariovist von Cicero gebraucht.

3) Die Römer, obgleich sie Sieger blieben, gaben doch den Namen aus Furcht; sie gaben ihn also noch vor dem Sieg. Von dieser Furcht der Sieger vor dem Sieg giebt Caesar selbst eine ergözliche Beschreibung 1, 39. Die Offiziere nahmen Urlaub, oder weinten in ihren Zelten; und so allgemein war der Schrecken, dass Caesar besorgen musste, dass die Soldaten, wenn sie den Befehl zur Schlacht auszurücken erhielten, den Gehorsam verweigern würden. Es wird aber aus den oben berührten Stellen deutlich sein, wie die Römer den Namen *Germani*, d. i. ächte Gallier aus Furcht geben konnten. Sie fürchteten sich gerade, weil sie ihre Feinde als Gallier erkannten, und weil *Gallia maxime timenda* war, weil *Gallorum nomen semper Romanos terruit,* weil *cum Gallis pro salute non pro gloria* gefochten

werden musste. Bis jetzt, sagten die Soldaten Caesars, haben wir nur mit denjenigen Galliern zu thun gehabt, die schon durch einen längern Aufenthalt unter einem südlicheren Himmel und durch Berührung mit den Römern verweichlicht waren und ihre alte Kraft und Tapferkeit verloren hatten; diese konnten wir besiegen; nun aber sollen wir mit denjenigen Galliern kämpfen, die aus dem fernen Norden kommend noch unberührt von allem Luxus die alte ungestüme und unwiderstehliche Tapferkeit bewahrt haben, mit den ächten Galliern, mit denjenigen, welche nach dem Glauben des Volks und nach der Voraussicht unsrer weisesten Männer unsrem Volk den Untergang bringen sollen. Zweimal schon drohte das Verderben, und wurde nur durch ein Wunder noch aufgeschoben. Jetzt aber kommen sie wieder, die ächten Galaten, die unter Brennus schon Rom verbrannten, die als Kimbern die grössten römischen Heere ihren Göttern opferten, und die jetzt zum drittenmal nicht wieder abziehen werden, ohne die Vernichtung des römischen Staates, die ihnen vom Schicksal übertragen ist, vollendet zu haben. So etwa mochten die Reden lauten, in welchen *victor ob metum nomen invenit.*

Wir können also ganz genau bestimmen, wo und wann der Name Germanen zuerst gehört wurde. Es geschah im Lager des Caesar, bei jener *trepidatio militum,* als sie gegen Ariovist ausziehen sollten, im Jahr 58 v. Chr. Die Deutung, die Strabo von dem Namen giebt, ist die richtige, und der Name beweist, dass die Römer die Germanen für nichts anders hielten, als die unverfälschten, unverdorbenen, ächten, wahren Kelten.

Die Zeugnisse des Strabo und des Tacitus, in Verbindung mit den vorher angeführten Thatsachen, sind so deutlich und führen zu einem so sichern Ergebniss, dass eigentlich nur die ganze Verblendung einer vorgefassten und eingewurzelten Meinung eine falsche Auffassung möglich machte. Wenn es nicht ein feststehender, über allen Zweifel erhabener Satz gewesen wäre, dass die Germanen keine Kelten sein können, so hätte man die angeführten Stellen schon längst nach ihrem einfachen und deutlichen Wortlaut richtig verstehen müssen, und die Germanen hätten nicht nöthig gehabt, die wunderlichsten

Erklärungen ihres Namens zu versuchen, da die richtige Erklärung offen dalag.

Wahr ist allerdings, dass Tacitus selbst den vollen ursprünglichen Sinn des Namens *Germani* nicht erkannte. Das Zeugniss, das er gibt, ist nicht sein eignes, sondern das früherer Schriftsteller, auf die er sich in den Worten *quidam affirmant* beruft. Es ist wahrscheinlich, dass er hauptsächlich den Livius im Sinn hatte; bei Livius hatten die Worte *recens et nuper additum* ihre volle Berechtigung, die bei Tacitus wenigstens auffallend wären. Auch im ersten Capitel möchte Tacitus eine Nachricht des Livius benützt haben, wenn er, von dem Feldzug des Drusus sprechend, das Wort *nuper* anwendet. Bei Livius nun, der noch wusste, dass die Germanen Galaten waren, konnte im Zusammenhang der Sinn der Worte *a victore ob metum Germani vocabantur* deutlich hervortreten, während die Stelle abgerissen bei Tacitus, dem nicht mehr klar war, dass die Germanen und die Gallier eines Stammes waren, nur durch Combination mit dem Zeugniss des Strabo ihre volle Bedeutung gewinnt. Bei Tacitus lernen wir nur, dass die Römer aus Furcht den Namen „die Aechten“ gaben. Aber die nothwendige Ergänzung zu *germani*, nämlich *Galli*, die ächten Kelten, müssen wir aus Strabo entnehmen. Insofern hat Orelli recht, wenn er zu der Stelle bemerkt: *locus quidem obscurior non sine aliqua culpa ipsius scriptoris, cui tota res haud nimis clara erat, nec vero corruptus.*

Man wird sich aber jetzt auf die *fasti consulares* berufen, in welchen der Name *Germani* schon zum Jahre der Stadt 531 beim Triumph des Marcellus verzeichnet ist. Wenn diese *fasti* gleichzeitig sind, so kann allerdings der Name *Germani* nicht erst vor der Besiegung des Ariovist aufgekommen sein. Allein sie sind nicht gleichzeitig. Sie wurden nicht nur unter August fortgesezt, sondern auch neu redigirt, und nach der damaligen Zeitrechnung und officiellen Reichsgeographie geändert. Dafür giebt einen Beweis C. L. Roth über die römischen Säcularspiele im Reinischen Museum 8. p. 365—367. Er weist nach, dass unter der Regierung des Augustus die geschichtliche Fiktion aufgebracht wurde, als hätten in den Jahren der Stadt 298, 408, 518, 628 Säcularspiele stattgefunden, während alle Geschichtschreiber die Jahreszahlen 406, 505 und 605 überliefern. Nun heisst es in den Fasten beim Jahr 518 am Rande: *ludi saeculares tert.* u. s. w. Diese Angabe zeigt, dass das neue System, wenn auch nur am Rande, in den Fasten adoptirt war, und diese können also in der Redaction, in welcher sie uns fragmentarisch erhalten sind, nicht vor der Regierung des Augustus geschrieben sein, wie diess auch schon längst anerkannt ist. Für die jüngere Redaction der Fasten ist nun ein weiterer Beweis, dass in ihnen der Namen *Germani* vorkommt. Bei keinem ältern Geschichtschreiber werden unter den von Marcellus besiegten Völkern die Germanen genannt, wohl aber bei Polybius die Gaesaten, die über die Alpen gekommen seien. Dass man diese Gaesaten zur Zeit Augusts für Anwohner des Reins hielt, beweist Propertius IV, 10, 39: *Claudius a Rheno trajectos arcuit hostes, belgica cum vasti parma relata ducis, Virdumari.* Es war daher sehr natürlich, dass man in der neuen Redaction der *Fasti* statt des nicht mehr gebräuchlichen Namens Gaesaten den seit Caesar neu aufgekommenen Germanen setzte.

Der Name *Germani* war also wirklich vor der Niederlage des Ariovist unbekannt. Aber einen andern Einwand wird man daher nehmen, dass bei Caesar nicht nur das Heer des Ariovist, sondern auch einige belgische Völkerschaften *Germani* heissen. Man wird daraus folgern wollen, dass der Name *Germani* ein gallisches Wort sein müsse, das schon vor Cäsar von den Galliern zur Bezeichnung einiger deutscher Völker gebraucht, und dann von den Römern angenommen und auf andre, überreinische Völker übertragen wurde. Diess ist die Ansicht Grimms, Gesch. d. D. Spr. S. 787. Allein dagegen ist folgendes einzuwenden. Der Name kann auch für jene in Belgien angesessenen Völker vor Caesar nicht nachgewiesen werden. Die Völker, denen er gegeben wurde, waren wirklich germanischer Abkunft; sie werden noch deutlich von den Belgen unterschieden 6—9. 2, 3: *omnes Belgas in armis esse, Germanosque qui cis Rhenum incolant, sese cum his coniunxisse.* Es sind vier Völker: *Condrusi, Eburones, Caeraesi, Paemani, qui uno nomine Germani appellantur.* Diese wohnen gerade da, wo wir später die *Tungri* finden, von welchen Tacitus ausdrücklich sagt, sie seien früher *Germani* genannt worden;

qui primi Rhenum transgressi Gallos expulerint, ac nunc Tungri, tunc Germani vocati sint. Diese sind aber ohne Zweifel dieselben, von deren Ansiedelung Caesar 1, 31 erzählt; denn nicht nur ein Kriegsheer kam herüber, als die Sequaner überreinische Hülfe suchten; und als Ariovist geschlagen und sein Heer vernichtet war, waren damit noch keineswegs die Germanen aus Gallien verschwunden. Sie hatten sich förmlich mit ihren Familien angesiedelt, und die Felder der Gallier in Besitz genommen: *agros Gallorum adamaverant;* die Sequaner hatten ihnen den dritten Theil ihres Gebiets abtreten müssen, und gerade sollten sie auch aus dem zweiten Drittel auswandern, um neuen Ansiedlern Platz zu machen. Diese Germanen, die feste Wohnplätze, und zwar schon seit vielen Jahren inne hatten, blieben natürlich wohnen, als ihr König Ariovist geschlagen war; und sie erhielten jetzt, wie sich von selbst verstand, denselben Namen, der ursprünglich ihren unter Ariovist fechtenden Kriegern gegeben worden war. Sie blieben Germanen, aber sie blieben nach der Niederlage ihres Königs nicht mehr die Gebieter; sie begaben sich unter den Schutz der Treviri, B. G. 4, 6, und ohne Zweifel blieben sie nicht im Besitz des besten Landes der Sequaner, das sie eingenommen hatten.

Caesar verstand unter Germanen diejenigen Völker, welche jenseits des Reins wohnten, oder vor noch nicht langer Zeit über den Rein nach Gallien gekommen waren. Da man aber die eigentliche Bedeutung des Namens kannte, so war es natürlich, dass man ihn ohne bestimmte Grenze für alle entfernteren Gallier brauchte, die noch wenig mit der römischen Bildung in Berührung gekommen waren. So erklärt es sich, dass Virgil in der ersten Ecloge singen konnte:

ante, pererratis amborum finibus, exsul
aut Ararim Parthus bibet aut Germania Tigrim;

die Anwohner der Saone sind ihm Germanen.

In dem Schriftchen des Seneca *de morte Claudii* wird der verstorbene Claudius von dem Fieber in den Olymp geführt. Dort wird er nach seinem Namen gefragt; das Fieber antwortet für ihn: *Lugduni natus est; Marci municipem vides; quod tibi narro, ad sextum decimum lapidem a Vienna natus est, Gallus Germanus. Itaque quod Gallum facere oportebat, Romam cepit.* Es ist uns hier gleichgültig, ob Marcus, der hier als Gründer von Lugdunum genannt ist, Marcus Antonius ist, oder ob Munatius gelesen werden muss, da Munatius Plancus die Colonie in Lugdunum ansiedelte. Aber für uns sehr wichtig ist, dass hier Claudius, weil er in Lugdunum geboren ist, ein *Gallus Germanus,* oder *germanus* genannt wird; und zwar wird der Zusatz *germanus* eingeleitet durch die Worte *ad sextum decimum lapidem a Vienna.* Claudius ist nicht nur ein Gallier, sondern weil er noch weit hinter Vienna geboren ist, also im entfernteren Gallien, ist er ein *Gallus germanus.* Und weil er ein ächter Gallier, ein *Germanus* war, kam es ihm zu, in Rom zu herrschen, denn Rom einzunehmen ist die Bestimmung der ächten Gallier. Die Stelle ist für den Gebrauch des Wortes *Germanus* und für die Ideen, die man mit diesem Namen verband, sehr lehrreich. Wenn noch nach dem Tode des Claudius nicht nur die entfernteren Gallier ächte genannt wurden, sondern auch die Vorstellung, dass die ächten Gallier Rom einnehmen müssten, sich von selbst verstand, so ist es um so begreiflicher, wie die Soldaten Caesars, in demselben volksmässigen Glauben aufgewachsen, den Namen *Germani* für das Heer des Ariovist aufbrachten.

Auch jener bekannte Spottvers der Soldaten des Lepidus und des Plancus scheint zu beweisen, dass man bei *Germani* von selbst an *Galli,* als die nothwendige Ergänzung dachte. Beide Consuln hatten ihre Brüder auf die Proscriptionsliste gesetzt, da sangen die Soldaten: *de Germanis non de Gallis duo triumphant consules.* Hier ist deutlich, dass die Soldaten nicht für *Gallis* einen andern Namen hätten setzen können, etwa *de Parthis.* Ueber *germani* haben die Consuln gesiegt, aber nicht über *germani Galli,* also nur über *germani fratres.*

In dem Streit über die Lebenszeit des Apostels der Pariser, Dionysius, und über das Alter des ältesten Lebens desselben hat man grosses Gewicht auf folgende Stellen gelegt: *Tunc memorata civitas et conventu Germanorum nobilitate pollebat,* und *subdebat se illi certatim Germaniae cervicositas.* Man hat aus dieser Erwähnung der Germanen in Paris schliessen wollen, dass die *Acta* nicht vor

Chlodwig geschrieben sein können, weil früher keine Germanen in Paris wohnten. Es sind aber offenbar nicht die Franken gemeint. Dass aber die alten Einwohner von Paris *Germani* genannt werden, scheint mir gerade als ein Beweis des hohen Alters der *Acta* angesehen werden zu können. Ihr Verfasser wusste noch, dass *Galli* die nothwendige Ergänzung von *Germani* war, und dass man *Germani* alle den Römern entfernteren Gallier nennen konnte.

Noch Zosimus konnte Paris eine germanische Stadt nennen 3, 9: *ἐν τῷ Παρισίῳ, Γερμανίας δὲ αὕτη πολίχνη.*

Es war uns also nicht möglich, bei den Römern zu finden, was bei den Griechen nicht vorkommt, eine von der gallischen oder keltischen geschiedene germanische Nation. Doch sind noch zwei Schriftsteller übrig, die wir noch nicht betrachtet haben, und die man dem einstimmigen Zeugniss des gesammten Alterthums glaubt entgegen stellen zu können, Sueton und Tacitus. Der erste erzählt von Caligula, er habe zur Verherrlichung eines Triumphs über die Germanen nicht nur Gefangene und Ueberläufer, sondern auch die grössten Gallier, und zwar einige aus dem gallischen Adel erlesen, und sie gezwungen, das Haar wachsen zu lassen und roth zu färben, und die germanische Sprache zu lernen, und barbarische Namen zu tragen. Diese Stelle soll beweisen, dass die gallische Sprache von der germanischen ganz verschieden war. Was aber Tacitus betrifft, so scheint er allerdings ebenfalls die Germanen von den Galliern ganz zu trennen. Er sagt Germ. 43: *Gothinos gallica, Osos pannonica lingua coarguit non esse Germanos.* Ferner ist es deutlich, dass er Germ. 37 mit den Kimbern das germanische Volk als ein neues, vorher noch nicht dagewesenes auftreten lässt. Seit dem Zug der Kimbern, sagt er, wird Germania besiegt. Er scheint zu glauben, dass die Germanen und die früher schon bekannten und besiegten Gallier zwei ganz verschiedene Völker seien. Nur diese wenigen Stellen des Sueton und des Tacitus geben der herrschenden Ansicht einen Anhaltspunkt.

Es ist nun aber zu bemerken, dass Tacitus selbst die Scheidelinie zwischen den Germanen und Galliern nicht zu finden wusste. Unter die Siege der Germanen rechnet er an der angeführten Stelle auch die Niederlage des Cassius, welcher a. u. 647, wie Livius berichtet, *a Tigurinis Gallis, pago Helvetiorum, in finibus Allobrogum cum exercitu caesus est.* Also gebraucht er doch auch den Namen Germanen für entschieden gallische Völker. Ferner wird man die linguistischen Kenntnisse, die Tacitus zur Schau trägt, nicht hoch anschlagen dürfen. Seine Nachricht von der britannischen Sprache der Aestier Germ. 45 klingt doch gar zu wunderlich. Endlich ist zu bedenken, dass Tacitus und Sueton zu Anfang des zweiten Jahrhunderts schwerlich noch eine lebendige Kenntniss der Gallier haben konnten. Damals war ganz Gallien schon mehr als hundert Jahre römisch und so lange brauchten die Römer nicht, um ein Volk zu romanisiren. Man denke an Dacien, das erst unter Trajan den Römern unterworfen und schon unter Aurelian wieder aufgegeben wurde, nachdem schon lange früher barbarische Völker eingedrungen waren; und dieser kurze Besitz genügte, die dakische Sprache zu vertilgen und die römische an ihre Stelle zu setzen. In Gallien war schon vor Caesar römische Sitte und Sprache bis weit in die nördlichen Theile vorgedrungen, wie die Rede Cicero's pro Fontejo 69 v. Chr. beweist: *referta Gallia negatiatorum est, plena civium Romanorum; nemo Gallorum sine cive Romano quidquam negotii gerit; nummus in Gallia nullus sine civium Romanorum tabulis commovetur.* Schon 44 v. Chr. wurde die erste Colonie am Rein gegründet, *Augusta Rauracorum*, wie K. Roth in seiner Abhandlung über L. Munatius Plancus gezeigt hat. Strabo sagt S. 186: Kavarer nennt man die Barbaren am Rhodanus, wiewohl sie keine Barbaren mehr, sondern völlig in Römer verwandelt sind, in der Sprache und in der Lebensweise. Er schildert S. 181, wie die Gallier in Massilia sogar schon griechische Beredtsamkeit studiren, und wenn er S. 195 die Sitten der Kelten schildern will, muss er auf die alten Zeiten zurückgehen, oder sich bei den Germanen unterrichten, weil die Gallier schon Römer geworden sind. Schon im Jahr 21 n. Chr. bei dem Aufstand des Julius Florus und Julius Sacrovir, dem letzten Versuch nationaler Erhebung, erfahren wir von Tacitus Annal. III, 43, wie die Jugend der Aeduer in der Schule zu Augustodunum lateinische Bildung erhielt. Damals werden noch einmal die Gallier an ihren alten Ruhm erinnert, cp. 54, *memorare veteres Gallorum glorias.* Aber schon beim Aufstand des Vindex a. 68 sind die Gallier völlige Römer; und es handelt sich bei der angeblichen Befreiung des gallischen und römischen Volks nur um die Entthronung des Nero, an dessen Stelle sie den Galba ausrufen. Schon Claudius hatte vornehmen Galliern Ehrenstellen in Rom verliehen, Galba gab allen Galliern das Bürgerrecht. Schon von Caligula sagt Sueton: *instituit in Gallia Lugduni certamen Graecae Latinaeque facundiae;* in allen bedeutenden Städten blühten Schulen, durch welche lateinische Bildung mit so glücklichem Erfolg verbreitet wurde, dass Juvenal denen, die lateinisch lernen wollen, den Rath giebt, nicht nach Rom, sondern nach Gallien zu gehen. Daher hatten die Gallier für den nationalen Aufstand des Civilis keinen Sinn; Julius Sabinus liess sich Caesar salutiren. Ja sogar die Ubier in Cöln mussten zwar ihre Freude über die Wiedervereinigung mit den deutschen Brüdern recht laut hören lassen, aber sobald sie konnten, ermordeten sie die Barbaren, und riefen römische Besatzung, weil sie sich schon ganz als Römer fühlten, wenn schon sie vielleicht ihre deutsche Sprache noch nicht ganz vergessen hatten. Gewiss also war zur Zeit des Tacitus schon das ganze Land römisch, mit Ausnahme einiger Gebirgsgegenden, und was er gallische Sprache nennt, wenn er sie wirklich sprechen hörte, ist vielleicht nichts anderes gewesen als aquitanisch in den Pyrenäen. So ist es auch möglich, dass die Nachricht Suetons ganz wörtlich zu verstehen ist: mancher vornehme Gallier, der dem Caligula ἀξιοθριαμβευτὴς schien, war nicht mehr im Stand, gallisch zu sprechen, und musste die Sprache, wie eine fremde, wieder lernen, um als Germane gezeigt werden zu können.

Unter diesen Umständen darf der unsicher ausgedrückten Meinung des Tacitus kein Gewicht beigelegt werden. Die Ansicht des Alterthums ist dieselbe, die ich der herrschenden Lehre entgegenstelle: die Germanen sind Kelten.

Es bleibt noch übrig, die Ansichten der Alten über die brittischen Völker kennen zu lernen. Da man diese jetzt allgemein und ohne den mindesten Zweifel für Kelten hält, so erwartet man, dass diese Ansicht durch die deutlichsten Zeugnisse gestützt sei. Mit

Erstaunen überzeugt man sich, dass bis auf Tacitus nicht ein Schriftsteller die mindeste Veranlassung gegeben hat, die Britten für Kelten zu halten. Aristoteles sagt, die brittischen Inseln liegen über den Kelten, de mundo, 3: *νῆσοι Βρεταννικαὶ — ὑπὲρ τοὺς Κέλτους κείμεναι.* Er rechnet also deutlich die Britten nicht zu den Kelten. Caesar, der erste Römer, der Britannien betrat, gibt nirgends zu verstehen, dass er die Britten und die Gallier für stammverwandt halte: an der Küste, sagt er 5, 12, wohnen Belgen, die der Beute und des Kriegs wegen herübergekommen sind, die Britten selbst aber sind nicht eingewandert: *Britanniae pars interior ab iis incolitur, quos natos in insula ipsa memoria proditum dicunt; maritima pars ab iis, qui praedae ac belli inferendi caussa ex Belgis transierant.* Er hält also die Britten für ein anderes Volk als die Gallier. Ebenso sagt Diodor, dass die Britten Autochthonen seien, womit die Ansicht, dass sie Kelten seien, aufs bestimmteste abgewiesen ist, v. 21: *κατοικεῖν δέ φασι τὴν Βρεττανικὴν αὐτόχθονα γένη.*

Strabo sagt nicht nur nichts davon, dass die Britten zu den Kelten zu rechnen seien, sondern er tadelt 2, 75 ausdrücklich den Hipparch, weil er diese falsche Meinung habe. Erst Tacitus ist es wieder, der für die herrschende Ansicht benützt werden kann; er sagt im Agricola, es sei von den Britten nicht bekannt, ob sie eingewandert seien; ihrer Leibesbeschaffenheit nach scheinen sie theils von den Germanen, theils von den Iberern, theils von den Galliern abzustammen; im Allgemeinen könne man die Meinung haben, dass sie von dem nahen Gallien gekommen seien; dafür spreche auch manche Uebereinstimmung in Glaube und Sitte, und die Aehnlichkeit der Sprache: *in universum tamen aestimanti, Gallos vicinum solum occupasse, credibile est.* Auf das Urtheil des Tacitus hinsichtlich der Sprache können wir kein grosses Gewicht legen, wie schon oben gezeigt ist. Diese unsichere Meinung des Tacitus ist das einzige Zeugniss, das für die herrschende Ansicht angeführt werden kann. Es sagt daher auch Zeuss, die Deutschen S. 193: Ueber die Stammverhältnisse der Inselbewohner geben die Römer keine ausreichende Aufschlüsse; er meint aber, Zeugnisse seien unnöthig, weil durch die noch lebende Sprache das Keltenthum der Britten mit der grössten Sicherheit erwiesen sei. Von der Sprache werden wir im vierten Theile handeln; hier haben wir nur die Ansichten der Alten kennen zu lernen. Das Endergebniss des Zeugenverhöres ist die entschiedene Erkenntniss, dass die Alten die jetzt herrschende Ansicht nicht hatten, dass sie vielmehr in beiden Sätzen der Ansicht waren, die in dieser Schrift vertheidigt wird. Es ist nicht wahr, dass die Alten die Germanen für einen neuen, vom keltischen verschiedenen Volksstamm hielten; es ist nicht wahr, dass sie die Britten zu den Kelten zählten. Vielmehr hielten sie die Germanen für einen Zweig des grossen keltischen oder galatischen Volksstammes, und die Britten für ein eigenes, von den Kelten verschiedenes Volk.

Dritter Theil.

THATSACHEN.

Die Alten können sich geirrt haben; sie können zwei ganz verschiedene Völker aus mangelhafter Kenntniss unter einem Namen befasst und für stammverwandt gehalten haben. So schwer ein solcher Irrthum zu begreifen wäre, so kann er doch nicht geradezu für unmöglich erklärt werden. Und dass wirklich die Germanen ein ganz anderes Volk als die Kelten waren, und dass diese dagegen in den brittischen Völkern wiederzufinden sind, soll aufs deutlichste aus den Thatsachen hervorgehen, vor welchen freilich blosse Meinungen und Ansichten keinen Werth mehr haben können. Betrachten wir also diese Thatsachen.

Wir sehen zuerst, dass die Kelten, wie sie von den Alten beschrieben werden, ihrer physischen Seite nach in den brittischen, oder in den deutschen Völkern wieder erkannt werden können. Die keltische Race war sehr leicht kenntlich und durch Grösse, weisse Hautfarbe, blonde Haare von allen andern deutlich unterschieden. Zeugnisse in grosser Zahl findet man bei Zeuss, die Deutschen S. 49. Von den Galatern in Kleinasien lernen wir aus Livius 38, 17; 21, dass sie durch *procera corpora, promissae et rutilatae comae, candor corporum* ausgezeichnet waren. Von den italischen Galliern rühmt Silius Italicus, Punica 4, 154 die *lactea colla,* und 200 *flavam caesariem, crinem auro certantem, candida membra;* ihren hohen Wuchs erwähnt er 15, 716: *procerae stabant, Celtarum signa, cohortes.* Ebenso bei Virgil. Ann. 8, 657 *aurea caesaries, lactea colla (Gallorum).* Im allgemeinen von dem ganzen Volksstamm sagt Diodor Sic. V, 28: *οἱ δὲ Γαλάται τοῖς μὲν σώμασίν εἰσιν εὐμήκεις, ταῖς δὲ σαρξὶ κάθυγροι καὶ λευκοί· ταῖς δὲ κόμαις οὐ μόνον ἐκ φύσεως ξανθοὶ* —. Es wäre ganz überflüssig, die Belege zu häufen, und ebenso überflüssig wäre es, zu zeigen, das alles, was von der Leibesbeschaffenheit der Kelten gesagt wird, ganz ebenso von den Germanen gilt. Die Grösse und die blonden Haare, die weisse Haut der Germanen im Allgemeinen, und aller einzelnen germanischen Völker werden an unzähligen Stellen hervorgehoben; und Strabo sagt ausdrücklich, dass sie sich von den gallischen Kelten nur dadurch unterscheiden, dass sie den allgemeinen Typus der galatischen Race reiner bewahrt haben, indem sie ihnen an Gestalt, *μορφαῖς*, gleich sind, sie aber noch an Grösse und Blondheit, *τοῦ μεγέθους καὶ τῆς ξανθότητος* ein wenig übertreffen. Was also Tacitus von den Germanen rühmt Germ. 4, sie seien *propria et sincera et tantum sui similis gens*, es sei *habitus corporum, quamquam in tanto hominum numero, idem omnibus, truces et caerulei oculi, rutilae comae, magna corpora*, das dient nicht zu ihrer Unterscheidung von den Kelten, sondern es kann ganz mit denselben Worten von dem ganzen keltischen Volksstamm gesagt werden. Sehen wir uns nun um unter den lebenden Völkern, so finden wir die Kennzeichen der Kelten bei den germanischen Völkern wieder. Weisse Haut, blonde Haare, blaue Augen, hoher kräftiger Wuchs zeichnet noch jetzt alle unvermischten germanischen Völker aus in Deutschland und Skandinavien.

Wie steht es nun mit den brittischen Völkern? Haben auch diese, vielleicht noch deutlicher als die Deutschen und Skandinaven die Kennzeichen der keltischen Abstammung? Allerdings scheint diess der Fall zu sein, wenn wir Strabo's Zeugniss hören. Dieser sagt II, p. 67: die Männer der Britten seien noch grösser als die Kelten, nicht ganz so blondhaarig und von schlafferem Körperbau: *οἱ δ' ἄνδρες εὐμηκέστεροι τῶν Κέλτων εἰσι, καὶ ἧσσον ξανθότριχες, χαυνότεροι δὲ τοῖς σώμασιν.* Danach müssten wir sie zu den Kelten zählen; denn wenn auch einiger Unterschied zugegeben wird, so bezieht er sich doch nur auf ein Mehr oder Weniger derselben charakteristischen Merkmale; die blonden Haare werden auch sonst bezeugt, Lucan III, 77:

celsos ut Gallia currus
nobilis et flavis sequeretur mista Britannis.

Auf die Stelle des Dichters darf man sich nicht verlassen; es kam ihm vielleicht nicht darauf an, ob *Britannis* oder *Sigambris* oder *Suevis* stand, wenn nur ein barbarischer Name den Vers füllte. Aber der Geograph, der sich immer als sorgfältiger Beobachter bewährt hat, muss gehört werden. Glücklicherweise sagt er uns, woher seine Beschreibung genommen ist: er hat einige Britten selbst gesehen S. 200, von diesen schloss er auf die andern. Nun aber wissen wir, dass in Britannien schon vor Caesar belgische Einwanderer wohnten, und dass schon vor Caesars Zeit Britannien einem belgischen König unterworfen war, B. G. 2, 3: *Apud Suessiones fuisse regem Divitiacum, totius Galliae potentissimum, qui quum magnae partis harum regionum, tum etiam Britanniae imperium obtinuerit.* Jene Britten, welche Strabo in Rom sah, waren höchst wahrscheinlich Abkömmlinge belgischer Einwanderer, und Strabo begieng denselben Fehler, wie wenn man nach einem in Irland geborenen englischen Lord den physischen Charakter der Iren bestimmen wollte. Tacitus giebt eine ganz andere Beschreibung. Er findet zwar ebenfalls in Caledonien eine Bevölkerung, die durch röthliche Haare und Grösse, wie er meint, ihre germanische Abstammung verräth, aber die eigentlichen Britten, die *Silures,* kommen nach seiner Vermuthung aus Spanien, weil sie dunkle Gesichtsfarbe und meistens krause Haare haben: *Silurum colorati vultus et torti plerumque crines — Iberòs veteres trajecisse fidem faciunt.* Diejenigen Völker, welche jetzt noch die brittischen Sprachen sprechen, haben im Allgemeinen nicht den keltischen Typus. Sie sind meistens klein von Wuchs, dunkel von Haut, und schwarz von Haar; und ebenso entschieden als wir in einem Deutschen oder Schweden reinen Geblüts den alten Kelten wieder erkennen, ebenso entschieden müssen wir den Britten, seiner physischen Beschaffenheit nach, von jener *sincera et tantum sui similis gens* der Kelten ausschliessen.

Gehen wir über zu der Lebensweise, den Sitten und Gebräuchen, so finden wir auch hier keinen wesentlichen Unterschied zwischen Kelten und Germanen, aber eine gründliche Verschiedenheit zwischen Britten und Kelten. Zuerst soll das Verhältniss der Britten zu den Kelten abgehandelt werden. Dabei ist zu bedenken, dass, wie wir gesehen haben, schon vor Caesars Zeit ein Verkehr Statt fand zwischen

Belgien und Britannien und dass die Belgen als das mächtigere Volk in Britannien herrschten. Es ist daher natürlich, dass die Sitten des herrschenden Volkes von dem beherrschten angenommen wurden; und wenn wir daher in einzelnen Fällen in Britannien belgisch-gallische Namen und belgisch-gallische Sitten finden, so darf daraus nicht voreilig auf eine Sprach- und Blutsverwandtschaft der Britten und der Gallier geschlossen werden.

Die Britten schildert Caesar B. G. V, 14 kurz aber hinreichend, um sie von den Kelten gänzlich zu trennen. Er sagt, die Bewohner von Cantium sind weitaus die gebildetsten, und unterscheiden sich wenig in der Lebensweise von den Galliern: *longe sunt humanissimi, qui Cantium incolunt, neque multum a Gallica differunt consuetudine.* Diess sind eben die eingewanderten Belgen, von denen er cp. 12 gesprochen hat: von ihnen aus verbreitete sich gallische Bildung über die ganze Insel. Von den eigentlichen Britten aber sagt er, dass sie ohne Ackerbau von Milch und Fleisch leben, *interiores plerique frumenta non serunt, sed lacte et carne vivunt.* Dagegen von den eingewanderten Belgen hat er gesagt, dass sie den Ackerbau in Brittannien einführten, *ibi agros colere coeperunt.* Hier zeigt sich eine wesentliche Verschiedenheit der beiden Völker; die Britten waren noch zu Caesars Zeit ein Hirtenvolk, das erst unter dem Einfluss der gallischen Bildung zum Ackerbau überging; die Kelten dagegen waren von jeher ein ackerbauendes Volk. Man will zwar behaupten, dass die von Caesar den Britten beigelegte Lebensweise die ursprüngliche aller keltischen Völker gewesen sei; aber dafür fehlt es an Beweisen; denn wenn die keltischen Söldner, die Gaesaten, die alten Landsknechte, die wir in Asien, in Griechenland, in Africa, in Spanien alle Kriege der Römer, der Griechen, der Karthager, sogar des Mithridat und des Xerxes ausfechten sehen, wenn diese einmal sich rühmen, dass sie nichts vom Ackerbau verstehen, so ist es doch sehr verkehrt, daraus schliessen zu wollen, die Kelten seien kein ackerbauendes Volk gewesen. Vielmehr finden wir sie immer in festen Wohnsitzen wohnend oder feste Wohnsitze suchend, nie aber als Nomaden umherschweifen. Und wenn schon Polybius 2, 17 die alten einfachen Sitten der italischen Kelten schildert, so hebt er doch ausdrücklich ihren Feldbau hervor, dem sie ausser dem Kriege oblagen: *μηδὲν ἄλλο πλὴν τὰ πολεμικὰ καὶ τὰ κατὰ γεωργίαν ἀσκεῖν.* Der Feldbau der alten Kelten ist freilich ein andrer als der moderne, da er nicht auf Privatbesitz angebauten Feldes gegründet war; aber er ist doch hinreichend, um sie von den Britten zu scheiden. Von diesen sagt Dio Cassius p. 1280, in Uebereinstimmung mit Caesar, dass sie ohne Ackerbau von Vieh und Jagd und wilden Baumfrüchten leben: *μήτε τείχη, μήτε πόλεις, μήτε γεωργίας ἔχοντες, ἀλλ' ἔκ τε νομῆς καὶ θήρας, ἀκροδρύων τέ τινων ζῶντες.*

Schon dieser Gegensatz der Lebensweise in Bezug auf Feldbau lässt die Britten dem Culturvolk der Kelten gegenüber als eine wilde Horde erscheinen. Diess zeigt sich noch mehr in ihrer Kleidung. Caesar sagt, dass sie Felle tragen, *pellibus sunt vestiti;* Dio Cassius, dass sie nackt und barfuss gehen, *διαιτῶνται ἐν σκηναῖς, γυμνοὶ καὶ ἀνυπόδετοι;* dazu kommt, dass sie sich blau färben, wie Caesar bezeugt: *omnes se Britanni vitro inficiunt, quod coeruleum efficit colorem; atque hoc horridiore sunt in pugna adspectu.* Ebenso sagt Herodian, dass die Britten den Gebrauch der Kleider nicht kennen, und ihren Leib mit Figuren von Thieren bemalen. Ist hier nicht aufs deutlichste ein wildes Volk geschildert? In allen diesen Stücken sind die Britten wesentlich von den Kelten verschieden. Nirgends wird von den Kelten gesagt, dass sie nackt oder nothdürftig mit Fellen bedeckt zu gehen pflegten; noch viel weniger, dass sie ihr Gesicht und ihren Leib mit blauer Farbe beschmierten, um fürchterlich auszusehen. Die gallische Kleidung erforderte von jeher einen gewissen Grad von Kunstfertigkeit. Der bunte Mantel, die Hosen sind allen gallischen Völkern von jeher eigen; sie kamen nach Rom *sagati brachatique*, Cicero or. pro Fontejo 21. Dass sie nicht barfuss gingen, beweist der Name des Caligula. Es ist hier nicht der Ort, das Kleiderwesen der alten Kelten abzuhandeln; es genügt das Bemerkte, um zu beweisen, dass das gebildete Volk der Kelten auch in der Kleidung ganz verschieden war von den wilden Britten.

Endlich, wenn noch ein Zweifel bliebe, giebt Caesar folgende ganz entscheidende Schilderung des Communismus der alten Britten: *uxores habent deni duodenique inter se communes, et maxime fratres cum fratribus parentesque cum liberis; sed si qui sunt ex his nati, eorum habentur liberi, quo primum virgo quaeque deducta est.* Dieselbe Weibergemeinschaft bezeugt Dio Cassius: ταῖς γυναιξὶν ἐπικοίνοις χρώμενοι, καὶ τὰ γεννώμενα πάντα ἐκτρέφοντες. Und die Königin Bunduica spricht bei Dio Cassius p. 1007: ἄρχουσα .. ἀνδρῶν Βρεττανῶν, γεωργεῖν μὲν ἢ δημιουργεῖν οὐκ εἰδότων, πολεμεῖν δὲ ἀκριβῶς μεμαθηκότων, καὶ τά τε ἄλλα πάντα κοινὰ, καὶ παῖδας καὶ γυναῖκας κοινὰς νομιζόντων. Und Strabo sagt von den Irländern 201: dass sie sich öffentlich begatten καὶ μητράσι καὶ ἀδελφαῖς. Wie hat man jemals die Behauptung wagen dürfen, dass dieses Volk von Wilden keltisch sei, und dass diese ihre thierische Lebensweise einst die allgemeine der Kelten gewesen sei? Mag in den Berichten, die wir mitgetheilt haben, einiges übertrieben sein, so ist doch sicher, dass die einheimischen brittischen Völker die Familie nicht kannten; bei den Kelten aber beruht alles auf der Familie. Die Reinheit der Familie ist bei den Kelten die Grundlage aller Verhältnisse, und beruht selbst wieder auf den tiefsten heiligsten Lehren der Religion. Daher wird bei den Kelten der Ehebruch aufs schwerste gestraft, während er bei den Britten nicht nur kein Verbrechen, sondern eine Unmöglichkeit ist. Wenn man alle andern Unterschiede nicht beachten wollte, so muss man doch zugeben, dass Weibergemeinschaft einerseits, Heiligkeit der Ehe als Grundlage aller Verhältnisse auf der andern Seite das allerwesentlichste Merkmahl der gründlichen Verschiedenheit zweier Völker abgeben muss. Es ist ganz unmöglich, dass die Britten zu dem keltischen Volksstamme gehören.

Haben wir das brittische Urvolk als ein völlig wildes kennen gelernt, das von Ehe und Familie nichts wusste, so passt dazu ganz gut die Nachricht, dass es ein cannibalisches war, das Menschenfleisch verzehrte. Von den Iren sagt Strabo ausdrücklich 4, p. 201, dass sie sogar für etwas löbliches halten, die Leichname ihrer Eltern zu essen, und auch Diodor sagt von ihnen, dass sie Menschenfresser seien. Und diese Nachrichten werden noch von Hieronymus bestätigt, der als Augenzeuge erzählt, dass sie Hinterbacken von Knaben und Weiberbrüste für Leckerbissen halten. Er sagt op. 11, p. 75: *cum ipse adolescentulus in Gallia viderim Attacottos, gentem Britannicam humanis vesci carnibus: et cum per silvas porcorum greges et armentorum pecudumque reperiant, puerorum nates et feminarum papillas solere abscindere, et has solas ciborum delicias arbitrari.* Wie kann man sich fortwährend unterstehen, den keltischen Völkern solche Kannibalen beizuzählen, und solche Abscheulichkeiten als die ächten ursprünglichen Sitten der Kelten darzustellen? Wenn Strabo erzählt, dass es auch bei den Kelten bei Belagerungen vorgekommen sei, dass sie Menschenfleisch assen, so darf man daraus so wenig auf eine Sittengemeinschaft und Blutsverwandtschaft derselben mit den Britten schliessen, als man etwa die Franzosen, Holländer oder Engländer zu den Neuseeländern stellen darf, weil es wohl auf Schiffen in der Hungersnoth vorgekommen ist, dass Menschen verzehrt wurden.

Das Unverzeihlichste, was Tacitus geschrieben hat, ist der Satz Agr. 11: *(Britanni) manent, quales Galli fuerunt.* Umgekehrt ist das rohe, wilde Volk der alten Britten erst unter der Herrschaft und Zucht zuerst der Belgen, dann der Römer allmählich auf einen Stand menschlicher Bildung geführt worden, auf dem es zu Tacitus Zeiten mit den Galliern verglichen werden konnte. Eine Blutsverwandtschaft zwischen den alten Kelten, die wir immer auf einer hohen Stufe von Bildung sehen, mit den Britten, einem vollkommen barbarischen und wilden Volke, ist durchaus unmöglich.

Und dennoch wird diese Verwandtschaft gerade aus demjenigen innersten Grunde und Kern der ganzen Bildung eines Volkes, in dem sich die Verschiedenheit am deutlichsten zeigen müsste, nämlich aus der Religion bewiesen, und zwar, wie es scheint, siegreich bewiesen. Die Religion der brittischen Völker war dieselbe wie die der Kelten, also müssen die Britten die eigentlichen Kelten sein. In der Sitte, wie wir gesehen haben, sind die Völker durch die tiefste Scheidewand geschieden; aber in der Religion, in dem Grund der Sitte, sollen sie eins sein. Die Sache ist von vornherein unglaublich, und dennoch wird anscheinend mit den schlagendsten Zeugnissen und Gründen bewiesen, dass die ganze keltische religiöse Wissenschaft aus Britannien stamme, und dass die Druiden und der Gottesdienst der Druiden von den Britten zu den Galliern gekommen seien. Dafür beruft man sich auf Caes. B. G. 6, 13: *disciplina in Britannia re-*

perta atque inde in Galliam translata esse existimatur; et nunc, qui diligentius eam rem cognoscere volunt, plerumque illo discendi caussa proficiscuntur. Dazu kommt, dass auch Tacitus Agr. 11 die Verwandtschaft der Gallier und Britten aus der Gleichheit der Religion ableitet, *eorum sacra deprehendas, superstitionum persuasione.* Und endlich schildert Tacitus Ann. 14, 30 die Insel Mona als einen Sitz der Druiden.

Vor diesen bestimmten Zeugnissen scheint aller Widerspruch verstummen zu müssen. Es kommt noch dazu, dass wir in Wäles in den ältesten Denkmählern des Mittelalters wirklich ein ausgebildetes Druidenthum und, was nicht minder ein Beweis ächten Keltenthums ist, einen geregelten Bardenorden finden. Ja noch mehr. In den Volksliedern der Bretagne, die in unsern Tagen Graf Villemarqué aus dem Munde des Volkes gesammelt hat, finden wir die Druiden und ihre blonden Söhne, den Mistelzweig und die Schlangeneier, das ächte Keltenthum, wie es sich von Geschlecht zu Geschlecht aus den ältesten Zeiten bis auf die Gegenwart durch mündliche Ueberlieferung vererbt hat. Woher können die schlichten Landleute der Bretagne in ihren unbeachteten Volksliedern Kenntniss von den Druiden und ihrer Lehre haben, wenn nicht ihre Vorfahren, von denen sie die Lieder erhalten haben, die ächten Kelten waren? Und wenn so die Gegenwart in der Einfalt der frommen Bretonen, das Mittelalter in den Gesetzen des Howel Da, und den Gesängen des Taliesin, und das Alterthum in den Zeugnissen des Tacitus und des Caesar in dem einen Ergebniss übereinstimmen, dass die Britten die wahren Kelten sind, wie kann gegen einen solchen überwältigenden Verein von Autoritäten ein Zweifel aufkommen?

So scheint es, dass wir plötzlich überwunden sind. Wir glaubten schon mit voller Ueberzeugung es aussprechen zu dürfen, dass die Wilden in Britannien nicht die gebildeten Kelten sein konnten, und jetzt sind wir mit einem Schlage besiegt und müssen gestehen, dass die Britten die wahren Kelten sind.

Es wird erlaubt sein, jene Autoritäten genauer zu prüfen. Wir beginnen mit den Landleuten der Bretagne. Im Jahr 1840 erschienen die Volkslieder der Bretonen unter dem Titel *Barzaz-Breiz, chants populaires de la Bretagne, recueillis et publiés par Th. Hersart de la Villemarqué.* Man war über den Reichthum dieser Sammlung, besonders an historischen Liedern erstaunt; und sie wurde mit dem lebhaftesten Interesse aufgenommen, in mehrere Sprachen übersetzt und in mehreren neuen vermehrten Auflagen verbreitet. Viele dieser Volkslieder schienen noch aus der heidnischen Vorzeit herzurühren, und die Lehren der Druiden unverfälscht bis auf unsre Tage erhalten zu haben. Mit Recht durfte man daher den Bretonen vor allen andern Völkern den Vorzug zuerkennen, dass sie die ältesten Volkslieder besitzen. Wir wollen nun eines dieser Lieder näher betrachten, ich wähle dazu das kürzeste; es lautet in der französischen Uebersetzung also: *Merlin, Merlin, où allez-vous si matin avec votre chien noir? Iou! iou! ou! — Iou, iou, ou! Iou, ou! Iou, ou! Iou, ou! Iou, iou, ou! Iou, ou! — Je viens de chercher le moyen de trouver ici l'oeuf rouge, Iou, Iou, ou! — —. L'oeuf rouge du serpent marin au bord du rivage, dans le creux du rocher, Iou, iou, ou! —.*

Je vais chercher dans la prairie le cresson vert et l'herbe d'or. Iou, iou, ou —. et le guy du chêne dans le bois au bord de la fontaine, Iou, iou, ou! — Merlin, Merlin! revenez sur vos pas, laissez le guy au chêne, Iou, iou, ou! — et le cresson de la prairie, comme aussi l'herbe d'or, Iou, iou, ou —. Comme aussi l'oeuf du serpent marin, parmi l'écume dans le creux du rocher. Iou, iou, ou! — Merlin, Merlin! revenez sur vos pas: il n'y a de devin que Dieu. Iou, iou, ou! Iou, iou, ou! Iou, ou! Iou, ou! Iou, ou! Iou, iou, ou! iou, ou! — Ist es nicht deutlich, dass dieses schauerliche Volkslied in der Zeit des beginnenden Christenthums entstanden sein muss? und dass also das Druidenthum die vorchristliche Religion der Britten war?

Ich weiss nicht, ob es nöthig ist, ernstlich hierauf zu antworten. Denn dass von diesem angeblichen Volkslied das Volk nie etwas wusste, dass es vielmehr erst für die Sammlung des Grafen Villemarqué gemacht wurde, das bedarf doch wahrlich nicht bewiesen zu werden. Ist das der Ton eines Volksliedes? Ja es ist ganz vollkommen der Ton derjenigen Volkslieder, welche für französische Edelfräulein, die sich zum Volk herablassen wollen, von halbgelehrten

Schulmeistern gemacht werden; aber das Volk ist nirgends, auch in der Bretagne nicht, so von aller Poesie entblösst, dass es sich dazu verstehen könnte, so sinn- und geschmacklose Verse zu singen. Man sehe nur, wie genau sich der Schulmeister, welcher auf Befehl des Ortsgeistlichen und des Edelmanns für den Volksliedersammler arbeitete, an den Plinius gehalten hat. Aus Plinius wusste er, dass die Druiden Schlangeneier, Mistel, und zwei Heilkräuter *selago* und *rhodora* feierlich sammelten; und nun lässt er seinen Druiden in der Frühe mit seinem schwarzen Hund ausziehen, um gerade diese Gegenstände und alle auf einmal zu suchen. Und diesen seinen Druiden nennt er Merlin, weil er wusste, dass er mit diesem Namen dem sammelnden Grafen ein Vergnügen machte. Merlin war aber zur Zeit des beginnenden Christenthums in ganz Europa, und auch bei den Britten noch gänzlich unbekannt. Denn er ist durchaus nicht, wie man noch allgemein glaubt, ein altbrittischer Zauberer und Prophet, sondern er ist orientalischer Abkunft. Sein Name und seine Geschichte steht in den sieben weisen Meistern. San Marte in seinem fleissigen Buch über Merlin hat alles gesammelt, nur gerade diese entscheidende Stelle hat er nicht erwähnt. Es sind aber die sieben weisen Meister ganz ohne allen Zweifel ein orientalisches Buch, und es ist unmöglich, dass Merlin aus Britannien in den Orient kam; vielmehr wurde Merlin in ganz Europa durch das orientalische Buch bekannt; und so kam er auch, aber nicht früher als zu den andern, zu den Britten, die sich ihn aneigneten. Diess kann aber nicht früher geschehen sein, als das orientalische Buch in Europa verbreitet wurde; keineswegs aber reicht die Bekanntschaft mit diesem Buch bis in jene Zeit hinauf, in welcher noch Druiden mit ihren schwarzen Hunden in aller Frühe auszogen, um unter dem schauerlichen Rufe ju, ju, uh! ju, ju, uh! in den Klüften, an den Bächen und in den Wäldern rothe Schlangeneier, Mistelzweige und das Goldkraut zu suchen. Ich behaupte also, dass dieses Druidenvolkslied keineswegs alt ist, sondern zum Besten des Grafen Villemarqué gemacht wurde. Er schildert uns selbst sehr anschaulich, wie er seine Lieder sammelte. Er wandte sich zuerst an die Landleute selbst, und fragte sie, ob sie, die Nachkommen der alten Kelten, keine druidischen Lieder hätten, etwa von Merlin oder vom Schlangenei. Die meisten antworteten, dass sie von diesen Dingen nichts wüssten; aber die andern, die etwas wussten, schwiegen mit einem pfiffigen Lächeln: *il se taisait donc, et le plus souvent il souriait de cet air narquois et important qu'il prend volontiers quand il veut montrer qu'il n'est pas dupe.* Was war natürlicher, als dieses pfiffige Lächeln des Bauern? Haben doch die alten Druidenlieder eine geheimnissvolle Zauberkraft; mit diesen Liedern schlugen die Chouans die Blauen in die Flucht, und wenn sie erklangen, fingen die Gewehre selbst vor Ungeduld zu klirren an (4. Ausg. S. XVI.). Nichts ist daher begreiflicher, als dass der bretonische Bauer seine siegeskräftigen Zaubergesänge nicht dem ersten besten, der ihn darum befragt, anvertrauen will. Der Graf wandte sich also an die Edelleute und die Geistlichen; *le manoir et le presbytère*, sagt er, *vinrent à mon aide* und *j'ai besoin de dire hautement que c'est aux prêtres et aux grands propriétaires de Bretagne que je dois les pièces les plus importantes de cette nouvelle édition.* Jetzt war er glücklicher, er fand jetzt alles, was er suchte, den Zauberer Merlin, die Druiden und sogar das Schlangenei. So kam diese Sammlung von Volksliedern zu Stand, in welcher das Volk nichts singt, was nicht den vortrefflichen Geistlichen und den edeln Damen der Bretagne zu hören angenehm wäre, und welche als Volksbuch nur dazu dienen kann, das Volk in den schuldigen Gefühlen der Ehrfurcht vor Adel und Geistlichkeit zu bestärken. Mit diesem Zweck, wenn es ihn erreicht, mag sich aber auch das Buch genügen lassen. Wir können unmöglich aus den hier gegebenen Druidenliedern beweisen, dass die alte Religion der alten Britten die keltische war; sie beweisen nichts, als dass es in der Bretagne kunstsinnige Grafen giebt, und kunstfertige Schulmeister und wahrscheinlich auch unglückliche Landmädchen, welche auf Befehl der Geistlichen die überschwenglichen Producte der kunstfertigen Schulmeister auswendig lernen und singen müssen, damit dieselben von den kunstsinnigen Grafen aus dem Munde des Volkes gesammelt werden können. Ich will nicht läugnen, dass die Sammlung viel ächte Lieder enthält, aber alles, was druidisch sein soll, ist entweder ganz neu gemacht, oder doch dem Zweck gemäss hergerichtet. So lange uns nicht druidische Volkslieder, die wirkliche Volkslieder sind, und schon vor der Sammlung des Grafen Villemarqué vorhanden waren, nachgewiesen werden, können wir nicht daran glauben, dass sich druidische Erinnerungen in der Bretagne erhalten haben.

Mit der Gegenwart also sind wir fertig geworden; aber wie steht es mit dem Mittelalter? Es ist gewiss und kann nicht im Geringsten bezweifelt werden, dass wir im zwölften Jahrhundert in Wales Barden und Druiden antreffen. Ja aus dem sechsten Jahrhundert sind uns die Namen und sogar die Gedichte kymrischer Barden erhalten. Es ist also doch wohl deutlich, dass sich in Wales die alten keltischen Einrichtungen, das alte keltische Druidenthum und der alte keltische Bardenorden ohne Unterbrechung fortgepflanzt haben; es müssen also die alten Britten die ächten Kelten gewesen sein.

Diess war bis auf die neueste Zeit nicht dem geringsten Zweifel unterworfen. Nun aber haben sich, und zwar bei den Kymren selbst, Bedenken erhoben, die so einleuchtend sind, dass man sich nur darüber wundern kann, dass sie so spät erst sich aufdrängten. Im zwölften Jahrhundert soll in Wales noch das alte Druidenthum durch lebendige Ueberlieferung vorhanden gewesen sein? Also waren die Kymren noch im zwölften Jahrhundert Heiden? Nun weiss man aber, dass das ganze kymrische Volk schon längst zum Christenthum bekehrt war. Und es zeigt sich, dass auch jene jüngern Druiden keineswegs für Feinde des Christenthums gelten wollen. In der Geschichte der kymrischen Literatur von Thomas Stephens (1849), welche das Verdienst hat, in diesen nebelhaften Gebieten einen schwachen Anfang von Kritik zu machen, wird S. 115 gezeigt, dass das kymrische Druidenthum eine junge auf die Barden beschränkte Institution war. Es war eine Art von geheimer Verbindung, die dazu dienen sollte, den Patriotismus zu beleben; und der Barde Kynddelw um 1150 stellt den Fürsten vor, dass das Druidenthum nicht gefährlich sei und nicht im Widerspruch mit dem Christenthum stehe, und zur Vertheidigung des Landes ermuthige. Es ist nicht unwahrscheinlich, dass dieser Kynddelw selbst der Stifter des Bundes war. Die Mythologie, die man aus den Schriften dieser jüngern Druiden schöpfte, und bis auf unsre Tage für die alte keltische ausgab, ist nichts als eine poetische Fiction, und beruht so wenig auf alter kymrischer Ueberlieferung, dass darin sogar manches zu erkennen ist, was die Kymren von ihren Feinden, den Sachsen, entlehnten. Um aber der neuen Einrichtung den Schein eines ehrwürdigen Alters zu geben, wurden die Gedichte des Aneurin, Taliesin, Llywarch u. s. w. verfertigt und diesen angeblichen Barden das sechste Jahrhundert angewiesen. Sogar Stephens, der an dem hohen Alter dieser Barden nicht zweifelt, muss doch eingestehen S. 10, dass die dem Merddin zugeschriebenen Gedichte ins 13., und manche dem Taliesin beigelegte ins 12. Jahrhundert gehören, und unmöglich älter sein können. Wenn aber einige jener Gedichte sicher viel jünger sind, so wird es kaum möglich sein, das Alter der übrigen zu vertheidigen. Nach Stephens ist der nächste Dichter, der auf jene Barden des sechsten Jahrhunderts folgte, Meilyr zu Ende des elften Jahrhunderts. Ist es glaublich, dass die brittische Dichtkunst, nachdem sie eine reiche Blüthe entfaltet hatte, fünf Jahrhunderte lang ganz unfruchtbar blieb? S. 20: *no poems of any great merit except those of the bards of the sixth century had appeared prior to the appearance of Meilyr.* Es wird dadurch höchst wahrscheinlich, dass jene angeblich ältern Gedichte nicht vor dem zwölften Jahrhundert entstanden sind. Dagegen kann man sich auf das Zeugniss des Nennius berufen: *tunc Talhaern Cataguen in poemate claruit et Neirin et Taliessin et Bluchbard et Cian qui vocatur Guenith Guaus, simul uno tempore in poemate britannico claruerunt.* Ich bin sehr geneigt, diese Stelle für einen spätern Zusatz zu halten; sie soll allerdings sich schon in einer Handschrift des zehnten Jahrhunderts finden; allein ich erlaube mir daran zu zweifeln: alle andern bekannten Handschriften sind nicht älter als das zwölfte Jahrhundert. Die Kritik des Nennius ist noch in den Anfängen, und eine Stelle aus der vielfach interpolirten *historia Britonum* kann mich nicht hindern, dem Urtheil A. W. Schlegels beizutreten, welcher Essais (1842) S. 380 sagt: *les poésies débitées sous les noms de Taliesin, d'Aneurin etc. sont évidemment des inventions modernes.*

Das Druidenthum der Kymren ist also nicht das alte der Kelten; es ist nichts als eine poetische Fiction, die wahrscheinlich erst im zwölften Jahrhundert aufgekommen ist. Wenn aber die kymrischen Druiden nicht die alten keltischen sind, so ist es höchst wahrscheinlich mit den Barden ebenso. Zwar finden wir schon in den Gesetzen des Howel Dda um 1000 das Bardenwesen geordnet; aber es ist höchst auffallend, dass wir von Dichtern aus dieser Zeit nichts wissen und dass von ihren Gedichten nichts erhalten ist. Selbst Stephens macht die Bemerkung: *it is somewhat singular that the bards who lived at this time and under the guardianship of so able and accomplished a prince should have left no traces of their poetical labours.* Schwerlich haben diese Gesetze das Alter, das man ihnen zuschreibt. Erst gegen 1100 scheint das Bardenwesen aus der Bretagne nach Wales gekommen zu sein. Rhys ab Tewdwr brachte 1077 aus der Bretagne die Tafelrunde und das Bardenwesen nach Wales, wie in den Jolomanuscripts erzählt wird: *„he brought with him the system of the Round Table, which at home had become quite forgotten, and he restored it as it is with regard to minstrels and bards, as it had been at Caerlleon under the emperor Arthur in the time of the sovereignty of the race of the Kymry over the Island of Britain. — and then an honourable Eisteddvod was held by proclamation of a year and a day, to which invitation was given to all bards to assemble in the hall of the church, where according to the royal institution of the Round Table degrees were conferred on the chiefs of song and gifts and presents made them, as in the time of Emperor Arthur.“* Im Jahr 1100 hielt Gruffyd ab Kynan ein Eisteddvod zu Caerwys; dort wurden die Barden in drei Classen eingetheilt: *Poets, Family Bards, Migratory Bards; he fixed the scale of renumeration of their labours.* Zwar Dichter und Sänger gab es ohne Zweifel schon früher bei den Kymren, aber den Namen Barden und feste Ordnung erhielten sie erst gegen 1100 aus der Bretagne. Zuerst waren es die in Armorica wohnenden Britten, welche sich für die Nachkommen der alten Gallier hielten, und daher auch ihre Dichter und Sänger mit einem aus Lucan genommenen Namen Barden nannten. Von ihren Brüdern auf dem Festland erhielten dann die Inselbritten die Sitten, die Gebräuche, die Bücher und Erzählungen und Gedichte und die Einrichtung und den Namen der Barden. Noch gegen Ende des zwölften Jahrhunderts beruft sich Giraldus Cambrensis, wenn er die kymrischen Dichter Barden nennt, auf den Lucan. So wenig aber waren diese Barden die Pfleger einer altnationalen Kunst, dass sie nichts zu thun wussten, als die angelsächsischen Dichter nachzuahmen und von ihnen die Alliteration anzunehmen. Es ist also das kymrische Bardenwesen auf eine ganz ähnliche Weise entstanden, wie unsre deutsche Bardenpoesie zur Zeit Klopstocks; nicht aus lebendiger Ueberlieferung, sondern aus Gelehrsamkeit. In Irland scheint man sogar erst seit kurzer Zeit die Barden und Druiden angenommen zu haben; denn in den Bollandisten März 11. S. 517 finde ich angeführt aus des *Magnus Odonellus Tirconalliae princeps* drittem Buch *de S. Columbae Vita: natio illa laudis avida et suae antiquitatis studiosissima, ab ipsa prima gentis origine consuevit in magno et pretio et numero habere rei antiquariae professores, quos tempore Gentilismi Druidas Vates et Bardos, a Christi fide suscepta Antiquarios et Poetas vocabant.* Ich weiss nicht, wie die Stelle im irischen Original lautet, aber sie beweist, dass zur Zeit des Verfassers die Namen Druiden und Barden nicht üblich, sondern nur aus den Classikern bekannt waren.

So haben wir also auch das Mittelalter nicht zu fürchten. Die jüngern Barden und Druiden der brittischen Völker sind nicht die Nachkommen der alten keltischen und stehen mit diesen durchaus in keinem Zusammenhang; sie sind vielmehr eine junge Einrichtung, die aus der Büchergelehrsamkeit hervorgegangen ist, gerade wie die deutschen Barden des vorigen Jahrhunderts. So wenig man aus Klopstocks Bardieten beweisen könnte, dass Tacitus unter dem Namen der Germanen die Deutschen schilderte, ebensowenig kann man aus den kymrischen Barden und Druiden beweisen, dass die Alten unter Kelten dasjenige Volk vor Augen hatten, dessen Nachkommen die Kymren sind.

Aber freilich unwiderleglich ist bewiesen, dass die Britten die ächten keltischen Institutionen hatten, wenn schon die Römer auf der Insel Mona den Hauptsitz des Druidenthums fanden. Und wie kann man daran zweifeln, wenn man z. B. bei *Amand Thierry histoire des Gaulois* III, 2 folgendes liest? „*apre, inculte, d'un aspect lugubre et affreux, Mona avait été choisie depuis des siècles par les Druides pour le siège le plus secret de leur culte. Le haut collège du sacerdoce y résidait, et les collèges inférieurs des prêtres et des prêtresses, échappés aux massacres de la Gaule et à ceux de l'est et du midi de la Bretagne, accouraient de toutes parts s'y grouper autour de leurs pontifes; ils formaient un conseil suprême, en rapport avec les peuples confédérés de l'ouest, et dirigeaient leurs opérations. De là partaient des ordres, des prédictions, des encouragemens, des menaces, tout ce que le fanatisme de la croyance peut ajouter à celui de la patrie et de la liberté. Là sous de vieux chênes consacrés, sur d'informes autels, le sang humain ruisselait chaque jour; là étaient conduits et gardés tous les prisonniers pour y périr l'un après l'autre par le couteau des devins, par la flamme ou dans de plus douloureuses tortures.*" Was lässt diese schöne Beschreibung noch zu wünschen übrig? Nichts gewiss, als die Angabe der Quelle. Diese aber ist durchaus keine andre als die rhetorische Fantasie des Verfassers; denn von einem Druidensitz auf Mona ist nirgends die Rede als in folgender Stelle des Tacitus in Annal. 14, 30: *stabat pro litore diversa acies, densa armis virisque, intercursantibus feminis in modum Furiarum veste ferali, crinibus dejectis; faces praeferebant. Druidaeque circum, preces diras sublatis ad coelum manibus fundentes, novitate aspectus perculere milites, ut quasi haerentibus membris immobile corpus vulneribus praeberent. dein cohortationibus ducis, et se ipsi stimulantes, ne muliebre et fanaticum agmen pavescerent, inferunt signa sternuntque obvios et igni suo involvunt.* Es ist diess die Eroberung der Insel Mona durch Paulinus Suetonius im Jahr 61. Hier ist allerdings von Druiden auf der Insel Mona die Rede; und diess ist die einzige Stelle, die für altbrittisches Druidenthum angeführt werden kann. Darf man nun einer einzigen Stelle ein so grosses Gewicht beimessen, dass sie allen andern Gründen gegenüber den Ausschlag gibt? Wenn einmal die Priester der Britten Druiden genannt werden, ist dadurch erwiesen, dass die Priester der Britten dieselben wie die der Gallier, und dass die Religion der Britten dieselbe wie die der Gallier war? Könnte nicht Tacitus sich ungenau ausgedrückt haben, ebenso wie man wohl auch von ägyptischen Magiern oder von australischen Kaziken spricht? Die Priester der Britten opferten Menschen: *cruore captivo adolere aras et hominum fibris consulere deos fas habebant.* Solche Priester nannte Tacitus Druiden, weil die gallischen Priester dasselbe thaten; aber sie waren deshalb noch nicht wirkliche Druiden.

Vielleicht aber ist hier gar nicht von brittischen Druiden die Rede. Ich wage eine Aenderung vorzuschlagen, deren Kühnheit ich nicht verkenne. Deutlich ist wohl, dass in der Stelle etwas verdorben ist. Schon die zerhackte Schreibart macht sie verdächtig, und man suchte schon früh durch ein eingeschobenes *quae* eine Verbindung zwischen *feminis* und *praeferebant* herzustellen. Die einen interpungiren stark nach *feminis*, die andern nach *deiectis*, oder auch nach *circum;* bei jeder Interpunction erhält man nur wunderlich abgerissene Sätzchen. Wer ist es ferner, der die römischen Soldaten *novitate aspectus* erschütterte, die Weiber, die den Furien glichen, oder die Druiden, die mit erhobenen Händen betend die wüthende Schaar umgaben? Nach dem Wortlaut sind es die Druiden; gleich darauf aber sind doch die Weiber gemeint, *ne muliebre et fanaticum agmen pavescerent.* Und offenbar ist es so gemeint, dass die Römer zauderten, die Waffen gegen Weiber zu gebrauchen; weshalb Nipperdey der Ansicht ist, man müsse zu dem grammatischen Subject *druidae* von selbst auch an das Subject von *praeferebant* denken, welches selbst aber nicht ausgedrückt, sondern nach dem Inhalt hinzuzudenken sei. Da gibt Tacitus doch zu viel hinzu und hinüber und herüber zu denken; und so unklare Constructionen sind doch wohl nicht häufig bei ihm zu finden. Gehen wir in die Sache ein, so ist schon *druidae circum* auffallend; die wehrlosen Priester sollten eher von den Kriegern eingeschlossen sein. Und warum trugen denn die Weiber Fackeln? Geschah der Angriff bei Nacht? oder wollten sie damit fechten? Das hätte doch deutlicher gesagt werden müssen. Man hat folgende Parallelstellen beigezogen: Liv. 4, 33: *(Fidenatium multitudo) facibus ardentibus tota collucens velut fanatico instincta cursu in hostem ruit;* Liv. 7, 17: *sacerdotes eorum facibus ardentibus anguibusque praelatis incessu furiali militem Romanum insueta turbaverunt specie.* Florus I, 12, 7: *(Fidenates) facibus armati . . furiali more processerant, sed habitus ille feralis*..; Frontinus 2, 4, 18: *(Falisci) compluribus suorum in habitum sacerdotum subornatis faces et angues furiali habitu praeferentibus aciem Romanorum turbaverunt.* Es ist wahr, dass diese Stellen grosse Aehnlichkeit haben; aber dennoch ist in unsrer Stelle einmal nicht davon die Rede, dass die Feinde statt der Waffen Feuerbrände gebrauchten, wie bei Livius die Fidenaten, 4, 33: *ignibus armata ingens multitudo*, sondern es war eine *acies densa armis*, und wenn die römischen Soldaten von dem ungewohnten Anblick so überrascht waren, dass sie *quasi haerentibus membris immobile corpus vulneribus praeberent* (denn *praeberent* beziehe ich auf *milites*, wie der Codex Medic. für *militem* liest, nicht wie einige wollen auf *Druidae*), so sind doch gewiss Hieb- und Stichwunden, nicht aber Brandmäler gemeint; ferner unterscheidet sich unsere Stelle von den beigezogenen dadurch, dass hier von Weibern die Rede ist, die dort fehlen. Dort sind die Römer erstaunt über ein Heer, das mit Feuerbränden und Schlangen gegen sie heranzieht, hier aber zaudern sie, einzuhauen, weil die Feinde zum Theil betende Weiber sind, *muliebre et fanaticum agmen.* Zudem ist *faces praeferebant* dem Sprachgebrauch des Tacitus fremd; *praeferre* in dem Sinn von in der Hand tragen kommt so viel ich weiss bei Tacitus nicht vor. Cicero konnte sagen *facem praeferre;* aber Tacitus hätte in diesem Sinn für *praeferre* ein anderes Wort gesetzt. Alles weist also darauf hin, dass in den Worten *faces praeferebant; druidaeque circum* der Sitz des Verderbnisses ist. Nun zeigt sich, dass *faces* nichts ist als eine Conjectur; der einzige Codex, aus dem alle andern flossen, hat deutlich *facies.* Dass die Abschreiber, nachdem von Furien die Rede war, an Fackeln dachten, und also *faces* schrieben, ist sehr begreiflich, aber *facies* allein ist beglaubigt. Und während *faces praeferebant* nicht taciteisch schien, muthet uns im Gegentheil *facies praeferebant* ganz taciteisch an, obgleich vielleicht diese zwei Wörter in dieser Verbindung nicht an andern Stellen nachgewiesen werden können; *facies* im Sinn aussehen, *praeferre* im Sinn zeigen sind dem Tacitus gewöhnlich. Nun aber muss ein Genitiv folgen; diesen vermuthe ich in den Worten *druidaeque circum*, für welche ich lesen möchte *druidarum.* Ja ich wage sogar zu hoffen, dass im Codex zu Florenz wirklich *drui-*

darum geschrieben steht, und dass dafür falsch gelesen wurde *druidaeque circum.* Der Codex ist longobardisch geschrieben; in dieser Schrift sind gerade das *a* und *r* die Buchstaben, die am leichtesten verkannt werden; ein verzogenes longobardisches *a* konnte als Abbreviatur für *aeque* und ein *r* als ein *c* mit vorhergehender Abbreviatur für *cir* aufgefasst werden, und dazu war man fast genöthigt, wenn man für *facies faces* gelesen hatte und also nach *praeferebant* interpungiren musste. Nach meiner Conjectur lautet nun die ganze Stelle: *stabat pro litore diversa acies, densa armis virisque, intercursantibus feminis in modum Furiarum veste ferali, crinibus deiectis; facies praeferebant Druidarum, preces diras sublatis ad caelum manibus fundentes; novitate aspectus perculere milites, ut quasi haerentibus membris immobile corpus vulneribus praeberent. dein cohortationibus ducis et se ipsi stimulantes, ne muliebre et fanaticum agmen pavescerent, inferunt signa sternuntque obvios et igni suo involvunt.* Während die Stelle bisher eine der holperichtesten war, kommt man jetzt ohne allen Anstoss ganz glatt darüber weg, und nur das eine ist vielleicht auffallend, dass der Plural *facies* und nicht der Singular *faciem* steht. Man hat *igni suo* auf die Fackeln bezogen: die Römer hätten den Britten die Fackeln entwunden, und sie mit ihrem eigenen Feuer gebrannt; dazu kann man auf Livius 4, 33 verweisen, wo der Dictator Mamercus Aemilius den Römern zuruft: *non faces has ipsas pro se quisque, si igni non telis pugnandum est, ereptas ultro inferetis? Agite, vertite incendium hoc in hostium urbem, et suis flammis delete Fidenas.* Allein an unsrer Stelle ist *igni involvere* gewiss nicht anders zu verstehen als wie *violentia involvere* in Ann. I, 70. Dort werden die Soldaten von der Wuth der hereinbrechenden Wogen weggerissen; hier werden die Britten von den wuthentbrannten Römern weggerissen. Schon Doederlein erklärt richtig: *ardore suo protrudunt. Ignis* gleich *ardor* oder *impetus:* Virg. Aen. 2, 575: *exarsere ignes animo.* Horat. C. 4, 14, 24: *frementem mittere equum medios per ignes.* Horat. Sat. 2, 3, 56. epist. I, 1, 46. Silius 14, 176: *per medios ignes mediosque per enses.* 15, 41: *per medias volitare acies mediosque per ignes.* Ovid. met. 8, 76. Orelli, der *igni* auf die *faces* bezieht, nimmt weniger Anstoss an *igni* als an *involvere* für *protrudere*, das doch durch die angeführte Stelle 1, 70 gesichert scheint.

Ist unsre Conjectur gebilligt, so sagt Tacitus nicht, dass auf Mona Druiden wohnten, sondern dass das feindliche Heer die Römer mit Schauer erfüllten, weil sie ihnen vorkamen wie eine Schaar heiliger Druiden. Die Weiber, die mit aufgelösten Haaren, *veste ferali* hin und her rannten, waren Furien gleich; und Weiber und Männer, wenn sie die Hände fluchend zum Himmel ausstreckten, machten den Eindruck von zauberkundigen Druiden. Aber so wenig als Mona von Furien bewohnt war, so wenig will Tacitus sagen, dass die Insel ein Druidensitz war; er schildert nur den Eindruck, den das feindliche Heer auf die Gemüther der Soldaten machte. Allerdings war Mona, wie Tacitus in den nächsten Zeilen ausführt, ein brittisches Heiligthum. Aber dass die brittischen Priester dieselben waren, wie die gallischen, also Druiden, kann aus dieser Stelle nicht bewiesen werden.

Wenn uns die Stelle des Tacitus auf diese Weise eine ganz andere wird, so ist dem Druidenthum der brittischen Völker jede Begründung entzogen. Es gibt nicht eine einzige Stelle der Alten, welche von Druiden der brittischen Völker spricht. Und es bleibt also für die angebliche Identität der brittischen und der keltischen Religion kein Beweis übrig, als die oben angeführten allgemeinen Stellen des Caesar und des Tacitus im Agricola. Eigentlich widersprechen sich Caesar und Tacitus; denn nach diesem haben die Britten ihre Religion aus Gallien erhalten, nach jenem ist umgekehrt die Religion aus Britannien nach Gallien gebracht worden. Doch sind sie darin einig, dass sie in Britannien und in Gallien die gleiche Religion finden. Caesar drückt sich jedoch nicht ganz bestimmt aus: *existimatur*. Er weiss nur, dass ein Hauptsitz der druidischen Weisheit ausserhalb Galliens war, und dass diejenigen, welche diese Weisheit genauer kennen lernen wollten, ins Ausland zu reisen pflegten. Wenn nun wirklich diese Schule in Britannien war, so müsste man annehmen, dass die ausgewanderten Belgen sie dort gegründet hätten; unmöglich aber konnte Caesars Meinung sein, dass die brittischen Eingebornen, die er als Wilde schildert, in der Wissenschaft die Lehrmeister der Gallier geworden seien. Es ist aber wahrscheinlich, dass jene Schule nicht in Britannien, sondern auf einer der Inseln des britannischen Meeres, nahe beim Festland, zu suchen ist. Wir wissen ja, dass die Gallier und die Germanen ihre heiligsten Tempel auf Inseln hatten. Auf Inseln von der Mündung der Loire an bis in die Ostsee wurden die Götter verehrt, und auf diesen Inseln waren die heiligen Sitze der Priester; auf einer derselben, bei einem Collegium von Druiden, war höchst wahrscheinlich jene berühmte Schule druidischer Weisheit, von welcher Caesar gehört hatte. Caesar setzte ungenau *Britannia* statt *insula quaedam in mari britannico.* Es könnte die Insel Sena gewesen sein, die nach Mela *in Britannico mari, Gallici numinis oraculo insignis est;* oder jene Insel πρὸς τῇ Βρεττανικῇ, auf welcher nach Artemidor Ceres und Proserpina verehrt wurde, oder Walchern, wo die Nehalennia verehrt wurde. Vielleicht darf man sogar an die Insel Elixoia denken, von welcher Hecataeus von Abdera nach Stephan. Byz. berichtet, wahrscheinlich dieselbe Insel, von welcher derselbe Hecataeus nach Diodor 11, 47 erzählt, dass sie Keltike gegenüber liege und der Sitz eines Heiligthums des Apollo sei. Meineke bemerkt: *non improbabile videri potest Elixoeam esse peninsulam Jutlandicam et Carambycam fluvium* (über dem sie nämlich liegen soll) *non diversum esse ab eo quem hodie Eideram dicunt.* Da dürfte man an das Heiligthum in Hleidra auf Seeland denken. Auf der Insel des Hecataeus wurden alle 19 Jahre, auf Seeland alle 9 Jahre nach Hincmar von Merseburg grosse Opfer gehalten. In Hleidra war sehr früh der Sitz eines mächtigen erblichen Priesterthums; dorthin konnten Priester aus Gallien reisen, und Caesar, der natürlich von einer Insel Seeland nichts wusste, setzte dafür *Britannia.* Keinenfalls darf die Stelle Caesars so aufgefasst werden, als sollten die Urbewohner Britanniens als die Lehrmeister der Kelten dargestellt werden; Tacitus aber hat auch hier nur Meinungen ausgesprochen, die schwerlich auf wirklicher Kenntniss beruhten. Die beste Widerlegung der falschen Auffassung von Caes. B. G. 6, 13 giebt Caesar selbst 4, 20. Hier bezeugt er selbst, dass Britannien den Galliern ein unbekanntes Land war, und dass nur Kaufleute aus Gallien nach Britannien kamen, die nichts kennen lernten als die südliche Küste: *loca, portus, aditus — omnia fere Gallis erant ignota. neque enim temere praeter mercatores illo adit quisquam, neque iis ipsis quicquam praeter oram maritimam atque eas regiones, quae sunt contra Gallias, notum est. Itaque vocatis ad se undique mercatoribus neque quanta esset insulae magnitudo, neque quae aut quantae nationes incolerent, neque quem usum belli haberent aut quibus institutis uterentur, neque qui essent ad maiorum navium multitudinem idonei portus, reperire poterat.* Nach dieser vollkommen entscheidenden Stelle darf man sogar zweifeln, ob Caesar in 6, 13 wirklich *Britannia* geschrieben hat, vielleicht schrieb er *Germania.* Er kann in ganz Gallien Niemand finden, der die *instituta* der Britten kennt, und doch sollen die Gallier nach Britannien reisen, um die *disciplina* zu studieren; das ist unmöglich; und ein Schriftsteller, der kein Träumer ist, kann nicht in der nämlichen Schrift zwei solche Sätze aufgestellt haben.

Uebrigens dürfte es nicht überraschen, wenn gallische Götter sich bei den Britten finden sollten; denn das rohe Volk der Britten konnte sehr wohl von den Galliern, von denen es die ersten Elemente menschlicher Gesittung erhielt, auch religiöse Institutionen und die Götter annehmen. So finden wir skandinavische Götternamen bei den Lappen; Niemand wird aber behaupten wollen, dass die germanischen Skandinaver ihre Religion von den Lappen erhalten hätten.

Es hat sich also jene furchtbare Phalanx von Beweisen und Zeugnissen für die Identität der Britten und Kelten in Nichts aufgelöst; und es bleiben die Gründe vollkommen gültig, welche im Gegentheil beweisen, dass die Britten ein ganz anderes Volk als die Kelten waren. Die Thatsachen lassen es nicht bezweifeln, dass die Ansicht der Alten, wonach die Britten nicht zum keltischen Volksstamm gehörten, die richtige war.

Ebenso bestimmt aber zeigen die Thatsachen, dass zwischen den Kelten und Germanen kein wesentlicher Unterschied war. In Beziehung auf die physische Beschaffenheit haben wir diess schon oben gesehen. Dasselbe gilt von der Lebensweise. Diess ist so gewiss, dass Strabo, um die Sitten der Kelten zu schildern, nicht die Gallier betrachtet, die zu seiner Zeit schon römisch lebten, sondern die Germanen. Weder die Kelten noch die Germanen waren Nomaden, sondern sie bauten sich an, jedoch nicht so fest, dass sie nicht leicht ihre Wohnsitze ändern konnten. Diess bezeugt ausdrücklich Polybius 2, 17 von den italischen Kelten: *ᾤκουν δὲ κατὰ κώμας ἀτειχίστους τῆς λοιπῆς κατασκευῆς ἄμοιροι καθεστῶτες· διὰ γὰρ τὸ στιβαδοκοιτεῖν καὶ κρεωφαγεῖν, ἔτι δε μηδὲν ἄλλο πλὴν τὰ πολεμικὰ καὶ τὰ κατὰ γεωργίαν ἀσκεῖν, ἁπλοῦς εἶχον τοὺς βίους, οὔτ᾽ ἐπιστήμης ἄλλης, οὔτε τέχνης παρ᾽ αὐτοῖς τὸ παράπαν γινωσκομένης· ὕπαρξίς γε μὴν ἑκάστοις ἦν θρέμματα καὶ χρυσὸς, τῷ μόνα ταῦτα κατὰ τὰς περιστάσεις ῥαδίως δύνασθαι πανταχῇ περιαγαγεῖν καὶ μεθιστάναι κατὰ τὰς αὐτῶν προαιρέσεις.* Es ist das mit andern Worten ganz dasselbe, was Caesar und Tacitus von den Germanen berichten; sie hatten zwar Ackerbau, aber kein anderes Eigenthum als Vieh und Gold, also keinen Grundbesitz; daher Leichtigkeit, den Wohnsitz zu verändern. Wenn an einer Stelle S. 291 Strabo von einem Theil der Germanen, den Sueven sagt, dass sie keinen Ackerbau kennen, und wie Nomaden leben, so ist er gewiss nur so zu verstehen, wie Caesar, der von denselben Sueven sagt: *agriculturae non student*, und dann doch die Art ihres Ackerbaus beschreibt. Die Germanen waren also keine Nomaden; aber ihr Feldbau konnte nur ein beschränkter sein, da bei ihnen der Acker kein bleibendes Eigenthum des Einzelnen war, sondern nach regelmässiger, von der Obrigkeit geleiteter Vertheilung des Bodens, jedes Jahr einem andern Besitzer zufiel. Dass diess so war, bezeugen Caesar und Tacitus in den deutlichsten und bestimmtesten Ausdrücken in den bekannten Stellen bell. Gall. IV, 1; VI, 22. Germ. 26; und es kann gegen diese Zeugnisse nicht in Betracht kommen, dass die Herrn von der modernen Wissenschaft einen andern Beschluss zu fassen beliebt haben, worüber sich auch Hillebrand, Rechtsgeschichte §. 7, nur wundern kann. Dasselbe nun ist in der angeführten Stelle des Polybius ziemlich deutlich von den italischen Kelten gesagt; denn wenn sie Ackerbau hatten, aber keine Felder als Eigenthum der Einzelnen, so muss die Einrichtung dieselbe gewesen sein, wie bei den Germanen Caesars. In Gallien selbst finden wir noch zu den Zeiten Caesars ein ganzes Volk, die Helvetier, die den Beschluss fassen, andre Wohnsitze aufzusuchen; das wäre bei erblichem Grundbesitz nicht möglich gewesen, und am wenigsten hätte diesen Beschluss der reichste von allen, Orgetorix, *longe nobilissimus et ditissimus*, veranlasst, wenn sein Reichthum in grossen erblichen Landgütern bestanden hätte. Auch bei den spanischen Kelten finden wir dieselbe Einrichtung. Von den Wakkäern berichtet Diodor V. 34: *οὗτοι γὰρ καθ' ἕκαστον ἔτος διαιρούμενοι τὴν χώραν, γεωργοῦσι, καὶ τοὺς καρποὺς κοινοποιούμενοι μεταδιδόασιν ἑκάστῳ τὸ μέρος· καὶ τοῖς νοσφισαμένοις τι γεωργοῖς θάνατον τὸ πρόστιμον τεθείκασι.* Wir finden also Ackerbau ohne Privateigenthum des Bodens als ursprüngliche Institution aller keltisch-germanischen Völker.

Ueberhaupt hat man viel zu viel Nachdruck auf die Stelle Caesars 6, 21 gelegt: *Germani multum ab hac consuetudine (Gallorum) differunt.* Es ist vielmehr alles, was er von den Galliern sagt, fast ganz wörtlich auch von den Germanen wahr; z. B. was er von der höchsten Strafe, die bei den Galliern vorkommt, 6, 13 erzählt, gilt ganz genau noch von den alten Isländern. Der Friedlose, *vargr i véum*, ist derjenige, *cui sacrificiis est interdictum.*

Gegen unsere Ansicht möchte angeführt werden, dass Ariovist die Gallier wie ein fremdes Volk grausam beherrschte. Allerdings benahm sich Ariovist in Gallien wie in Feindesland; er und seine Sueven verachteten die unterworfenen Gallier, und zwangen sie ihnen einen Theil ihres Landes abzutreten. Aber folgt daraus, dass die Gallier ein ganz andrer Volksstamm als die Germanen waren? Keineswegs; denn ganz ebenso wie die Gallier wurden auch entschieden germanische Völker von den mächtigern Sueven behandelt; die Usipetes und Tencteri wanderten aus, weil sie nach langen Kriegen von den Sueven ihres Feldes beraubt worden waren, bell. Gall. 4, 4: *qui cumplures annos Suevorum vim sustinuerunt, ad extremum tamen agris expulsi.* So gewiss die Tencterer und Usipeter Germanen waren, wie die Sueven, obgleich sie von diesen verjagt wurden, ebenso gewiss können die Sequaner mit den Sueven zu demselben keltischen Volksstamm gehört haben, obgleich sie von diesen unterdrückt wurden. Das Bewusstsein der Stammeseinheit hinderte die germanischen Völker schon in den ältesten Zeiten nicht, sich gegenseitig zu bekriegen, zu berauben, zu unterdrücken und zu verjagen. Jenseits des

Reins hausten sie nicht anders als diesseits, die Gallier sahen voraus, dass ihnen, wenn Caesar nicht helfe, nichts übrig bleibe, als wie die Usipeter auszuwandern und ferne von den Germanen neue Wohnsitze zu suchen (bell. Gall. 1, 31); aber nichts destoweniger waren die Germanen, wie sie, keltischen Stamms und sprachen dieselbe Sprache wie sie.

Es mögen noch einige auffallende Züge gemeinsamer Sitte hervorgehoben werden.

Von den Galliern sagt Livius 21, 22 beim Zuge des Hannibal: *armati (ita mos gentis erat) in concilium venerunt.* Ebenso Caesar V, 36: *Indutiomarus armatum concilium indicit.* Dasselbe sagt Tacitus von den Germanen Germ. 13: *nihil autem neque publicae neque privatae rei nisi armati agunt.* Dasselbe gilt noch von den alten Skandinavern.

Dass die italischen Kelten die Sitte hatten, aus den Schädeln der erschlagenen Feinde Trinkgeschirre zu machen, erzählt Livius 23, 24. In Oberitalien wurde a. Chr. 215 der Consul Postumius mit zwei Legionen in der silva Litana vernichtet; *spolia corporis caputque ducis praecisum Boii ovantes templo quod sanctissimum est apud eos intulere: purgato deinde capite ut mos iis est calvam auro caelavere; idque sacrum vas iis erat, quo solemnibus libarent, poculumque idem sacerdoti esse ac templi antistibus.* Bekannt ist der Becher Alboins, der aus dem Schädel seines Schwiegervaters Cunimund gemacht war.

Tacitus schildert Germ. 13 und 14 die Gefolgschaften der Deutschen. Es kann nicht geläugnet werden, dass diese ausführliche Schilderung Zug für Zug auf die gallischen Institutionen passt, wie wir sie bei Caesar finden. 6, 15: *eorum (equitum) ut quisque est genere copiisque amplissimus ita plurimos circum se ambactos clientesque habent.* Diese Clientes erscheinen öfters. 7, 40 flieht Litavicus *cum suis clientibus, quibus more Gallorum nefas est etiam in extrema fortuna deserere patronos.* Vgl. 7, 4; 6, 30. Dumnorix der Aeduer hat durch seinen Reichthum eine grosse Gefolgschaft gewonnen, 1, 18, und der Helvetier Orgetorix wird durch die grosse Zahl seiner Klienten der gerichtlichen Verurtheilung entzogen, 1, 4.

Besonders verdient bemerkt zu werden, dass die ganz eigenthümliche Art der Germanen, die Schlachtreihe aus Fussvolk und Reiter zu mischen, ganz ebenso bei gallischen Völkern vorkommt. Caesar 1, 48: *genus hoc erat pugnae quo se Germani exercuerant. Equitum milia erant sex, totidem numero pedites velocissimi ac fortissimi, quos ex omni copia singuli singulos suae salutis causa delegerant; cum his in proeliis versabantur; ad eos se equites recipiebant; hi si quid erat durius concurrebant, si qui graviore vulnere accepto equo deciderat, circumsistebant; si quo erat longius prodeundum aut celerius recipiendum, tanta erat horum exercitatione celeritas, ut iubis equorum sublevati cursum adaequarent.* Dazu Tacitus Germ. 6; damit vergleiche man Pausanias 8, 844: er spricht von den Kelten vor Delphi; jedem Reiter folgten zwei Fussgänger; das nannten sie Trimarkisia. Dazu kommt noch Livius 44, 26: dem Perseus kommt ein gallisches Heer zu Hülfe: *veniebant decem milia equitum, par numerus peditum, et ipsorum jungentium cursum equis et in vicem prolapsorum equitum vacuos capientium ad pugnam equos.* Die *Galli*, von denen Livius hier spricht, sind wohl die *Bastarnae*, denn er nennt ihren König Clondicus, und wohl derselbe Clondicus ist 40, 58 ein König der Bastarnen.

Von den Germanen sagt Tacitus, Germ. 4, sie seien hitzig im Angriff, aber ohne Ausdauer, und könnten wohl Kälte und Hunger, aber nicht Hitze und Durst ertragen: *magna corpora et tantum ad impetum valida. laboris atque operum non eadem patientia, minimeque sitim aestumque tolerare, frigora atque inediam coelo solove assueverunt.* Ganz dasselbe sagt bei Livius 37, 17 von allen Galliern Consul Manlius:

> iam usu hoc cognitum est si primum impetum quem fervido ingenio et caeca ira effundunt, sustinueris, fluunt sudore et lassitudine membra, labant arma; mollia corpora, molles ubi ira consedit animos, sol pulvis sitis, ut ferrum non admoveas, prosternunt.

Auch in der Kleidung und Bewaffnung ist ursprüngliche Einheit der Gallier und Germanen nicht zu verkennen, obgleich hierin nicht nur von jeher die einzelnen Völkerschaften ihre unterscheidenden Kennzeichen hatten, sondern auch mit der Zeit Veränderungen eintraten. Ursprünglich war die Bewaffnung aller Kelten, wie noch der Germanen des Tacitus, eine höcht mangelhafte; aber weder die Gallier, noch später die Germanen verkannten den Werth besserer Waffen, und sobald sie die Mittel dazu hatten, vertauschten sie ihre ungenügende Ausrüstung gegen eine vollständigere, ihre hölzernen Schilde gegen lederne, ihre kupfernen Schwerter, die nach jedem Hieb wieder gerade gebogen werden mussten, gegen eiserne. Zur Zeit Cäsars mochten die Gallier sich sehr merklich in der Kleidung und Ausrüstung von den Germanen unterscheiden; aber wenn wir bei Livius von den Galliern im Heere Hannibals lesen, 22, 46: *Galli super umbilicum erant nudi*, so erinnert das an die Beschreibung, die Agathias von den Franken gibt, 2, 5: *γυμνοὶ δὲ τὰ στέρνα εἰσὶ καὶ τὰ νῶτα μέχρι τῆς ὀσφύος.* Hosen und Mantel, *sagum* und *braccae* waren die Nationaltracht der Gallier wie der Germanen.

Auch die spanischen Kelten haben ganz germanische Sitten. Von Gallaecia, das nach Strabo von unvermischten Kelten bewohnt war, sagt Silius Italicus Punica, III, 344:

> Fibrarum et pennae divinarumque sagacem
> flammarum misit dives Gallaecia pubem,
> barbara nunc patriis ululantem carmina linguis,
> nunc pedis alterno percussa verbere terra
> ad numerum resonas gaudentem plaudere caetras.
> Haec requies ludusque viris, ea sacra voluptas.
> Cetera femineus peragit labor: addere sulco
> semina et impresso tellurem vertere aratro,
> segne viris; quidquid duro sine Marte gerendum,
> Gallaici coniux obit inrequieta mariti.

Fast zu jedem Wort könnte man auf eine Stelle des Tacitus verweisen. Von dem Feldbau der Wakkäer war oben die Rede.

Am meisten sollen Germanen und Gallier in der Religion geschieden sein; denn allerdings wird diess von Caesar 6, 21 ausdrücklich behauptet. Es ist aber schon längst dargethan, dass Caesar hier entweder sich ungenau ausdrückte, oder schlecht unterrichtet war. Denn es kann nicht im mindesten bezweifelt werden, dass die

Germanen ganz ebenso wie die Gallier ihre Opfer, ihre Priester, ihre Götter hatten. Darauf näher einzugehen ist überflüssig, nachdem Grimm's deutsche Mythologie in Aller Händen ist. Die gallischen Götter sind keine andern als die germanischen; wenn Caesar von den Galliern sagt: *Deum maxime Mercurium colunt*, so sagt Tacitus ganz dasselbe von den Germanen: *deorum maxime Mercurium colunt.* Sogar die Namen der Götter sind zum Theil dieselben: Hesus ist Eru, Tanarus ist Thunar, Camulus ist Humblus, Hamal, Segemon ist Sigmund. Mars Albiorix, de Wal 292, ist der deutsche Alberich im Ortnit und in den Nibelungen, der Name des gallischen Gottes der Gesundheit, des Apollo Grannus, ist bewahrt im Namen des ihm geweihten heilkräftigen Wachholders, *chranapoum*, Kranawitu, woher der Kranwitsvogel, und im Namen der durch ihre Heilquellen berühmten Stadt Aquis Grani; Toutiorix, de Wal 269, ist deutlich Dieterich, u. s. w. Die Gallier opfern ihren Göttern Menschen, ebenso die Germanen; die Gallier rühmen sich ihrer Abkunft von den Göttern, ebenso die Germanen.

Diess weiter auszuführen muss einer spätern Arbeit vorbehalten bleiben; ich will nur noch bemerken, dass Lucan in der berühmten Stelle, wo er die drei gallischen Götter nennt, nicht von Galliern, sondern von Germanen spricht. Die gallischen Völker freuen sich, dass Caesar mit seinem Heere abzieht; es werden die einzelnen Völker aufgezählt, und kein Theil Galliens dabei vergessen; nachdem also bereits alle gallischen Völker genannt sind, fährt Lucan fort: und auch diejenigen freuen sich, bei welchen noch Menschenopfer fallen. Hier spricht er nach der Anschauung seiner Zeit. Unter Nero hatten die Menschenopfer in Gallien schon längst aufgehört; Lucan spricht also von den Germanen. Darum bezeichnet er auch ihren Wohnsitz näher: *quos despicit arctos.* So bezeichnet er die Germanen: die Völker *finibus arctois revulsi* sind 1, 481 diejenigen, welche zwischen Rein und Elbe wohnen. Nachdem er nun diese Völker und ihren Glauben geschildert hat, fährt er fort 463:

et vos crinigeros bellis arcere Cauchos
oppositi petitis Romam, Rhenique feroces
deseritis ripas et apertum gentibus orbem.

Jene Völker freuen sich, denn auch diejenigen römischen Besatzungen, welche den Rein vor den jenseitigen Völkern schützen sollen, ziehen nach Rom. Es ist also ganz deutlich, dass jene Völker, welche sich des Abzugs der Römer freuen, welche mit Menschenopfern die Götter Teutates, Hesus und Taranis verehren, und welche auf die Lehren der Barden und Druiden hören, keine andern sind als die germanischen. Man würde die Stelle nie anders aufgefasst haben, wenn man es nicht für eine Unmöglichkeit gehalten hätte, dass Barden und Druiden und jene gallischen Götter einem germanischen Volk zugeschrieben würden.

In dieser Stelle des Lucan wird auch der Glaube an Unsterblichkeit und die auf diesen Glauben gegründete Tapferkeit der nordischen Völker gepriesen, 1, 458:

certe populi quos despicit Arctos
felices errore suo, quos ille timorum
maximus haud urget leti metus, inde ruendi
in ferrum mens prona viris, animaeque capaces
mortis; et ignavum rediturae parcere vitae.

Diess ist der gemeinsame Glaube der gallischen und der germanischen Völker. Wer auf dem Schlachtfeld stirbt, ist Odins Kind und wird in Walhalla aufgenommen. Von den Germanen Ariovists sagt Appian S. 75, dass sie den Tod verachteten, weil sie an Unsterblichkeit glaubten. Dasselbe war nach Caesar und Mela die Lehre der gallischen Druiden: *atque hoc maxime ad virtutem excitari putant, metu mortis neglecto.*

So ist also die äussere Erscheinung sowie der innere Lebensgehalt der Kelten und der Germanen ganz gleich. Die Thatsachen bestätigen aufs vollständigste, dass die Germanen zu dem Keltischen Volksstamm gehören, dass aber die brittischen Völker von den Kelten geschieden werden müssen.

Vierter Theil.

DIE SPRACHE.

Was kann aller Widerspruch helfen, was können Zeugnisse und Thatsachen ausrichten, wenn die Sprache den Ausschlag giebt? Gewiss muss die Sprache es sein, die in dem Streite entscheidet; und alle beigebrachten Gründe verlieren ihren Werth, sobald erweislich ist, dass die Sprache der alten Gallier dieselbe war, die noch jetzt, wenn auch mit dialectischer Abweichung, in der Bretagne, in Wales gesprochen wird. Und dass diess der Fall sei, wird überall so zuversichtlich behauptet, dass es fast unerlaubt und unmöglich scheint, den geringsten Zweifel dagegen aufkommen zu lassen. Nichts destoweniger können wir nicht umhin, die Sache mit eignen Augen zu betrachten. Zu oft schon haben wir erfahren, dass allgemein geltende Ansichten aller Begründung entbehren können, um nicht mit Misstrauen jede Meinung aufzunehmen, die wir nicht selbst geprüft haben. Besonders ist diess der Fall bei herrschenden Meinungen über Sprachenverwandtschaft, die sich in einer Zeit festgestellt haben, als man von Vergleichung der Sprachen eigentlich noch gar nichts verstand und sich mit einigen Aehnlichkeiten des Lautes begnügte, und an den kühnsten und willkührlichsten Etymologien Vergnügen hatte. Wir müssen also, wie wenn noch nichts geschehen wäre, die Sache von vorn beginnen, und untersuchen, ob die keltischen Wörter, die uns von den Griechen und Römern aufbewahrt sind, in den brittischen oder in den germanischen Sprachen wiedergefunden werden. Denn leider besitzen wir von der alten Sprache der Kelten nichts als Namen und einzelne Wörter, nirgends zusammenhängende Sätze. Es bleibt also zur Entscheidung unsrer Streitfrage nichts zu thun übrig, als dass wir diese Wörter sammeln und sie betrachten, ob sie wirklich brittisch sind, wie man jetzt allgemein behauptet, oder ob sie als deutsche erkannt werden können, wie nothwendig der Fall sein muss, wenn nach unsrer Ansicht die Germanen zu dem keltischen Volksstamm gehören. Dabei ist aber allerdings zu bemerken, dass wir nicht verpflichtet sein können, jedes gallische Wort in den deutschen Sprachen nachzuweisen. Denn die Sprachen ändern sich nicht nur im Bau, sondern noch mehr im Wortvorrath. Wir haben im Gothischen eine grosse Anzahl von Wörtern, die schon im ältesten Hochdeutsch ausgestorben sind; und in den ältesten hochdeutschen Quellen finden wir zahlreiche Wörter, die schon nach einigen Jahrhunderten ganz vergessen sind. So ist zu erwarten, dass im alten Gallischen, in der vorchristlichen Zeit, eine Menge Wörter im Gebrauch waren, von denen man schon zur Zeit des Ulfila, noch mehr zur Zeit des Otfried, also ein ganzes Jahrtausend später, durchaus nichts mehr wusste. Wenn wir manche gallische Wörter nicht im Deutschen nachweisen können, so ist damit nicht das geringste gegen unsre Ansicht bewiesen; diese muss vielmehr als erwiesen gelten, wenn es uns gelingt, eine kleine Anzahl ganz entschieden deutscher Wörter im Gallischen nachzuweisen. Es ist ferner zu bemerken, dass die brittischen Sprachen nicht nur urverwandt sind mit den germanischen und lateinischen, und daher manches Wort gemeinsam mit diesen besitzen, sondern auch von jeher sich aus fremden Sprachen bereichert haben, besonders aus dem Keltischen, dann aus dem Lateinischen, dann aus dem Angelsächsischen, Normannischfranzösischen, und endlich aus dem Englischen. Wenn wir daher in den heutigen brittischen Sprachen Wörter finden, die mit den gallischen zusammenzutreffen scheinen, so müssen wir nicht vorschnell daraus schliessen, dass die gallische Sprache die brittische sei; es können diess theils Wörter sein, die allen, oder einigen Sprachen des sanskritischen Stammes gemeinsam sind, ohne eine nähere Verwandtschaft zu beweisen, und theils solche, die wirklich aus dem Gallischen ins Brittische aufgenommen wurden. Auch ist Vorsicht beim Gebrauch der brittischen Wörterbücher nothwendig; da die brittischen Gelehrten schon längst überzeugt sind, dass ihre Sprache die alte gallische ist, so haben sie kein Bedenken getragen, die altgallischen Wörter in ihre Wörterbücher einzutragen, obgleich sie gestehen müssen, dass diese veralteten Ausdrücke im Leben und in der Literatur nicht vorkommen. Wenn wir ein gallisches Wort in einem brittischen Lexikon finden, so ist damit noch nicht bewiesen, dass es in einer brittischen Sprache vorkomme; nur diejenigen Wörter können wir für brittische halten, die wirklich in brittischen Büchern und im Munde des Volks gebräuchlich sind.

Ehe wir die erhaltenen Wörter betrachten, wird es gut sein, noch einmal an die Nachrichten der Alten über das Verhältniss der gallischen zur deutschen Sprache zu erinnern.

Die Stelle des Livius über die Sprache der Bastarnen ist schon oben berührt. Es geht daraus hervor, dass Livius wusste, dass die gallische Sprache auch die Sprache der Germanen war.

Ebenso haben wir schon die Stelle Caesars besprochen, die in der ächten Lesart aufs schlagendste zeigt, dass auch Caesar den Germanen die gallische Sprache zuschrieb, und von einer wesentlichen Verschiedenheit der gallischen und germanischen Sprache nichts wusste.

Appian erzählt von Decimus Brutus, dass er aus Oberitalien über die Alpen an den Rein gezogen sei, um auf weitem Umweg durch die wildesten Völker nach Macedonien zu Junius Brutus zu stossen. Am Rein hat er seine treugebliebenen keltischen Reiter bis auf 300 entlassen; weil aber jenseits des Flusses auch mit wenigen schwer durchzukommen war, verliessen ihn auch diese bis auf 10; da habe er sich keltisch gekleidet, und, da er auch die Sprache verstand, für einen Kelten ausgegeben. Er hoffte nach Aquileja zu kommen, wurde aber von Räubern gefangen, und an einen keltischen Grossen Camillus ausgeliefert. Er wanderte also durch deutsche Länder, und die Sprache, die er verstand, musste die deutsche sein. Appian versteht unter Kelten die Germanen. Nun aber hatte Decimus früher als magister equitum des Julius Caesar und als Praefect der Gallia Narbonensis nur die gallische Sprache zu lernen Veranlassung und Gelegenheit. Mit der gallischen Sprache also konnte er sich unter den Germanen durchhelfen. Es ist jedoch nicht ganz deutlich, ob Brutus wirklich über den Rein ging. Ich lese *δυσπόρου δ'ὄντος αὐτοῦ πέραν σὺν ὀλίγοις*, da jenseits desselben (des Reins) mit Wenigen schwer durchzukommen war. Gewöhnlich liest man *περῶν*; da es schwer war, mit wenigen über den Fluss zu setzen. Das ist doch offenbar ein Unsinn; wenige sind doch leichter überzusetzen als ein grosses Heer. Statt Camillus, der bei Vellejus Camelus heisst, nennt Livius einen Capenus Sequanus. Danach scheint freilich Brutus nicht über den Rein gegangen zu sein.

Plutarch erzählt von Sertorius, dieser habe sich zuerst im kimbrischen Krieg ausgezeichnet; er habe sich nämlich verkleidet ins Lager der Kimbern geschlichen, und da er die Sprache hinreichend verstand, sei er als Kundschafter dem Marius von grossem Nutzen gewesen. Die Sprache aber, die Sertorius gelernt hatte, konnte doch nicht wohl eine andere sein, als die gallische; denn bei den Kimbern selbst konnte er früher nicht gewesen sein. Es genügte also, die gallische Sprache zu kennen, um sich für kurze Zeit unerkannt im Lager der Kimbern aufhalten und von ihnen Nachrichten einziehen zu können.

Hieronymus sagt von den kleinasiatischen Galatern, dass sie fast dieselbe Sprache reden wie die Trierer: *unum est quod inferimus, Galatas, excepto sermone graeco, quo omnis Oriens loquitur, propriam linguam, eandem paene habere quam Treveros, nec referre, si aliqua exinde corruperint, quum et Aphri Phoenicum linguam nonnulla ex parte mutaverint, et ipsa Latinitas et regionibus quotidie mutetur et tempore.* Es ist ganz gleichgültig, ob die ursprüngliche Sprache der Treviri die gallische oder die germanische war, obgleich nach dem ausdrücklichen Zeugniss des Tacitus nicht bezweifelt werden kann, dass sie sich germanischer Abkunft rühmten und also auch deutsch sprachen, wie ganz richtig Pontanus sagt: *Trevirorum idioma sive dialectum fuisse Teutonicam, uti et reliquorum Belgarum nemo dubitabit.* Es kommt darauf nicht an, weil ohne Zweifel in der Mitte des vierten Jahrhunderts, als Hieronymus in Trier wohnte, die Sprache der Urbewohner der Stadt längst vergessen war. Trier wurde schon unter August eine römische Colonie, mit dem Ehrennamen Augusta. Es geht deutlich aus der Erzählung des Tacitus von dem Krieg des Civilis hervor, dass damals Trier schon eine ganz römische Stadt geworden war. Cerialis konnte zu ihnen sagen: *octingentorum annorum fortuna disciplinaque compages haec coaluit, quae convelli sine exitio convellentium non potest;* es handelte sich für Trier durchaus nicht um Rettung der Nationalität, denn diese war bereits in der römischen untergegangen, sondern um Abstellung von Misbräuchen in der Verwaltung und um Erreichung ehrgeiziger Plane Einzelner. Nachher wurde Trier die erste römische Stadt Galliens, und fast sogar der Mittelpunkt des römischen Reiches selbst. Marcellinus nennt Trier *domicilium principum clarum*, und Ausonius, *urbs domina, imperii sedes*. Es versteht sich von selbst, dass die Bewohner dieser Stadt die Sprache, die sie zur Zeit Caesars redeten, längst völlig vergessen und mit der römischen vertauscht hatten. Salvian erzählt von den Trierern, dass ihr erstes Anliegen nach Zerstörung ihrer Stadt die Herstellung der Theater war. Bedarf es weiterer Beweise, dass sie völlig Römer waren?

Aber schon im dritten Jahrhundert unter Maximian waren germanische Völker auf das Gebiet von Trier verpflanzt worden (Eumenius panegyr. Constantio); die folgenden Kaiser befolgten das Beispiel, und so war das ganze linke Reinufer bis tief nach Gallien hinein von Germanen bewohnt und angebaut. Und als Hieronymus im Gebiet von Trier eine andere Sprache hörte, als die lateinische, so konnte es unmöglich eine andre sein als die germanische.

Hier muss auch noch einmal hervorgehoben werden, dass germanische und gallische Völker sich beständig zu Kriegszügen verbanden. So die Tiguriner mit den Kimbern. Besonders merkwürdig ist das Zeugniss des Strabo, der von den Sequanern sagt, dass sie sich oft mit den Germanen bei ihren Zügen nach Italien verbanden. Es geht daraus hervor, dass auch Strabo die Gallier, welche in Italien Rom bedrohten, für Germanen hielt. Solche gemeinschaftliche Kriegszüge setzen aber doch wohl Gemeinschaft der Sprache voraus.

Aus allen diesen Angaben geht hervor, dass zwischen der gallischen und der germanischen Sprache kein wesentlicher Unterschied war.

Prüfen wir nun die erhaltenen Reste der gallischen Sprache, und zwar zuerst die Wörter, und dann die Namen.

A. GALLISCHE WÖRTER.

Ich beschränke mich auf solche Wörter, die ohne Zweifel gallisch sind und deren Gestalt gesichert ist durch verschiedene Zeugnisse. 1. *Alauda.* Plin. 11, 17: *avis galerita appellata quondam, postea gallico vocabulo etiam legioni nomen dederat alaudae.* — Sext. Empir. 39: *avis galerita, quae gallice alauda dicitur.* — Suetou. J. Caes. 24: *unam ex transalpinis conscriptam (legionem) .. vocabulo quoque Alauda enim appellabatur.* — Bei Cicero die *legio alaudarum.* — Gregor. Tur. 4, 31: *avis corydalus, quam alaudam vocamus.* Es kann also nicht bezweifelt werden, dass die Haubenlerche altgallisch *alauda* hiess, und dass eine römische Legion mit gallischem Namen *legio alaudarum* genannt wurde. Damit ist zu verbinden, dass ein Name des gallischen Mars *Olloudius* ist, de Wal 210.

Das Wort soll sich im bretonischen erhalten haben, *alc̓houéder,* und es bedeute Vogel der Harmonie. Aber deutlich ist, dass *alc̓houéder* viel näher beim französischen *alouette* steht, als beim altgallischen *alauda.* Altfranzösisch ist *aloe* ganz richtig aus *alaúda* hervorgegangen; dazu trat das diminutive *ette,* und so entstand *alouette;* und erst diese jüngere Bildung wurde ins bretonische aufgenommen.

Es kann also mit nichten behauptet werden, dass das Wort *alauda* in der brittischen Sprache zu Hause sei. Allerdings ist es als Name des Vogels auch nicht im Deutschen nachweislich. Aber es hat wenigstens sehr deutsches Aussehen. Es könnte *á-lauda* sein oder *al-auda.* Im ersten Fall ist es verwandt mit goth. *aviliudon,* danken, preisen; im zweiten mit *alodium* und *auda* in goth. *audahafts, audags.* Im ersten Fall ist *alauda* die preisende und dankende Sängerin, im zweiten die glückselige, alles besitzende.

2. *ambactus.* Kein gallisches Wort ist so sicher, als dieses. Schon Ennius brauchte es, nach Festus: *ambactus apud Ennium lingua gallica servus appellatur.* Diess beweist für die italischen Gallier. Caesar 6, 15: *equites circum se ambactos clientesque habent,* für Gallien. Ausserdem findet sich das Wort in Inschriften.

In den brittischen Sprachen vergleicht Zeuss kymrisch *amaet,* Ackersmann; andere gaelisch *anbhochd,* sehr arm. Aber die *ambacti* sind weder Ackerleute, noch sehr arm, sondern nach den Fürsten die Vornehmsten. Sie sind die ersten im Gefolge der Fürsten.

Das Wort findet sich in allen deutschen Sprachen: *andhahts* gothisch übersetzt *ὑπηρέτης* und *διάκονος*; hochdeutsch ist *ambaht minister, satelles;* alts. *ambahteo (minister)*; altn. *ambâtt, ancilla.* Dazu kommt das Neutrum goth. *andbahti*, ahd. *ambahti (dignitas, magistratus)*, in der lex sal. *ambaxia*, unser Amt, und dazu das Verbum *andbahtjan.* Es ist also ganz sicher, dass ein gallisches Wort in den germanischen Sprachen wiedergefunden wird; und zwar können es die Germanen nicht von den Galliern entlehnt haben, denn wir finden es bei den Gothen, die mit den Galliern in keine Berührung gekommen waren. Noch weniger darf man annehmen, dass die Gallier es von den Germanen erhielten; denn es findet sich schon bei Ennius lange ehe man von Germanen wusste. Es bleibt also nichts übrig, als dass die gallische und die germanische Sprache dieselbe war.

Es genügt für unsern Zweck nachgewiesen zu haben, dass ein sicher altgallisches Wort zugleich ein altgermanisches ist; die Etymologie des Wortes können wir unberührt lassen. Am wahrscheinlichsten ist eine Wurzel *bah* gleich lat. *facere.*

3. *bardus.* Das Wort ist sehr alt; Strabo hat es aus Posidonius, der um 50 v. Chr. starb, und Ammianus aus Timagenes, der wahrscheinlich unter Augustus schrieb. Allgemein wird behauptet, dass das Wort nur gallisch, nicht germanisch sei. Die Zeugnisse berechtigen aber eher, die Barden den Germanen als den Galliern zuzuweisen. Denn Diodor versteht unter Galaten vorzüglich die Germanen, da er die Gallier Kelten nennt; und Lucan schreibt die Barden den nördlichen Völkern zu, unter welchen er sonst immer die Germanen versteht, und die er ausdrücklich von den schon genannten gallischen Völkern unterscheidet, wie das oben S. 83. erörtert ist. Festus sagt allerdings, es sei ein gallisches Wort; aber Festus unterscheidet nicht zwischen gallischer und germanischer Sprache, und sagt, auch Kimbern sei gallisch. Strabo sagt ausdrücklich, dass er seine Schilderung der Gallier von den Germanen nehme. Und Ammian will zwar von den Galliern sprechen, aber Timagenes, dem er folgt, verstand wahrscheinlich die Germanen unter dem Namen der Kelten.

Es sind daher germanische Barden viel besser bezeugt als gallische, da Caesar nichts weiss von gallischen Barden. Wo auch von gallischen Sängern und Dichtern die Rede ist, kommt doch der Name Barde nicht vor. Derjenige Sänger, welcher den Gesandten des Bituitus 124 v. Chr. begleitete, wird von Appian nur *μουσικὸς ἀνὴρ* genannt; und denjenigen, welcher von dem Vater des Bituitus mit Schmeichelreden einen Beutel mit Gold erwarb, nennt Athenaeus, der doch den Namen Barden kannte, nur *τινὰ τῶν βαρβάρων ποιητήν*.

Man kann daher nicht mit Sicherheit behaupten, dass die Gallier im engern Sinn ihre Sänger und Dichter Barden nannten; es ist möglich, dass sie einen andern Namen gebrauchten. Aber im weitern Sinn ist das Wort keltisch.

Das Wort findet sich zwar in allen brittischen Sprachen; aber ich habe schon oben nachgewiesen, dass es diesen Sprachen nicht angehört, sondern auf gelehrtem Wege aus dem Lucan genommen wurde, am frühsten, doch wohl nicht vor dem zwölften Jahrhundert, bei den Kymren, viel später erst bei den Iren.

Dagegen ist das Wort unläugbar deutsch. Wenn Tacitus sagt, dass der *relatus carminum* bei den Germanen *barditus* heisse, so ist damit erwiesen, dass *bardus* ein deutsches Wort war. Von *bard* Sänger, war ein Verbum *bardjan* abgeleitet, und davon ist *bardit* ganz richtig gebildet; *barditus*, nicht *barritus*, steht bei Tacitus und diess darf nicht nach dem *barritus* des Ammian geändert werden. Wir haben das Wort ferner in Ortsnamen: Bardenwik, Bardengau. Im Nordischen ist *bardi* ein nicht seltner Mannsnamen, und zwar in der Glumssaga der Name eines Skalden. Merkwürdig ist, dass noch in der spätern Sprache der Meistersänger *bar* der Name einer Art des Gesangs ist. Und auch Jac. Grimm im deutschen Wörterbuch bringt diess in Verbindung mit *bardit*, obgleich er von deutschen Barden nichts wissen will, und des Tacitus *bardit*, weil darauf folgt *fractum murmur objectis ad os scutis* von altn. *bardi*, *scutum*, herleiten möchte. Hier muss auch an die merkwürdige angelsächsische Wortverbindung *vordum and bordum* erinnert werden. So steht Elene 24: *vordum and bordum hôvon herecombol*, sie erhoben die Kriegsfahne mit Worten und Borten. Aehnlich steht Andreas 1206:

vîgend thrungon
cêne under cumblum cordrê miclê
tô thâm orlege ordum and bordum.
Die Helden drangen
kühn unter den Fahnen in grosser Schaar
zu der Schlacht mit Worten und Borten.

Es steht hier zwar nicht *vordum*, sondern *ordum*, allein das *v* ist hier nur der Alliteration wegen unterdrückt, und *ord* ist nur eine mehr dänische Form für *vord; bord* kann in dieser Verbindung nicht die gewöhnliche Bedeutung *scutum* haben, es muss etwas dem *vord* entsprechendes sein, etwa Gesang. Dann wird an beiden Stellen gesagt, dass die Helden die Kriegsfahne erhoben und die Schlacht begannen mit Worten und Borten, also indem sie den Kriegsgesang erhoben; und diese *bord* sind eben die *carmina*, deren *relatus* bei Tacitus *barditus* heisst. In diesen Gesängen feierten die Germanen nach Tacitus den Hercules, *primum omnium virorum fortium.* Und die Barden sind es, welche nach Festus *virorum fortium laudes canunt* oder nach Ammian *fortia virorum illustrium facta* besangen. Was ist daher natürlicher, als in jenem *barditus* den Vortrag der Heldengesänge der Barden zu sehen? Hier verdient auch eine Stelle aus der im achten Jahrhundert geschriebenen *vita* des angelsächsischen Heiligen Guthlacus erwähnt zu werden (Boll. 11. April); es wird von ihm gerühmt, dass er als Knabe *non puerorum lascivias, non garrula matronarum deliramenta, non vanas vulgi fabulas, non ruricolarum bardigiosos vagitus, non falsidica parasitorum frivola, non variarum volucrum diversos crocitus, ut adsolet illa aetas, imitabatur.* Diese *bardigiosi vagitus* sind doch wohl Bardengesänge, die der junge Guthlac doch nicht ganz verschmähte, denn *valida priscorum heroum facta reminiscens, veluti ex sopore evigilans, mutata mente se in arma convertit.* Ebenso werden in der zweiten *vita* des heiligen Dado (24. August), der im siebenten Jahrhundert in Rhouen lebte, die *mimorum atque histrionum carmina foeda,* die in *quorundum secularium conviviis* erschallen, entgegengesetzt den *evangelica, apostolica et prophetica oracula,* die der junge Dado gehört habe.

4. *becco*, Schnabel. Sueton Vitell.: *cui Tolosae nato cognomen in pueritio Becco fuerat; id valet gallinacei rostrum.* Durch diese Stelle ist das Wort als altgallisches bezeugt; es ist in allen romanischen Sprachen erhalten: *becco, bec, bico.* Es findet sich allerdings auch in den brittischen Sprachen, gael. *beic* u. s. w., aber ist es in diesen alt? ist es nicht vielleicht erst aus dem romanischen, oder aus dem englischen *beak* aufgenommen? In den deutschen Sprachen ist es nicht erhalten, wenn nicht im englischen *beak*, aber wir haben picken mhd. *bicken*, ahd. *pichu*, und mhd. *bickel;* zu diesen Wörtern gehört ohne Zweifel *becco*, das also ein deutsches ist.

5. *Benna.* Festus: *benna lingua gallica genus vehiculi appellatur, unde vocantur combennones in eadem benna sedentes.* Das Zeugniss des Festus, vielmehr des Verrius gilt für die norditalischen Gallier. Das Wort *combennones* ist ganz richtig nach der Regel der deutschen Sprache gebildet, wie *gahlaibans*, die von demselben Brot essen, *gibettun*, die in demselben Bette liegen, Gesellen, die in demselben Saale wohnen u. s. w. Die Präposition *ga* hat in der ältesten Gestalt noch das *n* oder *m*, *gan*, in *ganerbun*, *canerbun*, in der Malberger Glosse *chan*, und sogar noch das *m* in *hamedii.* Eine frühere Form *com* ist daher sehr wahrscheinlich. Allerdings ist diese Präposition *com*, *con* auch brittisch, und sie wird in den brittischen Sprachen zu ganz ähnlichen Bildungen angewandt, wie in der deutschen, Zeuss 841 folg. und 873.*) Aus der Art der Zusammensetzung des Worts *combennones* lässt sich daher nicht entscheiden, ob diess gallische Wort brittisch oder deutsch ist. Es kommt darauf an, ob *benna* in brittischen oder in deutschen Sprachen wieder gefunden wird.

Das Wort *benna* selbst findet sich zwar wirklich in dieser Form

*) Manche dieser Composita sind wohl nicht ursprünglich brittisch, sondern aus dem deutschen, oder schon früher aus dem gallischen entlehnt; *comarpi*, *coheredes* ist das deutsche *ganerbun; arbi* ist entschieden deutsch. Ein Erbrecht konnten die alten Britten nicht haben bei völligem Communismus. Sie erhielten den Namen mit der Sache wahrscheinlich schon von den Belgen.

in irischen und schottischen Wörterbüchern, aber diess ist nur angesetzt, weil es bei Festus ein gallisches Wort genannt wird. Ein Wort *ben* für *vehiculum* existirt weder im irischen noch im schottischen, und hat auch nie existirt. Dagegen findet sich das Wort in allen deutschen Dialekten. Bennl oder Bändl ist der Korb auf dem Schlitten, daher der Bennleinschlitten. Benn im Lothringischen Wagenkorb von Weiden geflochten. Holländisch *benne*, Waschkorb; angelsächsisch *binn praesepe*. Man sehe bei Schmeller und im deutschen Wörterbuch. Grimm glaubt, dass das Wort zu binden (flechten) gehöre, also deutsch sei, und dass es die Kelten von den Deutschen, die Römer von den Kelten empfangen haben. Es ist immerhin schwer zu glauben, dass die italischen Kelten schon in der frühesten Zeit Wörter wie *benna* und *ambactus* aus Deutschland aufgenommen haben sollen; viel einfacher ist die Sache, wenn die Sprache der italischen Kelten mit dialektischer Verschiedenheit keine andre war als die deutsche.

6. *Betulla*, *betula* (Birke) kam wohl aus der Sprache der italischen Gallier ins Lateinische, und von da in die romanischen Sprachen; it. *bedello*, franz. *bouleau;* aus dem lateinischen auch cornisch *bezula*. Das Wort hat deutsche Bildung, wie goth. *magula*, *ulfila*, *merila*, *inilo*, *vairilo*. Danach müsste es eine Ableitung sein; und es fragt sich nun, ob das Primitivum im irischen *beith*, kymr. *bedeven*, breton. *bezo*, *bezven* erhalten ist. Die Wurzel ist jedenfalls eine deutsche. Plinius sagt XVI, 30: *betula, gallica arbor mirabili candore atque tenuitate, terribilis magistratuum virgis.* Von der Birke wurden also die Ruthen gemacht; mit der Ruthe schlagen heisst noch fitzen, genau dem *bet* entsprechend. Der Baum wurde also genannt nach dem Nutzen, den er hatte. Ob *batuere*, *battre* damit in Verbindung steht?

7. *bulga*. Festus: *bulgas Galli sacculos scorteos vocant.* Von diesem ins Lateinische aufgenommenen Wort die romanischen *bolgia*, *boge*, *bougette*, Reisesack, woher altenglisch *bogett*, neuengl. *budget* (s. Diez). Das altgallische Wort ist deutsch: ahd. *bulga*, von *belgan*, schwellen, wozu auch goth. *balgs*, Balg. Es ist möglich, dass das ahd. und mittelhochdeutsche, sowie das noch jetzt in der Schweiz

gebräuchliche *bulga, bulge,* wieder aus dem Lateinischen genommen ist; aber dass das Wort zu *belgan* und *balg* gestellt werden muss, also einer Sprache angehört, die mit der deutschen zunächst verwandt ist, kann nicht bezweifelt werden. Die irischen und schottischen Wörter *bolc, builg* sind höchst wahrscheinlich wie die romanischen aus dem Lateinischen genommen.

8. *Braccae, bracae, βρακαι,* bei Ovid, Tacit., Diodor u. s. w., *braccatae nationes* bei Cicero; die Hosen der Gallier, daher *Gallia braccata.* Bei Cicero Pis. 23 *cognatio braccata,* spöttisch gallische Verwandtschaft. Diese *braccae* sind das Kennzeichen aller gallischen Völker; schon Polybius kennt die Hosen der Insubrer und Bojer, so wie der Gesaten (II, 28); auch die Belgier nach Strabo tragen Hosen. Ebenso die germanischen Völker, wenn auch nicht alle, nach Germ. 17. Wenigstens ist der Name der Hosen in Deutschland verbreitet. Dagegen die brittischen Völker gehen nackt, und noch jetzt ist der Mangel der Hosen schottische Nationaltracht. Worauf es aber hier ankommt, der Name *braccae* ist nicht brittisch, sondern deutsch. Man hat schottisch *brôg* herbeigezogen, welches Schuh bedeutet; Schuh und Hosen sind ja Beinkleider! Nur bretonisch *bragez, culotte* kann verglichen werden; dieses aber stammt wohl erst von dem romanischen *braga* ab, altfranz. *braie;* Glossae cass. *pragas,* churwelsch nach Carisch *brajessas,* kurze Hosen. Dagegen ist das Wort ganz gesichert in den deutschen Sprachen: ahd. *bruoch* für *lumbare, femoralia,* in Zusammensetzungen *lînbruoch, diechbruoch* u. s. w., ags. *brôc,* nord. *brôk.* Einerseits ist deutlich, dass das deutsche Wort kein anderes ist als das lateinische, andererseits kann es nicht aus dem lateinischen genommen sein, sonst würde es den Vocal beibehalten haben. Es zeigt sich hier aber, dass die italischen Gallier, von denen die Römer das Wort zuerst hörten, noch ein langes *a* hatten an der Stelle des spätern *ô, uo.* Und diess ist gerade das richtige; dem *ô* muss ein *â* vorhergegangen sein; wie in *bruodar, brôthar, frâter.* Diese regelrechte Abweichung des Vocals ist ein vollkommen schlagender Beweis, dass das gallische Wort kein anderes ist als das deutsche, und dass doch weder die Gallier von den Deutschen, noch die Deutschen von den Galliern entlehnt haben.

9. *brace*, nach Plinius ein gallisches Getraide, woraus Malz gemacht wurde, daher mlat. *bracium*, altfr. *bras*, Malz; mlt. *braxare*, brauen. Das schottische *braich*, *bracha* ist aus *bracium* entstanden, das bretonische *bressa* aus *brasser*. Das altgallische Wort ist also nicht brittisch. Nun aber haben wir unser deutsches Wort brauen, mhd. *briuwen*. Es ist deutlich, dass hier ein Zusammenhang statt findet: aber weder kann das deutsche *briuwen* aus *braxare*, noch dieses aus jenem entstanden sein. Lassen wir dem *brace* des Plinius ein *bracu* zur Seite stehen, so ist ein Verbum *bracvan* das Wort, aus welchem sich regelmässig *briuwen* entwickelt. Das *c* wird *h* und fällt aus, das *a* sinkt zu *i* und verbindet sich mit dem folgenden *w* zu *iuw;* diess sind nicht willkührliche Uebergänge, sondern wie sie die strenge Wissenschaft verlangt. An die Wurzel *brac* trat einmal das ableitende *i*, ein andermal das ableitende *u;* aus jenem *braci* entstand ganz regelmässig *brace*, *bracium*, *braxare*, *brasser*, aus diesem *bracu* ebenso regelmässig *briuwen*. Hier ist also wiederum die Verschiedenheit der Beweis der Urverwandtschaft und ursprünglichen Einheit.

10. *brachio*. Gregor. Turon. de vita patr. 12: *adolescens quidam nomine Brachio, quod eorum (Arvernorum) lingua interpretatur ursi catulus*. Deutsch ist *bero, ursus*, *birin, ursa;* also *bir* mit kurzem *i*. Die Diminution, aus der sich unser chen entwickelt hat, ist *icho*, und diess könnte älter und mit dialektischer Abweichung *achio* gelautet haben; so wäre *birachio* richtig *ursi catulus*. Also auch hier erhalten wir aus der deutschen Sprache eine völlig genügende Erklärung des gallischen Wortes. Nun ist es aber wunderlich, dass wirklich im Irischen der Bär *brach* heisst. Zwar *catulus* lässt sich nicht in der Endung *io* finden; dennoch scheint das Wort schlagend zu erweisen, dass die gallische Sprache dieselbe war, die noch von den Iren gesprochen wird. Nur glaube ich nicht, dass *brach* der irische Namen des Bären ist; er steht nirgends als bei Oreilly, der darauf ausgieng, veraltete Ausdrücke zu sammeln. In dem Dictionarium Scoto-Celticum steht zwar *brach*, aber durch ein vorgesetztes Sternchen und durch Angabe des Namen Oreilly bemerken die Herausgeber, dass das Wort in der Wirklichkeit nicht existiert. Der Bär

heist *mathan;* und *brach* ist wahrscheinlich aus der Stelle des Gregor in das irische Wörterbuch gekommen. Oreilly zweifelte nicht daran, dass die irische Sprache dieselbe sei wie die altgallische; er trug daher kein Bedenken, das irische Wörterbuch mit einem Wort der Arverner, das er bei Gregor von Tours fand, zu bereichern. An diesem Beispiel kann man sehen, mit welcher Vorsicht die brittischen Wörterbücher benützt werden müssen. *Brachio* ist bei Gregor auch ein deutscher Namen, V, 12: *Brachio, genere Thoringus.*

11. *burgus;* das Wort wird zwar nirgends als ein gallisches bezeichnet, aber die Römer, die es früh kennen lernten, konnten es wohl nur von den Galliern erhalten haben. Das Wort ist in allen deutschen Sprachen üblich, gothisch *baurgs*, ahd. *burg* von *bergan.* Aber das gallische Wort scheint ein mascul. gewesen zu sein, weil die Römer *burgus* als masc. gebrauchten. Es gieng nicht aus dem deutschen, sondern entweder aus dem gallischen, oder aus dem lateinischen in alle romanischen Sprachen über.

12. *camisia.* Diess Wort wird zwar nirgends ausdrücklich ein gallisches genannt; es kann aber nicht wohl einem andern Volk angehören. Das älteste Zeugniss giebt Hieronymus: *solent militantes habere lineas, quas camisias vocant.* Es ist deutlich, dass ein Zusammenhang statt findet mit unserm *hemidi.* Aber weder kann *hemidi* aus *camisia* entstanden sein, noch umgekehrt. Dem ahd. *hemidi* muss vorhergegangen sein *camithi*, und diess scheint die altgallische Form des Wortes zu sein, welche als *camisia* ins Lateinische aufgenommen wurde.

13. *Carn.* Hesych: *Κάρνον τὴν σάλπιγγα Γαλάται.* Eust. in Homer. Odyss. 6, 1139: (*ἡ σάλπιγξ*) *καλεῖται ὑπὸ τῶν Κελτῶν κάρνυξ.*

Dazu ist *Cernunnos* zu halten, der Name eines hörnertragenden gallischen Gottes.

Man stellt damit zusammen das brittische *carn;* diess ist aber ein ganz anderes Wort; es bedeutet *heap of stones*, *rock.* Wenn einmal auch die Bedeutung Horn angegeben wird, so ist diess eine Vermengung mit dem Wort *corn*, das in allen brittischen Sprachen Trompete bedeutet, und eben durch die Unveränderlichkeit sich als entlehntes zu erkennen giebt; es ist diess lat. *cornu*, das provenz.

corna, altfr. *corne* wurde, und ebenso in die brittischen Sprachen übergieng.

Dagegen unser Horn, goth. *haurn*, ist zwar dasselbe Wort, aber nicht entlehnt.

14. *cateia*, schon bei Virgil, Aen. 7, 741: *teutonico ritu soliti torquere cateias*. Servius zu der Stelle bemerkt, die *cateia* sei eine gallische Waffe, und desswegen nenne Virgil ihren Gebrauch teutonisch. Die Stelle beweist, dass gewiss Servius, wohl auch Virgil, teutonisch und gallisch für gleichbedeutend hielt. Aber im Deutschen wüsste ich das Wort nicht nachzuweisen. Dagegen ist allerdings kymrisch *catai*, pl. *cateion (a cutter, a weapon)* fast identisch, was aber doch auch Zufall sein kann. Nach Papias soll *cateia* ein persisches Wort sein, und allerdings klingt es nicht gallisch und germanisch.

15. *Cimbri;* der Name des germanischen Volks ist natürlich ein deutscher. Festus: *Cimbri lingua gallica latrones dicuntur*. Plutarch im Marius: *Κίμβρους ἐπονομάζουσι Γερμανοὶ τοὺς λῃστάς*. Festus oder Verrius sagt dasselbe wie Plutarch. Denn die *lingua gallica* ist eben die Sprache der Germanen. Das Wort ist übrigens verloren; denn ahd. *chempho*, ags. *cempa (miles, heros)* ist doch wohl ein anderes; eher möchte ich an *chumbirra* denken, womit in Glossen und bei Notker *tribus* übersetzt wird.

16. *crotta, chrotta*, ein Saiteninstrument. Das Wort gehört eigentlich nicht hieher, da es als ein altgallisches nirgends vorkommt. Zuerst finden wir es bei Venantius Fortunatus, der die *chrotta* als *britanna* bezeichnet; wirklich haben die brittischen Sprachen das Wort, altirisch *crot*. Wir finden aber auch schon bei Otfrid *harpha ioh rotta*. Es ist nicht wohl zu begreifen, wie das irische Instrument schon im 9. Jahrhundert zu den Deutschen kam; und wie aus irisch *crot* altfranzösisch *rote*, deutsch *rotta* wurde. Das Instrument ist vielleicht ein altgallisch-germanisches, das gallisch *crotta*, altfränkisch *hrotta*, später *rotta* hiess; die Britten erhielten es noch von den Galliern, daher sie es *crot* nannten; die Franzosen nannten es nach den Franken *rote*.

17. *didoron:* Plinius XIV: *tegulae apud Gallos didoron dictae*

a longitudine duorum palmorum. Das Wort scheint vorzüglich geeignet, der Ansicht, dass die brittischen Sprachen die keltischen seien, zur Stütze zu dienen. Denn *di, de* sind altirische Formen für zwei, und *dorn* ist cornisch die Hand. Daher hält es auch Diez 609 unbedenklich für keltisch, d. i. brittisch. Allein wenn man an das homerische *ἑκκαιδεκά-δωρος* denkt, und die griechischen Namen der Mauersteine *τετράδωρον* und *πεντάδωρον* vergleicht, so kann es nicht mehr im geringsten zweifelhaft sein, dass auch *δίδωρον* ein griechisches Wort ist, das vielleicht von Massilia aus zu den Galliern kam. Man lerne an diesem schlagenden Beispiel, dass man sich durch Spiele des Zufalls, die oft überraschende Uebereinstimmungen in den unverwandtesten Sprachen herbeiführen, nicht zum Besten halten lassen darf. Wir werden vor ähnlichen Neckereien auf der Hut sein müssen.

18. *dûnum* in Städtenamen, *Augustodunum*, *Campodunum*, *Lupodunum.* Das *u* wird bei Dichtern von Horaz und Ovid an immer lang gebraucht.

Das Wort ist deutsch; ags. *tûn*, ahd. *zûn*, englisch *town*, unser Zaun. Die Bedeutung Zaun ist die ursprüngliche, aber sehr früh ist sie in die Bedeutung des englischen *town* übergegangen.

Die Griechen hörten eine andere Erklärung des Wortes; es bedeute einen Hügel. So auch in der vita metrica S. Germani: *Augusti dunum, augusti montem transfert quod celtica lingua.* Auch diese Erklärung ist aus dem Deutschen genommen; nämlich neben *tûn, urbs*, giebt es ein Wort *dûn, collis.* Aber das gallische *dûn* ist nicht angelsächsisch *dûn*, sondern *tûn.*

Diese Erklärung des Wortes aus dem Deutschen ist völlig befriedigend. Nun aber kommt das Wort allerdings auch in den brittischen Sprachen vor. Zeuss S. 29 weist nach, dass ein irisches *dûn, castrum, arx* in den ältesten Quellen vorkommt. Es ist diess offenbar dasselbe Wort, entweder urverwandt, oder entlehnt. Keinenfalls aber ist das deutsche Wort aus dem brittischen entlehnt, denn das deutsche hat noch die ursprüngliche Bedeutung *sepes*, während das brittische nur die abgeleitete *arx* hat. Doch steht allerdings dem irischen *dûn* auch noch ein Verbum *frisdúnaim obsero* zur Seite, wie dem deutschen *zûn, zûnjan.*

19. *dûrum* ebenfalls in Städtenamen, *Vitudurum*, *Bojodurum* u. s. w. Die Erklärung aus dem Deutschen ist ganz befriedigend: gothisch *daur*, ahd. *tôr*; unser Thor. Hierher gehört also auch *dori* in *isarnodori*. Man kann einwenden, dass dem gallischen *d* ahd. *z* entsprechen sollte, gothisches *t*, wie bei *dûnum;* aber auch im sanskrit *dvâr* begegnet *d* dem gothischen *d;* die Verbindung *dv* schützte die Media.

Die Erklärungen aus dem brittischen sind ungenügend. Dafür, dass irisch *dûr arx* heisse, kann sich Zeuss S. 30 nur auf O'reilly berufen. Man will bretonisch *dour*, *aqua* zu Hülfe nehmen, aber schwerlich liegen alle Städte auf *dûrum* an grossen Flüssen oder Seen; und zudem ist *dûr* nur eine zusammengezogene Form aus kymrisch *dwfyr*, gael. *dobhar*. Man müsste auch für die brittischen Sprachen zu bret. *dôr*, gael. *dorus (porta)* seine Zuflucht nehmen, und da wird man lieber beim deutschen bleiben.

20. *Druida*. Cic., Caesar, Strabo u. s. w. Als gallisches Wort im engern Sinn von Caesar bezeugt; dieser kennt keine deutschen Druiden, aber Strabo, Diodor und insbesondere Lucan scheinen die Druiden den eigentlichen Germanen zuzuschreiben. Oben habe ich gezeigt, dass von brittischen Druiden bei den Alten nirgends die Rede ist. Die einzige Stelle, die ein Zeugniss zu enthalten schien, war vielleicht falsch gelesen.

Das Wort soll nun aber, und Niemand zweifelt daran, in der brittischen Sprache erhalten sein, zum deutlichen Beweis, dass die brittischen Sprachen keltisch sind. Zuerst finden wir das Wort allerdings in altirischen Glossen. Bei Zeuss S. 754 erfahren wir, dass im Würzburger Codex der paulinischen Briefe zweimal in den irischen Glossen *druid* vorkommt. Die eine der beiden Stellen wird S. 1056 mitgetheilt: zu 2 Tim. 3, 8, zu den Namen *Jamnes et Mambres* bemerkt der irische Glossator: *da druith aegeptacdi*, d. i. *duo druidae aegyptiaci*. Die andere Stelle entbehren wir. Denn S. 274 ist nicht hinreichend. Folgt nun daraus, dass dem Schreiber das Wort als ein irisches geläufig war, und dass es zu seiner Zeit noch irische Druiden gab? Durchaus nicht; sondern *druida* war ihm ganz gleichbedeutend mit *magus;* wie *magus* allgemein für Zauberer gebraucht wurde, so auch *druida*. Nicht aus seiner irischen Muttersprache, sondern aus dem lateinischen hat der Glossator diess Wort, wie so viele andere genommen.

Später finden wir in Wales bei den Barden des 12. und 13. Jahrhunderts das Wort *derwydd*. Wenn auch die alten Britten die wahren Kelten gewesen wären und also Druiden gehabt hätten, was nicht der Fall ist, so könnte doch der Name der Druiden nicht in der christlichen Zeit im Volk fortgedauert haben. Als aber die Kymren belehrt wurden, dass sie die Nachkommen der alten Kelten seien, wollten sie zur Belebung des Patriotismus ebensowohl Druiden als Barden haben, da sie bei Lucan lasen, dass die Kelten Druiden und Barden hatten. Sie nahmen also den Namen der Druiden aus Lucan und Plinius; da sie aber bei letzterem lasen, dass der Name von δρῦς herkomme, und da bei ihnen die Eiche *derwen* hiess, so behielten sie diese Etymologie bei, und änderten danach den Namen in *derwydd*. Aber, sagt man, wenn auch *derwydd* aus dem lateinischen wieder zurückgekehrt ist, so ist doch daneben das Wort vorhanden in seiner volksmässigen Gestalt, nämlich *dryw*, gael. *draoi*. Allein auch diess ist kein brittisches Wort, sondern ein angelsächsisches *dry*, Plur. *dryas*, Zauberer. Es gehört wohl zu unsrem Trug, trügen, nicht zu ags. *dreógan, pati*.

So ist also durchaus nicht erweislich, dass das Wort *druida* der brittischen Sprache angehöre; viel wahrscheinlicher lässt es sich mit deutschen Wörtern verbinden. Das ahd. *trût* mit Namen von Göttern zusammengesetzt heisst der Diener des Gottes. *gotes trût* bei Otfried. Es ist diess Substantivum nicht ganz dasselbe mit unsrem Adjectiv traut; es gehört zu Wurzel *tru*, woher treu, trauen, mit dem Substantivsuffix *id*, wie *leitid, sceffid;* aus *ui* wird *û*, etwa wie roman *pertius* niederd. *pertûs* wird. Der Name scheint sich erhalten zu haben in Ortsnamen: Wassertrudingen, Drudenberg, Truttenhausen; im Pflanzennamen Drutenfuss (Bärlapp); besonders merkwürdig scheint, dass ein Stück am Bug des Ochsen Drudenstück heisst. Es giebt Druidenbäume, Druidenbüsche. Der Druidenfuss wird in der Walpurgisnacht an die Thüren der Viehställe gezeichnet. Der Drud ist ein böser Geist, wie der Alb. Es ist daher sehr wahrscheinlich, dass die Druiden auch in Deutschland bekannt waren, und dass der Name der deutschen Sprache angehört.

21. *Eporedia*, jetzt *Ivrea*. Plin. III, 17: — *sic gallica lingua nominatum ab optimis equorum domitoribus. Equorum domitores eporedicas suo appellant idiomate Salassii.* Dass das Wort wirklich gallisch ist, beweist der Name des *Eporedorix*, eines Aeduers. Wir betrachten hier den ersten Theil des Namens *epo, equus*. Dieses allen sanskritischen Sprachen gemeinsame Wort ist besonders geschickt, zu zeigen, wie die einzelnen Sprachen in den Lauten von einander abweichen. Gothisch *aihva*, alth. *ehu*, nord. *io(r)*; — kymrisch *osw;* gael. *each;* — gallisch im eigentlichen Gallien und in Italien *epo*. Das Gallische ist hier allerdings deutlich vom Deutschen geschieden; aber noch viel mehr vom Brittischen. Wir sehen an diesem Wort, dass die gallische Sprache von der brittischen ganz verschieden war, dass sie aber auch von der deutschen, wenigstens von der gothischen und sächsischen sich dialektisch sehr deutlich unterschied. Es ist jedoch auch möglich, dass *epo* nicht urverwandt ist mit *aihvo*, und *equus*, und sanskrit. *açva;* sondern ein ganz anderes Wort. Vom zweiten Theil des Worts *redo* wird unten die Rede sein.

22. *Gaesati*. Polyb. 2, 22: *Γαλάτας προσαγορευομένους διὰ τὸ μισθοῦ στρατεύειν Γαίσατους· ἡ γὰρ λέξις αὕτη τοῦτο σημαίνει κυρίως.* Es ist wohl dasselbe Wort, das in den Namen *Γαιζατοδίαστος*, und *Γαιζατόριξ* (wie höchst wahrscheinlich nach Zeuss 611, bei Polyb. 25, 4 *Γαιζατόριγος* für *Γαιζατόριος*) erscheint. Zeuss verwirft die von Polybius gegebene Erklärung des Worts, um ein irisches *gaide, pilatus* herbeiziehen zu können. Wir bleiben bei Polybius stehen, und finden mit dem ganz richtigen Uebergang des *s* in *r* das gallische *gaes* wieder im gothischen *geiro, gairuni, gairnjan*, im ahd. Verb. *gerôn*. Die *Gaesati* sind nichts anders als die *gerndiu diet, gernde liute; gaesat* ist das Participium Activi mit Unterdrückung des *n* für *gaesant*. Ursprünglich waren die *gaesati*, die *gernde liute*, diejenigen, die auszogen, um von ihrer Tapferkeit zu leben, die Landsknechte, später gieng der Name über auf diejenigen, die umherzogen, um von ihrer Kunst zu leben. Dass *ae* oder *αι* kurzem *e* begegnet, darf nicht auffallen; Strabo liest richtig 562 *Γεζατοριγος* mit kurzem *e*.

23. *gaesum* bei Virgil und Caesar. Servius zu Virgil: *gesa, hastas viriles; nam etiam viros fortes Galli gaesos vocant.* Das Wort ist deutsch vollständig erhalten in Namen wie *Gaisericus*, *Ariogaisus* u. s. w. und mit regelmässigem Uebergang des *s* in *r* in ahd. *gêr*, ags. *gâr*, altn. *geir*.

Das Wort soll jedoch auch brittisch sein; wenn aber Armstrong sagt: *gais, this is an ancient Celtic word, which though not much in use among the Gael, is found in several derivatives*, so ist höchst wahrscheinlich, dass das Wort nirgends existiert, sondern nur aus dem Lateinischen angesetzt ist. Altirisch *gai*, *hasta*, das Zeuss 64 aus Odonovan beibringt, steht zu vereinzelt; es wird zwar bestätigt durch *gaide*, *pilatus*, aus dem S. Galler Priscian; allein ob es dasselbe Wort ist mit *gaesum* kann bezweifelt werden.

24. *Isarnodorum.* Acta Sanctt. Boll. 1 Jan. vita S. Eugendi ablatis monasterii S. Claudii in Burgundia. S. 50: *ortus haud longe a vico, cui vetusta paganitas ob celebritatem clausuramque fortissimam superstitiosissimi templi gallica lingua Isarnodori id est ferrei ostii indidit nomen. Quo nunc quoque in loco delubris ex parte jam dirutis, sacratissime micant coelestis regni culmina, dicata Christicolis.* Das Wort ist ohne Zweifel deutsch, und nicht brittisch; aber es kann gezweifelt werden, ob die Angabe *gallica lingua* richtig ist. Das Zeugniss ist aus der ersten Hälfte des 6. Jahrhunderts; damals war schon längst das Land von den Burgunden besetzt, und es könnte daher ein Wort der burgundischen Sprache sein. Allein der Tempel muss wohl schon vor der Einwanderung der Burgunden erbaut worden sein, und so hatte er wohl auch seinen Namen aus vorburgundischer Zeit. Könnte mit völliger Sicherheit erwiesen werden, dass der Name nicht erst von den Burgunden gegeben wurde, sondern wirklich der gallischen Sprache angehörte, so wäre durch dieses Wort ausser allen Zweifel gestellt, dass die Sprache der Gallier keine andre als die deutsche war.

Das brittische Wort für Eisen ist aus dem Deutschen entstanden; gael. *iarn*, kymr. *haearn* aus *isarn* mit Unterdrückung des *s*, wie *giall* aus *gisal (obses)*, *siur* aus *sisur (soror)*, s. Zeuss 64. Allein das Wort kann nicht erst durch die Angelsachsen zu den Britten gekommen sein; hätten die Britten nicht schon vor der Römerherrschaft ein Wort für Eisen gehabt, so hätten sie, wie die Romanen, *ferrum* aufgenommen. Sie hatten also das Wort *iarn* schon vor der Römerherrschaft erhalten, also von den Galliern; die Gallier nannten also das Eisen *isarna* wie die Deutschen.

Dass von kymrisch *haiarn* das französische *harnais*, Harnisch herkomme, wie Diez annimmt, ist schwer zu glauben. Das mhd. *harnasch*, das altfranz. *harnas* für *harnasc*, das mittellat. *harnasium* sind gewiss älter, als die kymrische aus *haiarn* verkürzte Form *harn*. Eher darf man an ahd. *hardnissa (durities)* denken; die Monseer Glossen des 9. Jahrhunderts übersetzen *iugum ferreum* geradezu *harten giduinch*. Das nordische *hardneskja* wäre danach nicht aus *harnasch* entstanden. — Von *dorum, durum* ist oben gehandelt.

25. *leuca,* die Meile: romanisch *legua*, *legoa*, *lieue*. Zuerst bei Ammian 15, 11. Dann Hieron. Joël 3: *Latini mille passus, Galli leucas, Persae parasangas et rastas universa Germania etc.* Isidor: *mensuras viarum nos milliaria dicimus, Galli leucas.* Hesych: λεύγη μέτρον τι Γαλάταις. Jornandes.

Das Wort ist nicht brittisch; denn bretonisch *leo* ist doch wohl erst aus *lieue* entstanden.

Man hat aber auch bis jetzt kein deutsches Wort herbeizuziehen gewusst. Ich glaube, das Wort zu finden in *lachu* bei Graff 2, 100. In einer Schenkungsurkunde des Klosters Lorsch vom Jahr 770 wird gesagt: *de ipso rubero ad partem Aquilonis, sicut ipsa incisio arborum in ipsa die facta fuit, quae vulgo lachus appellatur sive divisio;* ferner: *sicut illa incisio sive lachus facta fuit*, und: *quicquid intra illam incisionem arborum seu lachum sive divisionem etc.* Graff führt noch *lahboum* und *lachbuocha* an, aber er giebt leider nicht an, woher, und unter *boum* und *boucha* fehlen diese Composita. Wir haben also sicher ein veraltetes deutsches Wort *lachu, divisio.* Dazu gehört angels. *leove*, das ich übrigens nur aus Graff unter *leuga* kenne.

26. *magus* als zweites Glied einer grossen Menge von Ortsnamen: *Augustomagus*, *Brocomagus*, *Noviomagus* (woraus Neumagen), *Ratumagus* (woraus Rouen und Rehmagen) u. s. w. Man

findet in diesen Ortsnamen ein brittisches Wort, irisch *mag*, kymrisch *maes;* allein diess ist nicht ein Wohnort, sondern Ebene, Feld; ein abgeleitetes *magen* bedeutet Ort im Allgemeinen. Zur Bezeichnung von Städten scheint das Wort nicht zu passen.

Im Deutschen haben wir zwar ein ganz gleichlautendes Wort: *magu, puer, filius.* Allein die Bedeutung passt nicht wohl, und dem gallischen *g* scheint ein deutsches *k* entsprechen zu müssen. Man erwartet ein Wort *mak, maku*, in der Bedeutung: Wohnung, Haus. Ein solches Wort giebt es zwar nicht; aber es lässt sich doch nachweisen, dass es vorhanden gewesen sein muss. Wir haben nämlich ein ags. Wort *gemaca, socius*, ahd. *gamacho;* femin. *gamacha, conjux.* Wie aber *gasindun* diejenigen sind, welche denselben Weg, *sind*, haben, *gamazun*, die dasselbe *maz*, Speise, *gateilun*, die dasselbe Theil, *gabettun*, die dasselbe Bett haben, so müssen *gamachun* diejenigen sein, die dasselbe *mac, macu* gemeinschaftlich haben, die in demselben Haus wohnen; und *mac* kann nichts andres heissen als Wohnung, Haus. Das Wort hat sich erhalten in unsrem Gemach. Machen aber, *machôn* heisst wohl ursprünglich *aedificare*, und hat erst allmählich eine weitere Bedeutung erhalten; ähnlich wie *materia* ein weiterer Begriff wurde. *Augustomagus* heisst also Haus, Wohnung des Augustus; diess ist wohl besser als Feld, Ebene des Augustus, was man erhält, wenn man vom brittischen ausgeht.

Zu diesem gallisch *mag*, deutsch *mac*, Wohnung, Haus, möchte ich die *machiones* bei Isidor stellen, *dicti a machinis, quibus insistunt propter altitudinem parietum*, also die Maurer, und daher franz. *maçon.*

28. *marka*, Pferd, ist von Pausanias als gallisches Wort bezeugt und zwar für die Kelten, welche nach Delphi zogen. Es ist sicher ein deutsches Wort, das sich in unsern ältesten Denkmälern findet, bei den Longobarden, den Alamannen, den Baiern, den Franken, und ebenso bei den Angelsachsen und im Norden. Es ist gewiss nur zufällig, wenn wir es bei den Gothen nicht nachweisen können. Aber das Wort ist auch brittisch; kymrisch *march*, plur. *meirch*, gaelisch *marc.*

27. *Μανιακὸν*; Polyb. 11, 31: *χρυσοῦν ψέλλιον ὃ φοροῦσι περὶ τὰς*

χεῖρας ἢ τὸν τράχηλον οἱ Γαλάται. Es sind also die italischen Kelten gemeint. Das Wort ist nicht brittisch, aber sicher deutsch: ahd. *menni*, alts. *meni* in *halsmeni;* ags. *mene*, nord. *men*, *monile*. Davon *μανιακον* das Deminutiv, mit derselben Endung, die wir in *brachio* für *ber-achio* gefunden haben.

29. *Mataris*, *materis*, *matara;* schon bei Sisenna, Caesar und Livius, Strabo: *μάταρις, πάλτου τι εἶδος*, überall eine gallische Waffe; dass im gallischen Wort das *s* nicht Nominativendung war, sondern zum Wort gehörte, zeigt altfranz. *matras*, mit dem Verb. *matrasser* (Diez 684). Die brittischen Sprachen kennen das Wort nicht; dagegen ist es bei uns noch in täglichem Gebrauch, das Messer; ahd. *mezzeres*, genau dem *materis* entsprechend; das *s* gehört zum Wort, Dativ *mezzeresse;* es scheint früh durch die Aehnlichkeit von *mezisahs*, Speisemesser, Tischmesser, und durch die bekannte Endung *er* zweierlei Entstellung erlitten zu haben; einmal Einschiebung eines *h*, damit *mezi-rahs* ähnlich zusammengesetzt schien wie *mezi-sahs*, und zweitens Abfall des *s*, *mezer*, wie andre Wörter auf *er*. Aber man wird einwenden, dass die gallische *mataris* geworfen wurde. Aber auch das Messer war eine Wurfwaffe; Wolfdietrich wird auf's sorgfältigste im Messerwerfen unterrichtet, und ohne seine grosse Fertigkeit in dieser Kunst hätte ihn seine grausame Sprödigkeit gegen die schöne Marpalie das Leben gekostet. Umgekehrt kam Lanzelet durch zu wenig Sprödigkeit in gleiche Lebensgefahr, der er ebenfalls nur durch sein Glück im Messerwerfen entgieng. Ein berühmter Meister der Kunst des Messerwerfens war der alte Berchter von Meran, Hildebrands Grossvater.

30. *nemet*, Heiligthum. Der Name eines Tempels bei Bordeaux wird von Venantius Fortunatus erklärt 1, 9:

> nomine Vernemetis voluit vocitare vetustas,
> quod quasi fanum ingens gallica lingua refert.

Augustonemetum, *Nemetocenna* sind gallische Städtenamen. In Britannien finden wir ein *Vernemetum*, und bei den Galatern in Kleinasien *δρυνέμετον* (Strabo 12, 17), in Noricum ein *Tasinemetum*. Das

Wort ist also ohne Zweifel ein altgallisches, und weit verbreitet bei allen gallischen Völkern.

Ist es brittisch? Die brittische Stadt *Vernemetum* beweist nicht, denn die Städte in Britannien sind erst von den Galliern, dann von den Römern gebaut. Aber wirklich ist altirisch *nemed, sacellum*, Zeuss S. 11, 766, und bretonisch noch in einer Urkunde von 1031 *silva quae vocatur Nemet* (Zeuss 186), und in Compositis *Vidnimet, Catnemet*. (Zeuss 102). Dadurch scheint die Sache entschieden zu sein; allein es lässt sich ebensowenig bezweifeln, dass *nimid* ein deutsches Wort war. In dem Indiculus superstitionum et paganiarum steht: *de sacris silvarum, quae Nimidas vocant*. Es ist hier nur von deutschem Aberglauben die Rede, und alle fremden Wörter, die in dem Indiculus angeführt werden, sind entschieden deutsch; es ist also gewiss, dass die *sacra silvarum*, die in Wäldern verborgenen heiligen Orte bei den Deutschen *nimidas* hiessen. Es kommt dazu der Name des deutschen Volks der Nemeter, und sächsische Ortsnamen Nimeden (Mythol. S. 615).

Entweder also ist das Wort eines von denen, welche den brittischen Sprachen mit den germanischen gemein sind; oder es hat eine Entlehnung statt gefunden; im letzten Fall aber haben nicht die Germanen von den Britten entlehnt, sondern umgekehrt die Britten von den Galliern.

31. *Ogmius;* der gallische Herkules. Ich habe die mythologischen Namen der Gallier hier nicht aufgenommen, um sie später miteinander zu behandeln. Diesen aber kann ich hier nicht unbesprochen lassen, weil er für die Ansicht, die ich bekämpfe, besonders beweisend zu sein scheint. Da nämlich nach Lucian der keltische Ogmius nicht nur Herkules, sondern auch der Gott der Beredtsamkeit ist, und da nicht nur in einem alten irischen Codex der Erfinder der Schrift *Ogma*, sondern auch die älteste irische Schrift selbst *Ogham* heisst, so scheint nichts deutlicher, als dass die Iren jene Kelten sind, von denen Lucian spricht, und dass die keltische Mythologie und die keltische Sprache keine andere ist als die irische. Nun ist aber vor allen Dingen festzuhalten, dass die brittischen Völker ein altes Alphabet nicht hatten. Diess geht hervor aus einer Notiz

eines alten kymrischen Codex, von Zeuss S. 1089 mitgetheilt. Die Kymren erfanden ein eigenes Alphabet erst als ihnen von den Sachsen der Mangel desselben zum Vorwurf gemacht wurde. In Irland führte erst Patricius das lateinische Alphabet ein, und wenn die Irländer schon früher eine Schrift hatten, so wird diess keine andere gewesen sein, als diejenige, welche sie bei den Galliern kennen lernten. Wenn also die Irländer von einem Erfinder der Schrift zu erzählen wissen, so ist diess ohne Zweifel eine Nachricht, die ihnen von auswärts, wahrscheinlich aus Gallien zugekommen ist, und die sie sich angeeignet haben.

Sehen wir die Stelle Lucians über den Ogmius genauer an, so ergiebt sich, dass der Sinn des Namens dem griechischen λόγος entsprechen muss. Denn Lucian lässt sich von einem Kelten belehren: *τὸν λόγον ἡμεῖς οἱ Κελτοὶ οὐχ ὥσπερ ὑμεῖς οἱ Ἕλληνες Ἑρμῆν οἰόμεθα εἶναι, ἀλλ' Ἡρακλεῖ αὐτὸν εἰκάζομεν*; und nachher sagt er: *Ἡρακλῆς ὁ λόγος* statt *ὄγμιος*. Es ist also ziemlich deutlich, dass *ogmius* eine Uebersetzung von λόγος ist. Kann nun in den brittischen Sprachen ein Wort *ogum*, *ogma* oder ein ähnliches nachgewiesen werden, das λόγος bedeutet? Ich glaube nicht. Dagegen ist gothisch *ahma* wirklich λόγος. Es scheint also vollkommen deutlich, dass der Kelte Lucians nicht brittisch, sondern gut deutsch sprach. Aber jene Nachricht einer irischen Handschrift von dem Erfinder der Schrift *Ogma, Elathani filius* verdient alle Beachtung; sie könnte sehr wichtig werden.

32. *petorritum*, ein Wagen von vier Rädern; bei Horaz, Plinius, Ausonius; nach Festus ein gallischer Wagen, und nach Varro bei Gellius 15, 30 ein gallisches Wort. Da das Wort schon so früh zu den Römern kam, so gehört es wohl den italischen Kelten an. Das erste Glied des Compositums *petor* ist ganz das gothische *fidur*, um eine Stufe in der Lautverschiebung älter. Das zweite Glied *ritum* darf nicht etwa zu *rheda* gestellt werden, so wenig als Rad zu reiten. Es ist *rota*, ahd. *rad;* gothisch wäre *rath* zu erwarten. Der Consonant ist ganz in der Ordnung; aber der Wechsel des Vocals *o, i, a* ist auffallend. Es zeigt sich hier wieder, bei Gleichheit im Wesentlichen, dialektische Verschiedenheit. Eine alte hochdeutsche

Glosse übersetzt *quadrigae feor rediro reitun:* bildet man ein Adjectiv von *feor rediro*, so würde es lauten *feorrad;* und diess wäre gothisch *fidurrath*, und altgallisch *petorrit.*

In den brittischen Sprachen ist das Wort Rad, *rota*, *ritum*, nicht zu finden; dagegen kymrisch *petguar*, *peduuar* steht dem gallischen *petor* sehr nahe. Es ist ein Wort, das wie die Zahlwörter überhaupt, allen sanskritischen Sprachen gemeinsam ist; und obgleich allerdings das gallische *petor* am nächsten mit dem brittischen zusammentrifft, so musste doch auch dem gothischen *fidur* ein deutsches *petur* vorhergehen.

33. *pimpedula.* Die Pflanzennamen bei Dioskorides und Marcellus Burdigalensis habe ich absichtlich nicht beigezogen, weil sie alle zu wenig gesichert sind; diesen einen muss ich anführen, weil er eine vorzügliche Stütze der herrschenden Ansicht ist. Es ist nämlich der Name der Pflanze *πεντάφυλλον*. Nun ist kymrisch *pemp* fünf, und *dail* Blatt; *pimpedula* ist also eine kymrische Uebersetzung von *πεντάφυλλον*, und der Beweis ist geliefert, dass die Gallier des Dioskorides kymrisch sprachen; was kann deutlicher sein? Die Sache ist vielleicht nicht so gefährlich, als sie aussieht. Das Blatt heisst kymrisch nicht *dula*, sondern *deil*, *dalen*, *delen;* ferner ist das *e* als Compositionsvocal nicht erklärlich. Gerade diess aber macht sich recht breit in der andern Lesart *πομπαιδουλα*. Es ist also vielleicht der brittische Anklang nur zufällig. Dagegen ist es nicht unmöglich, eine Erklärung aus dem Deutschen zu geben. Die Endung *ula* ist das Deminutiv; und in *πομπαιδ* ist entstellt *pimpflad* enthalten, ältre Form von *fimfblat.* Entstellt sind alle diese Pflanzennamen durch die Abschreiber. Es genügt daher in diesem Fall, wenn man ein deutsches Wort, das ihnen zu Grund liegen kann, durchschimmern sieht.

34. *rheda*, *currus* schon bei Cicero und Varro, Horaz u. s. w. Caesar B. G. 1, 51 von den Germanen: *omnem aciem suam rhedis et carris circumdederunt.* Quintilian sagt ausdrücklich, es sei ein gallisches Wort und das bestätigt Venant. Fortun. 3, 20: *curriculi genus est, memorat quod Gallia, rheta.* Und zwar muss es zuerst von den italischen Kelten zu den Römern gekommen sein. Der zweite Theil des Namens *Eporedia* zeigt uns das Wort in Italien; und der

Name des Aeduers *Eporedorix* beweist, dass es auch im transalpinischen Gallien gebräuchlich war. Zu erwähnen ist auch Hesychius: *ἐϱιδια, ἁμαξα.*

Das Wort ist entschieden deutsch; *reita, currus* sehr häufig im Althochdeutschen, ags. *râd*, nord. *reid*. Es muss aber schon im vierten Jahrhundert gothisch gewesen sein, denn *rêda* ist der gothische Runenname des *r*. Das Verbum *rîtan*, von dem es kommt, heisst nicht nur reiten, sondern auch im Wagen fahren; und ebenso haben wir im Gallischen neben *rêda currus, eporêdicus* ein Pferdreiter.

Es kann wohl nicht im mindesten bezweifelt werden, dass das gallische Wort dasselbe ist wie das deutsche. Aber allerdings scheint auch im altirischen dasselbe Wort oder ein sehr ähnliches vorzukommen, siehe Zeuss 73. Von den angeführten Beispielen ist aber doch eines, *innarrith, in nostro curriculo* dafür anzuführen, dass die Iren ein Worth *rith* gleich gallisch *reda* kannten; denn in *dériad, bigae* sucht man doch eher ein Wort für *rota*, als für *currus*, und die übrigen *dindriuth de cursu, rethit currunt* u. s. w. beweisen allerdings eine Wurzel *rith* oder *rid, currere*, aber das ist doch schwerlich dasselbe mit unserm *rîtan*, da *currere* doch etwas anderes ist als *equitare* und *vehi*. Es kommt also alles darauf an, ob in dem einzigen beweisenden Beispiel *curriculum* in der Bedeutung von *currus* gebraucht ist; wahrscheinlich ist diess nicht der Fall, sondern es bedeutet *cursus;* und dann kann das gallische Wort *reda* in den brittischen Sprachen durchaus nicht nachgewiesen werden.

35. *sparus, sparum*, Speer; schon bei Varro, Sallust, Cicero, Livius, Virgil u. s. w. Als eine gallische Waffe bezeichnet bei Festus: *rumex genus teli, simile spari gallici.* Das Wort muss den Römern schon sehr frühe von den italischen Kelten zugekommen sein. Es ist in den brittischen Sprachen unbekannt, dagegen ist es in allen deutschen Sprachen gebräuchlich: ahd. *sper*, n. ags. *sper*, n. altn. *spiör* f.

36. *Urus*, *bubalus* schon bei Caesar, Virgil, Plinius, Seneca. Nach Marobius ein gallisches Wort: *uri enim gallica vox est, qua feri boves significantur.* Marobius selbst hatte wohl keine Kenntniss der gallischen Sprache; er hat ohne Zweifel einem ältern Schriftsteller nachgeschrieben. Virgil hat den Namen nicht aus Caesar ge-

nommen, sondern höchst wahrscheinlich aus der Sprache der Gallier. Obgleich also Caesar die *uri* nur in Deutschland kennt, so ist doch kaum zu bezweifeln, dass der Name wirklich ein gallisches Wort ist. Nun ist es nicht ein brittisches, sondern ein deutsches Wort; die gallische Sprache ist also keine andre als die deutsche.

37. *Ver.* Das Wort *Vernemetum* zerlegt sich deutlich in *ver* und *nemetum;* Fortunatus übersetzt es *Fanum ingens; ver* würde also *ingens* heissen. Dasselbe *ver* scheint enthalten in *Vercingetorix* neben *Cingetorix*, und so mag es auch in manchen andern Namen, wie *Vercundaris*, *Vergasillaunus*, vielleicht auch in *Vergobretus* das erste Glied des Compositums bilden. Dieses gallische *ver* soll nach Zeuss VI und 867 im Namen des brittischen Königs *Vor-tigern* ganz ebenso wie in den gallischen Namen, und in der brittischen Partikel *gor*, die ebenfalls in der Composition zur Verstärkung dient, wiedergefunden werden. Die Partikel *gor*, irisch *for (super)* gehört kaum hieher. Der Name *Vortigern* aber ist schwerlich in *Vor* und *tigern* zu zerlegen; diess geht daraus hervor, dass der Sohn des Königs *Vortigern Vortimer* heisst; es ist wahrscheinlich, dass *Vorti* im Namen des Vaters dasselbe ist wie im Namen des Sohnes; und es ist also zu zerlegen *Vorti-mer*, und *Vorti-gern.* Diese Namen aber sind schwerlich brittische im strengen Sinn, sondern belgische. In Kent, wo Vortigern regierte, wohnten schon vor Caesars Zeit belgische Einwanderer. Soweit diese unter der römischen Herrschaft nicht römische Namen erhielten, konnten sie nur ihre alten belgischen forterben, die sie gewiss nicht gegen brittische vertauschten. *Vortimer* ist wohl nichts anderes als *Virdumarus* und *Vortigern* stellt sich zu deutschen Namen wie *Aligern*, *Hiltigern*, *Frithigern.* Ausser diesem nicht brittischen Namen führt Zeuss noch viele brittische an, die mit *gur* oder *wor* beginnen, ohne aber zu zeigen, was doch nöthig wäre, dass sie mit *gur* zusammengesetzt sind.

Es ist also das altgallische *ver* noch nicht in den brittischen Sprachen nachgewiesen. Deutsch ist *ver*, gothisch *vair* das lateinische *vir;* es erscheint in *weralt (mundus)* und in *werodheod (exercitus).* Nun braucht die deutsche Sprache Wörter, wie *irmin*, *lant*, *liut*, *diot*, *weralt* in der Composition, um im Allgemeinen die

Bedeutung des zweiten Worts zu verstärken; deutsche Gramm. 2, 542. *dietzage* oder *weltzage*, *welttôre*, etwa wie man noch ein Weltsesel sagt für ein grosser Esel; *dietburg* ist *civitas magna*, *praeclara* u. s. w. Diesen Wörtern nun, die in der Composition ihre besondere Bedeutung verlieren, scheint sich ganz natürlich *ver* anzureihen; und *werodheod exercitus* ist ein Beispiel dieser Anwendung. So also ist *ver-nemetum* ein Heiligthum von grösserem Ansehen, ein Tempel, der nicht bloss in der nächsten Umgebung bekannt war, ein *fanum ingens*, obgleich *ver* nicht *ingens* bedeutet. Wir sind also im Stande, dieses verstärkende *ver* aus dem Deutschen zu erklären.

38. *Vergobretus.* Caes. B. G. 1, 16: *Liscus, qui summo magistratui praeerat, quem Vergobretum appellant Haedui, qui creatur annuus et vitae necisque in suos habet potestatem.* Das Wort ist gesichert durch eine Münze: *Cisiambos Cattos vercobreto*)(*simissos publicos Lixovio*, bibl. de l'école des chartes, II. série, vol. 4, p. 313. Es sind bis jetzt nur zwei Exemplare dieser Münze gefunden, eines in Vieux bei Caen, das andre in Gouy (Seine infér.). Also nicht nur die Aeduer, sondern auch die Lexovii am Ausfluss der Seine hatten ihren *Vergobretus*, und es ist wahrscheinlich, dass bei allen gallischen Völkern der höchste Richter, der über Tod und Leben entscheiden konnte, diesen Namen führte. Das Wort nun soll deutlich ein brittisches sein, und allerdings ist wahr, dass *breth* schon im Altirischen *judicium* heisst, Zeuss, S. 12. Man erklärt *Vergobret* aus kymrisch *fear go breith, vir ad judicium*, oder *fear co breith, vir qui judicium.* Obgleich diese Erklärungen in allen unsern Commentaren zu Caesar unbedenklich als unumstössliche Wahrheiten aufgetischt werden, so sind sie doch so völlig haltlos, dass Zeuss sie nicht einmal einer Erwähnung werth gefunden hat. Nicht nur componirt die kymrische Sprache nie auf diese Weise mit Präpositionen oder mit dem Relativum, sondern sie kennt nicht einmal eine Präposition *go ad*, noch ein Relativum *co qui*. Zeuss gibt eine andere Erklärung S. 825; ihm ist das Wort zusammengesetzt aus *guery, efficax* und *breth, judicium;* er übersetzt: *judicium exsequens.*

Suche ich eine Erklärung des Wortes aus dem Deutschen, so

finde ich gothisch *gavargjan, condemnare*, und zwar *gavargjan dauthau* Marc. 10, 33: *capite damnare;* ebenso ags. *virgian;* verwandte Wörter siehe unten bei *Wargus*. Der *Vergobretus* verurtheilt zum Tode; zum Tode verurtheilen ist gothisch *vargjan;* deutlich gehört jenes *vergo* zu diesem *vargjan*. In *bretus* glaube ich dasselbe Wort zu finden, das in ahd. *munt-purto, patronus* erscheint. Es gehört zu Wurzel *ber, ferre,* sanskr. *bhr.*, woran schon im Sanskrit in der zweiten Stelle des Compositums ein t tritt, z. B. *vajrabhrt*, der Träger des Donnerkeils, Indra. Wie *munt-purto* der Träger des Schutzes ist, so ist *vergobretus* der Träger der Verdammniss, des Todesurtheils, der oberste Richter. — In der im 13. Jahrhundert geschriebenen *vita* des 1036 gestorbenen Bischofs Meinwerk von Paderborn, einer der reichsten Quellen für niederdeutsche Eigennamen, finde ich eine *Verthubreth;* die Aehnlichkeit ist aber nur zufällig, und *Verthu* darf nicht in *Verchu* geändert werden. Eher kann hier an den angelsächsischen Namen der Krätze erinnert werden, *Vearhbraede*.

39. *Vertragus*, Jagdhund. Der älteste Beleg bei Martial: *non sibi sed domino venatur vertragus acer.* In der lex Burg. *veltrahus*, in der lex Salica im Accus. *veltrum, veltrem.* Daher it. *veltro,* altfr. *viautre.* Nach Aelian ist es ein keltisches Wort: *αἱ δὲ ποδώκεις κύνες αἱ κελτικαὶ καλοῦνται οὐέρτραγοι κύνες φωνῇ τῇ κελτικῇ — ἀπὸ τῆς ὠκύτητος.* Das Wort kommt zwar in den brittischen Sprachen nur im Cornischen *guilter* vor, welches erst aus *veltra* entstanden ist; dennoch scheint es aus den brittischen Sprachen erklärt werden zu können, und also für das Keltenthum der Britten und gegen meine Ansicht zu zeugen. Es ist nämlich altirisch *traig pes;* dazu kommt das verstärkende *ver*, das in altgallischen Wörtern und in der Gestalt *gwyr, gor* auch in kymrischen vorkommt; so ist *vertragus*, wie es scheint, vortrefflich erklärt.

Nun ist aber zu bemerken, dass es auch ein deutsches Wort *drag pes* gegeben haben muss. In der lex Alam. steht: *si quis in geniculo transpunctus fuerit, ita ut claudus permaneat, ut pes ejus ros tangat, quod alamanni tautragil dicunt.* Ebenso in der lex Baioar.: *si quis aliquem plagaverit, ut exinde claudus permaneat, sic ut pes ejus ros tangat, quod tautregil vocant.* Hier ist *tau ros*, und in *tragil*, *dregil* muss *pes* enthalten sein. Das Wort gehört ohne Zweifel zu gothisch *thragjan*, *currere*.

Bei genauerer Betrachtung zeigt sich, dass in *vertragus* unmöglich das brittische Wort *traig* (*pes*) enthalten sein kann; denn dieses lautet zwar im Nomin. Sing. *traig*, seine eigentliche Gestalt aber ist *tragith;* daher Dativ Plur. *traigth-ib*. Bei Ableitungen kann diess *th* nicht abfallen; daher *traigth-ech, pedester*. Der Hund könnte also nicht *vertragus*, er müsste *vertragthus* heissen. Das intensive *ver* scheint hier nicht an der Stelle zu sein. Man erwartet vielmehr ein Adjectiv, das ὠκύς bedeutet. Da nun die Form mit *l*, *veltraus* etc. viel besser bezeugt ist, so möchte ich als ursprüngliche Gestalt des Wortes *velhtragus* aufstellen; *velh* ist das ahd. *wilih* (das freilich sehr selten ist) das mittelh. *wilck* (*calidus*), genau das latein. *velox:* es ist also *velhtragus* wirklich ποδώκης.

40. *Wargus*. Sidonius Apollinaris ep. 4, 6: *vargorum nomine indigenae* (*Arverni*) *latrunculos nuncupant*. Es ist diess ein vollkommen und unzweifelhaft deutsches Wort. Gothisch *launavargs*, das ist der Lohndieb, der Undankbare; *gavargjan* verdammen; altn. *vargr*, *latro*, *maleficus;* ebenso nhd. und mhd. *warc*. Dagegen ist das Wort den brittischen Sprachen unbekannt. Da das Zeugniss des Sidonius nicht verworfen werden kann, so ist dieses Wort *wargus* ein vorzüglich deutlicher Beweis für unsre neue Lehre.

Wenn man dieses Verzeichniss gallischer Wörter mit unbefangenem Blick betrachtet, so wird man gewiss nicht anders sagen können, als dass die gallische Sprache eine deutsche war, und dass die brittischen Sprachen mit Unrecht die keltischen genannt werden. Will man aber die Laute der gallischen Sprache streng mit den gothischen vergleichen, so ist zu bedenken, dass die gallischen Wörter, die uns erhalten sind, aus sehr verschiedenen Zeiten und aus sehr verschiedenen Orten herrühren, und daher ohne Zweifel auch verschiedenen Dialekten angehören. Es wird daher ein festes Gesetz für das Verhältniss der gothischen zu den gallischen Lauten nicht aufgestellt werden können; im Allgemeinen aber dürfen wir sagen, dass der Stand der gallischen Vocale und Consonanten ein älterer als der gothische ist. Wie unserm *û* in *bruodar*, goth. *ô*, *brôthar*, lateinisch *ā*, *frater* entspricht, so dem ahd. *uo* in *bruoch*, gallisch *ā* in *brācca;* wie gothisches *f* und *d* in *fadar* lateinischem *p* und *t* in *pater* begegnet, ebenso begegnen gothisch *f* und *d* in *fidur* gallischem *p* und *t* in *petor*. In anderen Fällen finden wir die Laute schon auf der gothischen Stufe. Anlautende *b* und *g* bleiben. Es sollte jedoch hier der gallische Wortvorrath nicht vollständig gesammelt werden, er wird sich besonders durch die Inschriften und die Eigennamen noch beträchtlich vermehren lassen. Erst wenn eine grössere Menge gallischer Wörter vorliegt, wird es möglich sein, die gallische Lautlehre und das wenige, was sonst von gallischer Grammatik ermittelt werden kann, zu behandeln. Noch einmal bemerke ich, dass ich die Pflanzennamen aus Marcellus und Dioskorides absichtlich nicht berücksichtigt habe: man muss von Wörtern ausgehen, deren Form sicher ist; erst wenn man einen festen Boden gewonnen hat, kann man die Forschung auch auf weniger sichere Wörter ausdehnen. Deswegen habe ich mich hier auf die 40 gesammelten Wörter beschränkt, welche, wie ich meine, hinreichen, um meine Lehre zu begründen.

Wir haben gesehen, dass die erhaltenen gallischen Wörter der deutschen Sprache angehören. Dass die gallische Sprache keine der pseudokeltischen brittischen war, ergiebt sich noch auf anderem Wege. Wäre nämlich die kymrische Sprache in ganz Gallien gesprochen worden, so müssten doch eine grosse Menge kymrische Wörter in die französische Sprache übergegangen sein. Es ist aber auffallend, wie wenig französische und romanische Worte auf das Pseudokeltische zurückgeführt werden können. In Norditalien behielten die gallischen Bewohner ihre Sprache sehr lange bei; es sollten daher in den norditalischen Dialecten manche keltische Wörter vorkommen; aber Diez etymolog. Wörterbuch der romanischen Sprachen S. X. sagt: „Wer keltische Reste von einiger Erheblichkeit erwartet, wird sich bald getäuscht sehen.“ In Frankreich selbst ist Diez überall geneigt, einen sogenannten keltischen Ursprung der Wörter anzunehmen. Aber dennoch sagt er S. XVI.: „Das Uebergewicht des deutschen Elements über das alteinheimische ist eine unläugbare Thatsache, und jedes Sträuben gegen seine Anerkennung eine Thorheit. Wahrlich, die Römer müssen reine Arbeit gemacht haben, als germanische Völker sich in Gallien festsetzten.“ Wirklich ist es zum Erstaunen, wie wenig Wörter Diez für keltische Wörter gelten lassen kann. Und doch glaubt Diez daran, ohne den mindesten Zweifel, dass die kymrische Sprache in Gallien gesprochen wurde, und ist daher sehr geneigt, wo es nur sein philologisches Gewissen gestattet, ein kymrisches Wort in einem französischen wiederzufinden.

Betrachtet man die wenigen kymrischen Wörter, die als gallische in die romanischen Sprachen Eingang gefunden haben sollen, so wird man sie sehr unerheblich finden, und bei den meisten oder bei allen wird man bedenklich sein. Einige haben wir schon erwähnt unter *isarn*, *betula*, *becco*, *didoron*. Einige andere mögen hier noch betrachtet werden.

barre, *barrer*, *barrière* u. s. w. soll das kymrische *bar* sein. Nun giebt es drei kymrische *bar*, das erste bedeutet Spitze, das zweite Betrübniss, das dritte Riegel. Offenbar kann nur das dritte in Betracht kommen. Diess aber ist schwerlich etwas anderes als das englische *bar;* denn die kymrische Sprache hat ebenso englische Wörter aufgenommen, wie die bretonische französische. Es ist also durchaus kein Grund vorhanden, das französische Wort aus dem kymrischen herzuleiten. Dagegen finden wir in den deutschen Sprachen *sperran*, *sparro*, die Wurzel, die unläugbar mit den französischen Wörtern im Zusammenhang steht. Es ist möglich, dass die romanischen Wörter aus dem Deutschen kommen, es ist aber auch möglich, dass ihnen eine ältere, einfachere Form des Wortes zu Grund liegt. Jedenfalls finden die romanischen Wörter ihre Erklärung nicht in der brittischen, sondern in der deutschen Sprache.

altfr. *brigue*, ital. *briga*, Zank und Bewerbung, *briguer*, *brigand* u. s. w. sollen keltisch sein; doch gewährt, wie Diez selbst bemerkt, kymrisch *brig*, Gipfel, nur im Buchstaben Anlehnung. Die brittischen Sprachen geben keinen Aufschluss, in den deutschen ist allerdings eine Wurzel *brig* nicht zu finden. Aber wir haben gesehen, dass die gallische Sprache in den Lauten auf einer ältern Stufe stand, als die gothische. Nehmen wir nun an, dass das romanische Wort gallischen Ursprungs sei, und dass die Wurzel gallisch *prig* lautete, woraus die romanischen Sprachen *brig* erweichten, so würde gothisch *frik* das entsprechende sein, und diess ist wirklich vorhanden und mit passender Bedeutung: *faihu-frik*, geldgierig, unser frech.

Keinen Zusammenhang hat diess *brigue* mit *briga*, *briva* in Ortsnamen, *Juliobriga*, *Nertobriga* u. s. w. Das erste hatte gallisch *p*, wenn unsere Erklärung richtig ist, dieses aber hat *b*. Es ist, wie ich glaube, nichts anderes als unser Brücke, das ganz ebenso zur Bildung von Städtenamen dient, wie *briga*. Auch Zeuss 758 hat gall. *briva*, *pons*.

Chemin, mlatein *caminus*, Weg, soll kymrisch sein. Allerdings giebt es kymrische Wörter, die in Laut und Bedeutung ähnlich sind, *cam* m. Schritt, *caman* f. Weg, *camas* f. Aufzug, aber keines, das ganz genügt. Aus den deutschen Sprachen ist das Wort nicht genommen; aber es fragt sich, ob nicht ein altgallisches Wort zu Grund liegt, das in anderer Gestalt sich im Deutschen findet. Altgallischem *camin* würde gothisch *himin* entsprechen; diess ist *coelum*. So sonderbar auf den ersten Blick diese Zusammenstellung scheint, so halte ich sie doch, wie im Laut, so auch in der Bedeutung für erlaubt; und zugleich ist damit die andere Bedeutung des Wortes *caminus*, Rauchfang, zu verbinden. In den ältesten Wohngebäuden der Gallier und Germanen war, wie das noch jetzt an manchen Orten der Fall ist, die Thüre zugleich das Kamin. Der Weg also, auf dem der Rauch und die Menschen aus der Hütte hinausgiengen, hiess *caminus*, dann überhaupt der Weg. Diese Oeffnung aber befand sich oben, da die Wohnstätte in die Erde eingegraben war (man sehe Wackernagel über *tung* in Haupts Zeitschrift 7); es hiess also die Decke der Wohnung *caminus*, *himins*, Himmel. Diess ist wohl die ursprüngliche Bedeutung des Wortes, die Decke, der Himmel; und weil in oder an der Decke der Wohnung der Eingang und zugleich das Kamin war, so erhielt das Wort auch die Bedeutung Weg und Kamin.

Es werden sehr wenige französische Wörter übrig bleiben, die sicher aus dem kymrischen erklärt werden können. Wäre wirklich die altgallische Sprache dieselbe gewesen, die in der kymrischen noch erhalten ist, so müsste eine viel grössere Zahl altkymrische Wörter ins Französische übergegangen sein.

Dagegen ist ein Ergebniss der Forschungen von Diez, dass das deutsche Element in den romanischen Sprachen viel beträchtlicher ist, als man früher glauben wollte. Diez aber geht bei der Herleitung aus dem Deutschen nicht weiter zurück, als auf unsre ältesten erhaltenen Sprachquellen. Er glaubt nicht, dass deutsche Elemente früher in die romanischen gekommen sein können, als seit der Völkerwanderung, seit romanisches Gebiet von deutschen Völkern besetzt war. Sobald aber die gallische Sprache selbst keine andere war, als die deutsche in einer ältern Gestalt und mit dialektischer Verschiedenheit, so wird die Sachlage eine ganz andre. Jetzt können manche Wörter, die offenbar deutsch sind, schon vor der Einwanderung, aus der alten gallischen Sprache in die romanische aufgenommen worden sein; und Wörter, die bis jetzt räthselhaft sein mussten, weil sie aus den deutschen Sprachen nicht hergeleitet werden konnten, erhalten eine natürliche Erklärung. So konnte Diez dem altfranzösischen *braie* (Hose) unmöglich einen deutschen Ursprung zugestehen; denn aus dem deutschen *bruoch* konnte es unmöglich entstanden sein; aber diesem *bruoch* muss ein älteres *brâca* vorhergegangen sein, und von dieser gallischen Gestalt des deutschen Wortes kommt das französische.

Ebenso ist unverkennbar, dass *chemise* und *hemede* in Zusammenhang stehen; aber es war unmöglich, das französische Wort vom deutschen herzuleiten. Das Wort kann nicht erst seit der Einwanderung nach Frankreich gekommen sein. Aber die ältere Gestalt des deutschen Wortes, wie sie die alten Gallier gebrauchten, war *camithia*, woraus *camisia*, *chemise* wurde.

So kann auch *framboise* nicht aus *Brombeere* entstanden sein, und doch ist es ohne Zweifel dasselbe Wort. Das ahd. *bramberi* muss auf älterer Lautstufe *frambasi* gewesen sein; so klang das Wort im Gallischen, und daraus entstand das französische *framboise*.

Nachdem nun hinreichend, wie mir scheint, aus den Wörtern erwiesen ist, dass die Sprache der Gallier nicht die kymrische, sondern im weitern Sinne die deutsche war, bleibt noch übrig, die Eigennamen der Kelten zu untersuchen.

B. NAMEN.

Ausser den wenigen Wörtern, die uns von den keltischen Sprachen gerettet sind, besitzen wir eine nicht unbeträchtliche Anzahl keltischer Namen, und die Betrachtung derselben muss ergeben, ob sie deutsch sind oder brittisch. Die deutschen Namen sind grossentheils zusammengesetzt aus bedeutsamen Wörtern; und wir finden bei allen Völkern deutschen Stammes ziemlich die nämlichen Namen wieder. Wenn daher die Deutschen wirklich Kelten sind, so ist zu erwarten, dass wir bei den ältern keltischen Völkern dieselben Personennamen finden, wie bei den spätern Deutschen, ehe diese römische, griechische, hebräische, biblische Namen annahmen. Es ist dabei aber zu bedenken, dass bei den alten Schriftstellern Personennamen fremder Völker gewöhnlich sehr entstellt sind. Wir sind nicht sicher, einen Namen richtig überliefert zu haben, wenn wir ihn nicht bei verschiedenen, von einander unabhängigen Schriftstellern gleichlautend oder durch Inschriften bestätigt finden. So heisst z. B. der von Fabius a. Chr. 121 besiegte König der Arverner und Allobrogen bei den Schriftstellern Bituitus, Bittitus, Bituis, Bittus; alle diese Formen sind falsch; der Name lautet Betultus in den Fasti consulares und ebenso bei Valerius Maximus IX, 6. Ebenso heisst wohl auch der Gallier, welcher den Mithridates vom Leben erlöste. Ohne den urkundlichen Marmor wären wir nicht im Stand, den Namen zu erkennen.

Betrachten wir die keltischen Namen im Allgemeinen, so muss auffallen, dass darunter viele Composita sind, deren zweites Glied *marus, rix* und *gnatus* ist. Wir bleiben vorerst bei diesen stehen. Die Composita mit *marus* hat Zeuss S. 19 gesammelt: *Virdumarus, Indutiomarus*, aus Caesar; *Civismarus* aus Livius; *Atepomarus* aus Plutarch, und aus Inschriften: *Marcemarus, Auctomarus, Iantumarus. Excicomarus, Solimarus* und *Solimara. Atismara, Bellatumara, Illiomarus, Segomarus, Nertomarus, Dacomarus.* Dazu kann ich nachtragen: *Combolomarus*, ein König der kleinasiatischen Galater, Livius 38, 19, und *Chiomara*, die tugendsame Gemahlin des galatischen Königs *Ortiagon*, Plutarch und Valerius Maximus;

Elviomarus, wenn richtig gelesen, auf Münzen aus Pannonien (Duchalais, médailles gauloises).

Die Composita mit *rix* finden sich bei Zeuss S. 25: *Ambiorix, Dumnorix, Lugetorix, Orgetorix, Cingetorix, Vercingetorix, Eporedorix* bei Caesar; *Bojorix* bei Livius, und aus Inschriften *Albiorix, Ateporix, Bellorix, Togirix, Caturix, Toutiorix, Vassorix, Magiorix, Elvorix.* Dazu kann ich nachtragen: *Adiatorix* aus Strabo 543 und Cicero ad divers. II, 12; *Gezatorix*, Strabo 562 im Gen. *Γεζατόριγος*, wozu wahrscheinlich auch Polybius 25, 4 *Γαιζατόριγος* statt *Γαιζατόριος*; *'Ατεπόριγι* ist wahrscheinlich Strabo 560 herzustellen statt *Τεπορ*γι; *Sinorix* bei Polyaenus VIII, 39 und Plutarch; *Τορηδοριξ* in Asien bei Plutarch de virt. mulier 44; *Cantorix* auf Münzen, Duchalais 437; *Visurix*, auf einer Inschrift bei Mommsen, i. helvet. 298; kaum glaublich ist, dass der letzte ein Frauennamen ist, wie Mommsen meint. Die Composita mit *gnatus* stehen bei Zeuss S. 19: *Critognatus, Boduognatus* aus Caesar, *Eposognatus* aus Livius; *Karsignatus* aus Polybius; *Ategnata, Senognatus, Arignatus, Meddignatius* aus Inschriften. Dazu kann ich nachtragen: *Catugnatus*, ein Allobroge, Dio Cassius 37; *Cassignatus, dux Gallorum*, Livius 42, 57; *Eposognatus* auch bei Polybius. Der Arverner *Epasnactus*, Caes. VIII, 44 sollte wohl ebenso heissen. Vielleicht gehört hieher auch jener *Βαθάνατος* oder *'Αθάνατος*, für — *γνατος*, bei Athenaeus VI. 234, der die Skordisker an die Donau führte. *Cintugnata, Camulognata*, Inschriften in Alfred Maury, Camulus, mémoires des antiquaires de France, 19.

Diese Namen waren nicht auf ein keltisches Volk beschränkt, sondern wir finden sie bei allen keltischen Völkern: *Combolomarus* und *Chiomara* in Kleinasien, *Civismarus* in Spanien; Namen auf *rix* in Gallien, Italien, Kleinasien; ebenso Namen auf *gnatus*. Wenn also die Germanen Kelten sind, so ist zu vermuthen, dass bei ihnen eben solche Namen vorkommen. Diess ist nun auch der Fall. Namen auf *marus* oder *merus* und *rix* oder *ricus* sind so häufig bei allen germanischen Völkern, dass es unnöthig ist, Beispiele anzuführen. Dagegen kann bezweifelt werden, ob Namen auf *gnatus* vorkommen. Es gibt kein deutsches Wort *gnat*, dagegen gibt es ein altirisches

Adjectiv *gnâth, consuetus;* und dieses irische Wort scheint also dafür zu sprechen, dass jene Namen eher aus den brittischen als den deutschen Sprachen erklärt werden können. Nun aber werden, so viel ich weiss, keine irischen Namen mit *gnâth* zusammengesetzt. Und, was entscheidend ist, wir wissen, dass das gallische *gnatus* nicht *consuetus* bedeutet. Diess geht deutlich daraus hervor, dass die nämliche Frau in einer Inschrift *Cintugnata*, in einer andern *Cintugena* genannt wird, siehe Alf. Maury l. c. Wenn wir also Inschriften einer Frau *Camulognata* finden, und bei Caesar VII, 57 einen Mann *Camulogenus*, so ist deutlich, dass dieser *Camulognatus* hiess, und dass *gnatus* mit *genus* übersetzt wurde. Nun müsste gallisches *gnât* oder vielmehr *gnâth* nach ganz regelmässigem Lautübergang gothisch *knôd* lauten, und richtig heisst gothisch *knôd genus.* Althochdeutsch finden wir *chonot, genealogia, chnuat, natura, framchnuat, propago, einchnuadil, insignis.* Es kann also nicht im mindesten bezweifelt werden, dass das Wort *gnatus* der gallischen Namen sich in den deutschen Sprachen wiederfindet. Dagegen zur Bildung von Namen ist das deutsche Wort vielleicht weniger gebräuchlich. Doch ist es deutlich enthalten als erstes Glied in *Chnodomarius*, dem Alamannenkönig bei Ammianus Marc. Aber auch als zweites Glied möchte ich es in deutschen Namen wiederfinden; es hat nur vor dem *n* den Guttural eingebüsst und lautet *nôt: Adalnôt, Ansnôt, Fridunôt, Gêrnôt, Sigenôt* u. s. w. Hierher stelle ich auch unbedenklich den Namen des Gottes *Sahsnôt, Saxneát;* es ist derjenige Sohn Wodans, von dem die Sachsen abstammen. Freilich müsste angelsächsisch eher *Saxneád* mit *d* für *t* erwartet werden; allein das ahd. *t* ist richtig, und kaum wird man doch *nôt* in *Adalnôt* ein anderes Wort sein lassen als in *Sahsnôt.* Dass aber der Guttural in der Mitte des Worts ausfiel, entweder noch auf der früheren Stufe als *g,* oder erst auf der spätern als *ch,* wird nicht auffallen. Diese Namen erhalten auf diese Weise eine viel bessere Erklärung, als wenn man *nôt* als goth. *naud*, ahd. *nôt, necessitas* auffasst.

Wir finden also die drei Wörter, welche die keltischen Sprachen als zweites Glied zusammengesetzter Namen verwenden, ebenso in den deutschen Sprachen gebraucht. Es könnte sich etwa durch Zufall fügen, dass ein gleichlautendes Wort in zwei verschiedenen Sprachen die gleiche Anwendung hat; es könnte etwa *marus* als zweites Glied der Eigennamen ebenso im Gallischen wie im Deutschen vorkommen, und doch könnte gallisch *marus* ein ganz anderes Wort als das deutsche sein, und auf Verwandtschaft der Sprachen und der Völker könnte daraus nicht geschlossen werden. Aber wenn die drei gewöhnlichsten Schlussglieder der Namen, *marus*, *rix*, *gnatus* sich ebenso im Deutschen wie im Keltischen finden, so kann diess nicht mehr ein zufälliges Zusammentreffen sein, sondern es folgt daraus, dass die keltischen Sprachen den deutschen sehr nah verwandt waren. Zudem ist *gnatus* ein Wort, das nur im Deutschen die Bedeutung hat, die ihm durch gleichzeitige Uebersetzungen gesichert ist. *rex*, *rig*, *reiks* ist ein Wort, das der lateinischen, deutschen und brittischen Sprache gemeinsam angehört, und das keltische *rix* könnte daher ebensowohl aus dem brittischen, als aus dem deutschen erklärt werden. Aber *mâr* kommt zwar ebenso im brittischen vor, wie im deutschen, ist aber dort ein ganz anderes Wort. Deutsch *mâri* ist *illustris*, *praeclarus*, irisch *mâr* ist *magnus*. Beide Bedeutungen würden passen. Es versteht sich, dass dem gallischen Wort unbedenklich langes *a* gegeben wird, obgleich Propert. 5, 10, 41 *Virdumari* mit kurzem *a* gebraucht wird. Aber wenn noch zweifelhaft sein könnte, ob die gallischen Namen aus dem Brittischen oder aus dem Deutschen zu erklären sind, so müsste die Entscheidung zu Gunsten des Deutschen durch den Umstand gegeben sein, dass die keltischen Namen nicht nur im zweiten Glied, sondern auch im ersten mit den deutschen übereinstimmen. Es finden sich ganz dieselben Namen als keltische, die uns als deutsche bekannt sind. Unter denen auf *marus* und *rix* sind folgende zu merken:

Auctomarus (Gruter. 733, 1) ist bei Tacitus Ann. II, 16 *Actumerus*, wofür bei Strabo 292 *Ούκρομιρος* geschrieben steht. Vielleicht ist *Actu*, *Aucto*, oder *όκτο*, wie wohl Strabo schrieb, nichts als das Zahlwort; *actumerus* ist derjenige, der achtfachen Ruhm besitzt.

Civismarus. Das erste Glied ist wohl dasselbe, das auch in *Chiomara* erscheint. Entweder haben wir zwei Formen des Wortes, wie in deutsch *sigu* und *sigis*, oder das *s* gehört zu *smârus*, da die Sanskritwurzel *smr* ergiebt, dass *mârus* aus *smârus* entstanden sein muss. Doch ist das *s* schon früh verschwunden. Von Deutschen dieses Namens weiss ich freilich nur einen anzuführen, der sehr zweifelhaft ist, nämlich jenen *Julius Chimarus*, der dem Germanicus ein Denkmahl setzte, und der wohl ein Barbare sein konnte, der den Namen Julius führte, wie jener Procilus Caes. 1, 47 den Namen Valerius führte, weil er von einem Valerius das Bürgerrecht erhalten hatte. Eine *Chioberga* im Testament der Erminthrudis von 700, Brequigny CCL. Das Wort *Civis*, *Chio* ist deutsch; gothisch *heiva*, *domus*, *familia*, in *heivafrauja*, οἰκοδεσπότης; ags. *hîva*, *domesticus*, *hîvcûd*, *familiaris* u. s. w., ahd. *hîwo*, *conjux*, *hîwiski*, *familia* u. s. w., neuhd. nur noch in Hei-rath und in dem Jägerausdruck eine Kitte Hühner, was wohl nichts anders ist als *gahîwida*, *familia*, wofür aber jetzt gebildete Jäger Kette sagen. Es versteht sich, dass *hîva* das lateinische *civis* ist, aber nicht entlehnt.

Dacomarus könnte vielleicht *Dancomarus* sein, ahd. *Dancmar*.

Indutiomarus kann mit keinem deutschen Namen verglichen werden. Aber da das Wort *Indutio* nur in diesem Namen vorkommt, so bezweifle ich, ob es richtig gelesen ist, obgleich er auch bei Cicero und bei andern vorkommt. Die Schreiber konnten sehr leicht an das lateinische *Indutiae* denken. War einmal aus Caesar der Name *Indutiomarus* geläufig, so wurde auch bei andern Schriftstellern so geschrieben. Darf aber geändert werden, so liegt es nahe, an den deutschen Namen *Inguiomerus* zu denken, und also etwa *Inguviomârus* zu lesen.

Wenn diese Namen zweifelhaft waren, so ist dagegen ganz sicher *Segomârus* (Orelli 2123) unser *Sigumâr*, *Segimêr*.

In dem gallischen *mârus* entspricht das *â* gothischen *ê*, ahd. *â*. Dagegen haben wir gesehen, dass in *brâca* und *gnâtus* gallisches *â* gothischen *ô*, ahd. *uo* entspricht. Es gibt also zweierlei gallische *â*, oder das gallische *â* steht noch auf der Stufe des sanskritischen *â*, welches ebensowohl griechisch *η* als *ω* wird.

Gehen wir über zu den Namen auf *rix*, so ist *Ambiorix* unser Emmerich, alt *Ambricho*, *Ambricus*; und *Albiorix* unser Alberich,

Elberich. *Bojorix* ist bei Livius der Name eines Bojerfürsten, bei Plutarch eines Königs der Kimbern. *Caturix* wäre Hadurich.

Toutiorix ist unbedenklich Dietrich. Denselben Namen glaube ich auch im galatischen Adiatorix zu erkennen. Ein *a* wird öfter fälschlich vorgeschoben; bei Cicero steht *ad Adiatorigem*, was sehr leicht aus *ad Diatorigem* entstanden sein kann. *Diato* ist aber dasselbe Wort, das in *Dejot-arus* in andrer Form erscheint; es ist unser Diot.

Ich knüpfe hier einige andere Namen an, die bei Kelten und Germanen dieselben sind. Diess gilt gleich von einem der berühmtesten und ältesten deutschen Namen, *Ariovistus*. Als deutscher Name steht er noch bei Vopiscus, in einem Brief des Valerian an Aurelian: *tecum erit Hartomundus, Haldegastes, Hildemundes, Carioviscus*. Denselben Namen trägt ein gallischer König in Italien bei Florus, und also in den verlornen Büchern des Livius, *Ariovistus*, in der historia miscella III im Genitiv *Ariobistonis*. Der gallische König *Ἀνηροιστος* bei Polybius ist ein anderer, aber der Name scheint in griechischer Entstellung derselbe zu sein. So haben wir also zwei gallische *Ariovistus* in Italien im 3. Jahrhundert v. Chr., und zwei germanische.

In Spanien erscheint im Jahr 214 v. Chr. ein gallischer *Moenicaptus* (Livius 24, 42). Vielleicht ist der Name nicht ganz richtig geschrieben, aber unverkennbar ist es derselbe Name, der später bei den Franken *Meingôz* lautet.

Brennus, der bekannteste gallische Name, wird gewöhnlich aus den brittischen Sprachen erklärt, und im kymr. *brennin, rex* wiedergefunden; allein diess junge Wort ist, wie Zeuss S. 162 zeigt, aus *brigentin* entstanden, kann also nicht der altgallische Name sein. Zunächst steht der Name des Canninefaten *Brinno*, Tacitus hist. 4, 15. Man kann sich sehr einfach mit der Wurzel brennen begnügen. Doch könnte auch an *wrenno, warannio*, Hengst, gedacht werden.

Bei Polybius erscheint ein Anführer gallischer Soldtruppen im carthagischen Heer, ein *Autarit;* die deutschen Namen *Optarit, Ofterid, Ohtrit, Aderit*, wohl auch *Audarit*, für welche letzte Form ich jedoch keinen Beleg zur Hand habe.

Der gallische König *Magilus*, der aus Italien zu Hannibal nach Spanien kam, würde gothisch *Mēkila*, Schwertchen heissen, wenn das *a* lang ist. Ueberhaupt finden wir häufig gallische Namen mit der Bildung *ilus*, wofür die Römer gern *illus* schrieben. So jener *Procilus* bei Caesar, und die Allobrogen *Adbucilus* (cf. *Adbogius* Steiner 440) und *Raucilus*, Civ. III, 59: der Arverner *Celtilus*, und der Aeduer *Cavarilus*; wohl auch *Ζήλας* bei Photius und Memnon, und die Centurionen aus der Legion der alaudae, *Cotyla* und *Nucula*, Cicero philipp. 13, und *Camula*, ad Attic. 5, 21. Namen von ganz gleicher Bildung sind in den deutschen Sprachen so häufig, dass es unnöthig ist, Beispiele anzuführen, wie *Ulfilas*, *Totilas* u. s. w.

Bei Livius wird 5, 35 aus alter Zeit ein gallischer Anführer *Elitovius* genannt. Mit diesem Namen ist nichts anzufangen; verwandelt man aber das *E* in ein *C*, so ist *Clitovius* fast dasselbe, wie *Chlodovius* bei den Franken. Das erste Glied ist urverwandt *κλυτὸς*, und das zweite ebenso *via*: also derjenige, dessen Weg ruhmvoll ist.

Bei Livius 44, 26 heisst der Anführer der gallischen Miethtruppen des Perseus *Clondicus*. Diese Gallier sind durch ihre aus Reitern und Fussgängern gemischte Schlachtordnung als Germanen kenntlich. Es sind die Bastarnen, die bei Livius 40, 58 ebenfalls unter *Clondicus* gegen die Dardaner Krieg führen, wie sie auch von Plutarch im Aemilius Paulus genannt wurden. Bei Appian S. 531 werden sie Geten, und ihr Anführer *Cloelius* genannt. Ein *Clondicus* oder *Claodicus* ist bei Orosius und in der historia miscella ein König der Kimbern. Auch dieser Name, jedenfalls ein deutscher, da er bei den Kimbern vorkommt, scheint entstellt zu sein, vielleicht ebenfalls aus *Clodovius* oder *Clodovicus*.

Besonders deutlich sind die Namen der kleinasiatischen Galater als deutsche zu erkennen. Die Gallier wurden nach Asien geführt von *Leonorius*, Livius 38, 16, *Λεωνόριος* Memnon bei Photius, *Λεονόριος* bei Strabo. Bei Gregor Tur. in der vita S. Aridii 17 kommt ein *Leonacter* vor, was wohl falsch geschrieben ist vielleicht für *Leonachar*. Möglich ist, dass der Name in den noch üblichen Leonhard übergieng, den ich zuerst Gregor Tur. VII, 15 finde. So sehen wir, dass auch *Leutharius* und *Leuthardus* verwechselt werden, Paulus diac. de gestis Langob. 2, 3. Der Name enthält als zweites Glied *hari*, als erstes wahrscheinlich *laun*, *praemium*, das auch im Namen *launebodes* bei Fortunat II, 9 erscheint. Doch kann man auch an das seltene *geliune* (Gestalt) denken.

Der zweite Führer der Galater heisst bei Livius *Luterius* oder *Lutarius*, ebenso bei Memnon *Λουτάριος* oder *Λουτούριος*. Das ist wohl *Leutharius*. Bei Strabo 191 heisst der Vater des *Bitultus*, des oben erwähnten Arvernerkönigs, *Λουέριος*. Hier ist wohl ein *t* ausgefallen, und es ist *Λουτεριος* herzustellen. Dagegen bei Caesar VII, 5 hat der Cadurcer *Lucterius* ein *c* zuviel bekommen.

Der galatische König *Deiotarus* ist *Diuthari*, *Theuthari*.

In *Adiatorix* habe ich schon mit Unterdrückung des *a* einen Dietrich gefunden.

Ateporix ist gesichert durch *Atepomarus*. Dieser letzte Name scheint der nämliche zu sein, welchen Jornandes aus gothischen Heldenliedern erhalten hat, *Etherpamara*, *Ethespamara*.

Plinius 8, 64 und nach ihm Solinus 45 erzählen nach Phylarchus von einem Galater *Centaretus*, der bei Aelian *Κενταράτης* heisst. Der Name klingt sehr deutsch; doch ist nicht sicher, ob *retus* zu *rit*, oder *rêdus* zu *rât*, *Centa* zu *hund* oder *gund* gehört. Bei Graff steht ein Name *Cundarat*.

Polyaenus 4, 17 kennt unter *Antigonus* einen Galater *Βιδηριος*; das ist *Witheri* bei Graff.

Der Gemahl der Chiomara heisst bei Valerius Maximus *Orgiagon*, Gen. —*gontis*; bei Livius und Plutarch *Ortiagon*. Es ist ein Name, in dessen zweitem Glied man *gund* erkennt.

Wenn wir auf die christliche Zeit übergehen, so finden wir unter römischen und biblischen Namen in Gallien noch andre, die nur gallisch sein können.

Der erste Apostel der Gallier soll *Austremonius* gewesen sein. Es ist uns hier gleichgültig, ob er ein Jahrhundert früher oder später lebte; denn jedenfalls ist er lange vor der Völkerwanderung geboren. Bei Gregor Tur. 1, 28 steht *Arvernis Stremonius*; sollte diess nicht *Austremonius* sein? Der Name ist gallisch und dabei ächt deutsch, und liefert uns den Beweis, dass die Gallier ebenfalls wie die Germanen die Göttin *Ostara* anbeteten; denn *Austremonius* heisst derjenige, welcher im Schutz der *Ostara* steht. *mon* ist dieselbe Endung wie in dem ebenfalls gallischen Namen *Segemon*, entsprechend dem spätern deutschen *mund*, *manus*, welches nichts anderes ist als das urverwandte lateinische *manus*, mit einem unorganisch angetretenen *d;* die gallische Form ist noch von diesem Zusatze frei, und die Namen *Segemon* und *Austremon* sind nicht Entstellungen, sondern die älteren besseren Formen der Namen *Sigumund* und *Austremund.* Ein *Austremundus* ist Zeuge in einer Urkunde von 627: Breguigny 64.

Ausonius Burdigalensis, der Dichter der Mosella, ist geboren 309. Er nennt seine aus dem Innern Frankreichs stammenden Verwandten, seinen Schwager *Erminiscius*, seine Schwestertochter *Megentira*, seinen Oheim *Arborius.* Alle diese Namen, die nur altgallisch sein können, klingen ganz deutsch, wenn schon sie gerade so vielleicht nicht nachgewiesen werden können. Das zweite Glied *tira* in *Megentira* findet sich häufig im Polyptychon Irminonis.

Genovefa lebte zu Anfang des fünften Jahrhunderts und ist genannt in der vita S. Germani, die gegen Ende desselben Jahrhunderts geschrieben ist. Der Name war also in Gallien gebräuchlich vor der Einwanderung der Franken; er ist deutsch, aber auch gallisch.

Ein Bischof im dritten Jahrhundert heisst *Genulfus*, Bolland. 16. Jan. Zwei Bischöfe im vierten Jahrhundert heissen *Illidius* und *Leogontius*, Bolland. 5. Juni. Diese drei Namen sind zwar nicht geradezu deutsch, haben aber doch deutschen Klang.

So ist durch Beispiele hinreichend erwiesen, dass die Namen der alten Gallier deutsch waren, und dass auch unter der römischen Herrschaft und in der christlichen Zeit diese deutsch-gallischen Namen in Gallien nicht ausser Gebrauch kamen, obgleich man auch römische und biblische annahm. Gehen wir nun weiter herab, um die Namen, die vom fünften Jahrhundert an in Gallien üblich waren, zu betrachten, so können wir in dieser spätern Zeit nicht mehr mit Sicherheit bestimmen, ob ein Name von den alten Galliern ererbt, oder von den Germanen mitgebracht ist. Man ist jetzt der Meinung, dass alle Bewohner Galliens, welche vom fünften bis neunten Jahrhundert deutsche oder deutschklingende Namen führen, nicht der alten romanischen Bevölkerung angehören, sondern den eingewanderten germanischen Völkern zugezählt werden müssen. Da sich nun aber herausstellt, dass weitaus der grössere Theil der Bevölkerung, und dass gerade die untern Klassen, die Leibeigenen und Sklaven solche deutschklingende Namen führten, so würde es unbegreiflich sein, erstens wie es kam, dass die Eroberer, die Herrn und Besitzer des Landes sogleich herabsanken zu Knechten der Besiegten, und zweitens wie die Sprache der weit überwiegenden Mehrheit, die deutsche, in der Sprache der fast ausgerotteten Romanen untergehen konnte. Denn die Urkunden und Geschichtsquellen, insbesondere die Schriften des Gregor von Tours, das Testament des Remigius, das Polyptychon Irminonis lassen darüber keinen Zweifel, dass die biblischen und römischen Namen viel seltener waren, als die von germanischer Bildung, und dass hauptsächlich die arbeitenden Klassen, die Landbewohner und Leibeigenen solche Namen von germanischer Bildung trugen. Man täuscht sich also, wenn man glaubt, dass die Gothen, die Burgunden, die stolzen, freien Franken in dem Land, das sie erobert hatten, als Herrn auftreten, und den unterdrückten Romanen die Lasten des Lebens aufbürden wollten; im Gegentheil, sie hatten wahrscheinlich nur aus herzlichem Mitleiden mit dem Schicksal der Romanen ihre Heimath verlassen, um diesen Unglücklichen, denen sie die geistlichen und weltlichen Würden und die ruhigen Klöster überliessen, mit ihrer Kraft und ihrem Fleiss als Knechte das Leben zu erleichtern. Wie anders wäre es zu erklären, dass um 800 die Mönche der Abtei S. Germain zu Paris einige Tausende von Leibeigenen besassen, die fast alle, nach den Namen zu schliessen, von fränkischer Herkunft waren? Und müsste nicht, nach dieser Annahme, noch im neunten Jahrhundert fast die ganze Bevölkerung von Neustria, die doch schon viel früher *romana* heisst, deutsch gesprochen haben? Wie ist es in diesem Fall zu erklären, dass bald nachher die französische Sprache im ganzen Lande allein im Gebrauch ist?

Solche Schwierigkeiten begegnen der Annahme, dass die deutschen Namen nur Deutschen angehören. Vielmehr kann nicht daran gezweifelt werden, dass es die romanische Bevölkerung war, bei welcher diese deutschklingenden Namen herkömmlich waren. Es gibt dafür einige bestimmte Zeugnisse. In einer alemannischen Urkunde vom Jahr 920 (bei Neugart DCCV.) werden romanische und alemannische Richter geschieden; unter den romanischen kommen vor: *Starculfus*, *Ebroinus*, *Ercenbertus*, *Meroaldus* u. s. w. Hier also ist sicher erwiesen, dass Romanen deutschklingende Namen führten. Goldast gibt im 3. Band der scriptores rerum alemannicarum aus einem sehr alten Codex von S. Gallen ein Verzeichniss von Eigennamen aus der Schweiz, und zwar zuerst aus der deutschen, Alemannia theutonica, dann aus der welschen, Alemannia Curiensis et Burgundionensis; die Männernamen aus der welschen Schweiz sind grösstentheils von deutscher Bildung, während die Frauennamen grösstentheils römisch und biblisch sind. Bei Fredegar 29 ein *Richomeres genere Romanus*; ib. 78 *Chramnelenus genere Romanus*. Hieher möchte ich auch die Urkunden XIV und XV bei Neugart rechnen, in welchen auf römisches Recht, auf die „*estibilationis Aquilianis*, *Arcatianis leges*" oder „*aquiliani arcacani leias*" Bezug genommen wird. Beide sind vom Jahr 745, und sie tragen die Namen *Cauzoinus*, *Lancottus*, *Baldoaldus*, *Qualpoaldus*, *Quolfuinus* u. s. w. Diese Namen sind deutscher Herkunft; aber eine Bevölkerung, für welche römisches Recht galt, war gewiss keine deutsche, sondern eine romanische. Die Urkunden sind in vico Ghiberatë (Gebhartsweil, nicht weit von Wallenschwanden in der Nähe von St. Gallen) ausgestellt.

Hier muss ich den Gang der Untersuchung unterbrechen, um eine andere Frage, die sich aufdrängt, zu beantworten. Ist es nämlich erlaubt, von romanischer Bevölkerung des Cantons S. Gallen im achten Jahrhundert zu sprechen? Hatte früher die romanische Bevölkerung der Schweiz eine grössere Ausdehnung als jetzt? Unsre Geschichtschreiber scheinen nicht daran zu zweifeln, dass in Alemannien seit dem Ende der Römerherrschaft, ungefähr 282, und in Baiern, seit Odoaker die Romanen nach Italien führen liess, die Bevölkerung eine rein germanische war, mit Ausnahme der kleinen Strecken in den Alpen, in welchen die Romanen bis auf unsre Zeit fortdauern.

Mit einem Schlag soll das ganze ehemals römische Gebiet der Schweiz und Deutschlands ein völlig deutsches Land geworden und die römische Sprache nach einer Herrschaft von mehreren hundert Jahren von der deutschen spurlos verdrängt worden sein. So verhält sich die Sache keineswegs. Die romanische Bevölkerung verschwand nicht plötzlich, und die romanische Sprache verstummte nicht an einem Tag.

Am Bodensee wurde im siebenten Jahrhundert noch romanisch gesprochen. Als Columban von Arbon nach der zerstörten Stadt Pregentia kam, befahl er seinem Begleiter Gallus, zum Volke zu reden: *„quia ille inter alios eminebat lepore latinitatis, nec non et idioma illius gentis."* Der Herausgeber der vita St. Galli in Pertz monumenta II. ist der Meinung, dieses *idioma* sei das alemannische, und schon Walafried Strabo scheint die Stelle so verstanden zu haben, da er sie in seiner vita St. Galli so umschreibt: *quia ipse hanc a Domino gratiam meruit, ut non solum latinae sed etiam barbaricae locutionis cognitionem non parvam haberet.* Allein diess ist ein Irrthum. Das Volk war ein romanisches; denn wenn es ein deutsches gewesen wäre, so hätte Columban nicht denjenigen seiner Begleiter, der am besten lateinisch sprach, auserwählt, um zu ihnen zu sprechen. Gerade weil St. Gallus geübt im Lateinischreden war, konnte es ihm nicht schwer fallen, zu den Bewohnern von Bregenz zu reden, die ein lateinisches *idioma* sprachen, das er sich schnell aneignen konnte. Auch hätte sich der Verfasser dieser vita des Ausdrucks *idioma illius gentis* gewiss nicht bedient, um die alemannische Sprache zu bezeichnen, da er unverkennbar selbst ein Deutscher ist, und die Alemannen *nostrates* nennt. Ferner kann jenes *idioma* nicht ein deutsches gewesen sein, weil St. Gallus gar nicht deutsch verstand. Es wird nämlich in der angeführten Lebensbeschreibung des Heiligen weiter erzählt, dass im Jahr 613 zu Constanz eine Synode gehalten wurde. Es waren gegenwärtig der dux Cunzo, der gewöhnlich zu Iburinga (Ueberlingen) wohnte und über die ganze Gegend herrschte, die principes Suevorum, die Bischöfe von Augustodunum (Basel?) und Speier mit Geistlichen und Laien, und aus ganz Alemannien die Geistlichen und eine unzählige Menschenmenge. Johannes, der Schüler des Gallus, wurde zum Bischof von Constanz erwählt und unter dem beistimmenden Rufe der Menge von den beiden genannten Bischöfen geweiht. Nachdem hierauf der neue Bischof ein Amt gehalten hat, begibt sich Gallus auf allgemeines Bitten mit seinem Zögling auf einen erhöhten Platz, um das Volk zu belehren. Er erzählt dem versammelten Volk die ganze heilige Geschichte von der Schöpfung an. Hier nun findet sich die merkwürdige Angabe, dass Gallus zum Volke geredet habe, indem Johannes seine Worte übersetzte: *antistite preceptoris sui verba interpretante.* Hier also, wo ein grosser Theil der Zuhörer Alemannen waren, hier wo deutsch gesprochen werden musste, kann St. Gallus nicht unmittelbar zum Volke reden, sondern muss seine Worte durch einen neben ihm stehenden Freund Satz für Satz verdeutschen lassen. Bei Walafried Strabo lautet die Stelle: *assumpto Johanne Episcopo gradum ascendit, eo videlicet pacto, ut ipse quidem aedificationis instrumenta colligeret, episcopus vero ad utilitatem Barbarorum bene prolata interpretando transfunderet.* Schon Goldast (S. 389) bemerkt, dass diese Stelle mit der obigen, dass Gallus in Bregenz *barbarice* gepredigt habe, im Widerspruch stehe. Also Gallus war der deutschen Sprache nicht mächtig; diejenigen also, zu denen er wegen seiner Uebung im Lateinischen vorzüglich zu reden geeignet war, konnten nur Romanen sein. Es ist also erwiesen, dass im siebenten Jahrhundert die romanische Sprache noch bis an den Bodensee reichte, wenigstens auf der oberen Seite bei Bregenz.

Es wird noch einer andern Predigt des Gallus gedacht, die er zu Arbon kurz vor seinem Tode hielt. Dabei wird nichts von einem Dolmetsch gesagt, und man wird schon darum wahrscheinlich finden, dass auch in Arbon die Einwohner romanisch waren. Diese Wahrscheinlichkeit wird zur Gewissheit durch folgende Erzählung, die sich im zweiten Buch der erwähnten vita St. Galli findet. Vierzig Jahre nach dem Tod des h. Gallus durchzog ein gewisser Ortwinus praeses mit einem grossen Heere einen Theil des Thurgau's, verbrannte Constanz und Arbon und plünderte und mordete überall. Die Arbonenser flüchteten mit ihrer besten Habe zu der Zelle des h. Gallus und vergruben dort ihre Schätze. Aber ein tribunus Erchanoldus, der, weil er in der Nähe zu Haus war, die ganze Gegend kannte, spürte sie auf und fand das vergrabene Gut. Um noch mehr zu finden, öffneten die räuberischen Schaaren sogar das Grab des Heiligen, und hoben den Sarg auf, indem sie sagten: *isti Romani ingeniosi sunt, ideo sub loculum bona sua absconderunt.* Bei Walafrid Strabo werden sie *Retiani* genannt: *quia isti Retiani calliditate naturali abundant, videamus ne quippiam sub hac archa occulti remaneat.* Also noch zu Ende des siebenten Jahrhunderts finden wir nicht nur in Bregenz, sondern auch in Arbon eine romanische Einwohnerschaft.. Und wenn wir erfahren, dass jener schreckliche Ortwinus praeses auf seinem gegen die Romanen gerichteten Plünderungszug auch Constanz verbrannte, so kann kaum bezweifelt werden, dass auch diese Stadt bis dahin eine romanische geblieben war. Als S. Gallus in Constanz lateinisch predigte, verstanden ihn ohne Zweifel die Bewohner von Constanz, aber für die herbeigeströmten Alemannen, für den dux Cunzo aus Ueberlingen musste seine Rede deutsch wiederholt werden. Wären nur deutsche Zuhörer versammelt gewesen, so hätte St. Gallus gewiss nicht für nöthig gefunden, seine lateinische Rede selbst zu halten, sondern er hätte seinen Schüler allein sprechen lassen.

Hier muss ich auch die Götterbilder in Bregenz erwähnen, welche als ein Beweis dafür gelten sollen, dass die heidnischen Alemannen wirkliche Bildsäulen ihrer Götter besassen. Da wir gesehen haben, dass die Bevölkerung von Bregenz eine romanische war, so versteht es sich von selbst, dass die vergoldeten Bildsäulen, welche dort in einer christlichen, der heiligen Aurelia geweihten Kirche als die alten Götter und Beschützer der Stadt verehrt wurden, der römischen Mythologie angehörten. Das römische Heidenthum war in diesen Gegenden noch nicht völlig unterdrückt, als die Barbaren eindrangen. Zur Zeit als das Christenthum römische Staatsreligion wurde, gab es zwar in Rätien schon längst Christen, aber die Zahl der Heiden war gewiss noch weit überwiegend. Später konnten schon die Massregeln der Kaiser zur Hebung des Christenthums und zur Unterdrückung des Heidenthums in diesen bedrohten Grenzländern schwerlich ausgeführt werden; und die kaum gegründeten christlichen Kirchen kamen aus allem kirchlichen Verbande heraus und sanken in ihrer Verwahrlosung fast wieder zum Heidenthum herab. Als nun die eindringenden

Barbaren den romanischen Christen und den romanischen Heiden mit gleicher Gefahr drohten, vergassen diese ihres Unterschiedes, schlossen sich dem gemeinschaftlichen Feind gegenüber eng an einander, und verehrten in derselben Kirche, die wohl früher ein römischer Tempel gewesen war, ohne Unterschied den Gott der Christen, und die heilige Aurelia, und Jupiter, Apollo und Diana, oder drei andre römische Götter. Ganz denselben Zustand finden wir in Baiern. Als Valentin um 440 nach Passau kam, also in eine damals noch ganz romanische Stadt, so fand er daselbst keine Christen, sondern Heiden, die ihn vertrieben. Ebenso hatte der Bischof Virgilius von Trident, der in seinem Bekehrungseifer in den rätischen Alpen gegen 400 den Tod fand, nicht mit deutschem, sondern mit römischem Heidenthum zu kämpfen. Aribo im Leben des h. Emmerams sagt mit Anspielung auf 1 Cor. 10, 20, es sei damals in Baiern das Blut Christi und der heidnische Opfertrank aus einem und demselben Kelche genossen worworden: *sed habitatores eius (Radasbonae) neophyti eo in tempore idololatriam radicitus ex se non exstirpaverunt, quia ut patres calicem Christi communem et daemoniorum suisque filiis propinabant.* Es ist hier nicht gesagt, ob von deutschem oder römischem Heidenthum die Rede ist. Aber da die Baiern wahrscheinlich schon als Christen einwanderten, und Radasbona eine altrömische Stadt ist, so kann auch hier an Reste des römischen Heidenthums gedacht werden.

Auch diese Fortdauer des römischen Heidenthums beweist, dass die romanische Bevölkerung und die römische Sprache nicht mit einemmal verschwand. Dass noch im 10. Jahrhundert in oder bei St. Gallen Romanen wohnten, geht hervor aus einer anmuthigen Geschichte, die in Ekkehardi casus St. Galli erzählt wird (Monum. II, 121): *Cum Ekkehardus (I) esset elemosinarius, jocundum quiddam de eo dicemus. Hominem quendam domesticum cum ad hoc quidem destinaverit ut si quos ei pauperes vel peregrinos diceret, clam in domo ad hoc decreta lavaret, raderet, vestitos reficeret, et noctibus jussos ut nemini dicerent, a se emitteret, accidit quadam die, ut ei contractum, Gallum genere, carruca advectum ut solebat committeret. Quem ille grossum quidem et crassum cum toto virtutum adnisu, clauso super se solos ut jussus est ostio, vix in vas lavacri pro-*

volveret, maledicens, erat enim irascibilis: Vere, ait, simpliciorem quam dominum meum hodie nescio hominem, qui cui bene faciat discernere nescit: mihi quoque tam pinguem helluonem dorso sustollere injunxit! At contractus cum aqua sibi lavacri nimis videretur calida, rustice: cald, cald est, ait. At ille quoniam id Teutonum lingua „frigidum est“ sonat: et ego, inquit, calefaciam, haustamque de lebete fervent lavacro infudit aquam. At ille cum clamore horrido: Ei mi! cald est! cald est! ait. Enimvero, ait ille, si adhuc frigidum est, ego hodie, si vixero, tibi illud caleficabo! et hauriens adhuc ardentiorem infundit. At ille bullientis aquae fervorem ferre non sustinens, oblitus contracturae, citus assurrexit, lavacro exilivit, ad ostium recludendum, ut fugeret, velociter currens, cum pessulo aliquamdiu luctatur. Sed et (famulus) hominem ubi deceptorem vidit, titionem semiardentem ab igne dicto citius rapiens, grandes sine numero nudo infregit. At Ekkehardus turbam et voces in superiori domo audiens acriter in utrumque, cum citius descenderet, teutonice et romanice invectus est, hunc cur falleret, illum cur sibi ad puniendum hominem non reservasset, increpitans. Eia, ille dixit, mi domine severe! tute ei corniculum abmorderes, et plures quam ego nunc illusori infringeres! Enimvero longe aliud ageres; scelestum vestitum et saturum noctu a te deosculatum dimitteres, quod ut te novi et hodie facturus es. Et ille, o servum, ait, furciferum! an non licet mihi facere quod volo? Et caetera. His peractis castigatum quidem verbis hominem et ne facinus tale unquam repeteret jurare coactum abire permisit. Dieser Ekkehard starb 973. Bald nach ihm schrieb Notker seine deutschen Uebersetzungen bis 1022. Auch dieser kennt das Romanische, z. B. Psalm 89, 5: *romani chedent vulgariter, in uualescun, fure decies centum, descent.* Im Marc. Cap. *electrum heizet in uualescun smaldum.* Und Psalm 65, 12 übersetzt er *imposuisti homines super capita nostra, du menniscon saztost ubar inseriu houbet* und gibt zu *menniscon* die Erklärung: *uualaha de stabulo, poponiscos, scismatichos inter monachos.* Die Erzählung des Ekkehard und die Stellen des Notker zeigen, dass Romanen in der Nähe von St. Gallen wohnten; Notker sagt *vulgariter* von der Sprache der Romanen: und *walaha* sind ihm, wie den Angelsachsen *veal* nicht Ausländer, sondern Leute des niedrigsten Standes; man kann daher diese Stellen nicht von entfernteren romanischen Gegenden verstehen. *Gallus genere* bei Ekkehard heisst nicht etwa ein aus Frankreich eingewanderter, sondern einer der Welschen, die bei St. Gallen selbst die ärmeren Volksklassen bildeten.

Noch 1616 sagt Guler von Weineck, Landamman auf Davos in seiner Rätia: „ich habe noch alte Leute im Wallgau (an der Ill bei Feldkirch) gekannt, die grob rätisch (d. i. romanisch) reden konnten; sonsten ist anjetzo allein die deutsche Sprache bei ihnen bräuchlich.

Wie am Bodensee, wohnte auch im Salzburggau und im Attergau im 7. und 8. Jahrhundert noch eine zahlreiche romanische Bevölkerung. Der heilige Rupert erhielt im Jahr 670 vom Herzog Theodo 80 Romanen geschenkt, die im Salzburggau in verschiedenen Orten wohnten, und Romanen im Attergau; dem Nonnenkloster in Salzburg schenkte Herzog Theodbert nicht weniger als 116 Romanen mit ihren Gütern in verschiedenen Orten des Salzburggau's und ausserdem 80 Romanen, die an der Traun wohnten, und 3 Romanen im Attergau. Ebenso schenkte Tassilo, der 788 abgesetzt wurde, 30 Romanen nach Salzburg, und noch mehrere Mal werden Romanen und das Dorf *vico romanisco* erwähnt. Siehe *Arnonis annotatio* bei Canis. II, 485, 488, 493, 494, und hin und wieder in *breves notitiae* bei Canis. VI, 1147. Die ebendaselbst öfters genannten *Walarseo* und *Walardorf* sind wohl als *Walahseo* und *Walahdorf*, der welsche See, das welsche Dorf, zu verstehen.

Hier muss auch angeführt werden, dass romanische Namen von Männern und Frauen in Urkunden aus Deutschland nicht selten sind, z. B. in Freisinger Urkunden von 828 die Namen *Secundina*, *Marcellina*, *Orilius*, *Dominicus* u. s. w. Meichelbeck S. 279. Schon Vadianus (bei Goldast III, 49) findet es bemerkenswerth, dass in den ältesten alemannischen Urkunden häufig romanische Namen vorkommen, und er sieht darin einen ganz sichern Beweis, dass die romanische Sprache nur allmählich von der deutschen verdrängt worden sei. Vadianus hatte jedoch noch weitere Urkunden vorliegen, als wir in Neugart's Codex diplom. In diesen sind die romanischen

Namen doch nicht häufig. In den traditiones Wizenburgenses begegnen noch öfters romanische Namen, z. B. CCIII vom Jahr 700 ein *benefacio;* CCXL vom Jahr 699 *iustinus, bonefacio, constantinus,* u. s. w.

Ausser diesen deutlichen historischen Zeugnissen sind auch viele Ortsnamen ein Beweis weiterer Ausbreitung der Romanen in Deutschland. Recht gut hat schon Aegidius Tschudi in seiner Alpina Rhaetia aus den Ortsnamen *Montfort, Amisum, Montiglen, Walgau* erwiesen, dass die welsche Bevölkerung bis zum Bodensee herabreichte, und aus den Namen Wallenstatt, *lacus rivanus*, *Tertzen*, *Quarten, Quinten, Sewes, Wesen, Schennis, Gastern* u. s. w., dass sie über den Wallen- und Zürchersee hinausreichte. Rumanishorn, Walahwilare, Walasseldon, Wallenschwanden in Thurgau und Zürich, der Walchengau mit dem Walchensee und Walchenfluss, Traunwalchen, Strasswalchen, Einwalhesdorf (Pez, thes. VI, 1, 36) und andre in Baiern haben ihre Namen von den welschen Bewohnern; ebenso *Walohstetti*, jetzt Waldstetten im wirtenbergischen Amt Balingen, Walahse, jetzt Waldsee in Wirtenberg, Walahischinga, jetzt Wilzingen bei Zell an der Donau, Walahpah, jetzt Wollbach bei Kandern in Baden, und Romaninchova, jetzt Rümmingen ebendaselbst. Im Elsass *villa quae dicitur uualohom*, tradit. Wizenb. XXI, und *ab belohom* LX. Das alte Walah wurde nicht mehr verstanden, und daher bald in Wolle, bald in Wald verwandelt. So ist zu vermuthen, dass die vier Waldstätte am Rein, Waldshut, Laufenburg, Säckingen und Reinfelden eigentlich die vier welschen Städte sind, die wie Constanz, Arbon und Bregenz noch von Romanen bewohnt waren, als schon rings umher die Alemannen wohnten. Sollte nicht auch der Vierwaldstättersee nicht von Wäldern, sondern vielmehr von vier welschen Städten den Namen haben?

Sollte sich nicht in der ältesten und glänzendsten Colonie der Römer in Deutschland, in Augsburg, die römische Sprache am längsten erhalten haben? Bei der gänzlichen Zerstörung des alten bischöflichen Archivs fehlen hier alle sichere Zeugnisse.

Wenn erwiesen ist, dass die romanische Sprache auf dem altrömischen Boden in Deutschland nur allmählich verschwand, so darf man sagen, ob sich keine in Deutschland entstandenen romanischen Schriften erhalten haben. Jene beiden Urkunden von 745, in welchen römisches Recht erwähnt wird, sind eher romanisch als lateinisch verfasst. Es scheint mir aber, dass wir ein wichtigeres Denkmahl dieser deutschromanischen Sprache besitzen, in den Cassler Glossen. Wenn nicht Friedrich Diez in Haupts Zeitschrift VII S. 396 behauptet hätte, dass der Verfasser dieser Glossen in den nördlichen Provinzen Frankreichs romanisch gelernt habe, so möchte ich vermuthen, dass sie von einem Baiern bei deutschen Romanen aufgezeichnet wurden. Der Verfasser war, wie auch Diez annimmt, sicherlich kein Romane, sondern ein Deutscher, und zwar ein Baier. Die Glosse *articulata altee minimus minnisto*, das ist *articulata* (eine Entstellung aus *auricularis)* oder, *minimus* heisst der kleinste Finger; dieses deutsche *altee*, oder, entscheidet, dass der Schreiber ein Deutscher war. Er war ein Baier, denn er schreibt im bairischen Dialekt, und die Worte: *sapienti sunt pajoari, stulti sunt romani* kann nur ein Baier geschrieben haben. Er ist kein Geistlicher, denn es kommt im ganzen Glossar kein Wort vor, das auf die Beschäftigung und die Lebensweise eines Geistlichen hinweist. Zudem hätte ein Geistlicher, der doch immerhin etwas lateinisch verstehen musste, nicht nöthig gehabt, sich Wörter wie *homo, caput* u. s. w. aufzuzeichnen. Er war aber auch kein Adliger. Denn nichts deutet auf ritterliche Lebensweise; nicht einmal die Namen der gewöhnlichsten Namen der Waffen kommen vor. Auch war es nicht Wissbegierde oder der Trieb, sich gelehrte Kenntnisse zu erwerben, was unsern Baiern veranlasste, diese Wörter aufzuzeichnen; sonst hätte er sich nicht romanische, sondern lateinische Wörter gemerkt, und nicht nur solche, die sich auf die Gegenstände des alltäglichen Lebens beziehen. Der Verfasser unsers Glossars war ein Baier, der unter Romanen lebend, durch den täglichen Verkehr mit Romanen genöthigt war, einige romanische Worte verstehen und sprechen zu lernen. Er scheint der Vorsteher einer Landwirthschaft gewesen zu sein, vielleicht der Verwalter eines zu einem Kloster gehörigen Gutes, oder auch einer *villa regia*. Wenigstens sind hier fast lauter Dinge genannt, die auch in dem *capitulare* Karls des Grossen *de villis regiis* und in dem *specimen breviarii rerum fiscalium* (bei Eccard

Francia orient. II, 902) genannt werden. Er schrieb sich die Namen der Dinge auf, über welche er sich seinen romanischen Untergebenen täglich verständlich machen musste, die Namen der Glieder des Leibes, die Namen der Hausthiere, der verschiedenen Theile des Hauses und Hofes, der Kleidungsstücke und aller der Geräthschaften und Werkzeuge, die in einer grossen Landwirthschaft vorkommen. Er merkte sich ferner, wie er seine Knechte fragen könne, wie sie heissen und woher sie seien. Er schrieb sich die Befehle auf, die er täglich zu geben hatte, wie *va, fac, iterum, citius* und *tundi meo capilli, radi meo parba*. Er merkte sich auch, wie er seinen welschen Knechten den nöthigen Respect vor ihrem bairischen Gebieter einprägen könne, und schrieb sich auch die demüthige Antwort auf, die er von ihnen, auf die Frage, was sie wollten, gerne hörte: *multum necessitas est nobis, tua gratia habere.* Kurz es ist kein Wort in dem ganzen Glossare, das nicht zu dieser Ansicht von der Entstehung desselben passte. Da nun noch im achten Jahrhundert, wie wir gesehen haben, und also wohl auch zu Anfang des neunten, der Zeit, in welcher diese Wörter aufgeschrieben wurden, wirklich noch Romanen, und zwar als ackerbauende Knechte auf bairischem Gebiet in grösserer Zahl beisammenwohnten, so ist es gewiss das natürlichste, unsern bairischen Verwalter nicht in Italien oder Frankreich, sondern in Baiern selbst auf einem dieser romanischen Landgüter zu suchen. In diesem Falle müsste aber die romanische Mundart unsers Glossars am meisten Verwandschaft haben mit dem Churwelschen. Diess scheint wirklich der Fall zu sein. Die vielen Plurale auf *as*, wie *facias, maxillas, scapulas, ardigas, membras, vaccas, oviclas, aucas, segradas, pridias, pragas, fasselas, windicas, mufflas, idrias, crimailas, palas, sappas, saccuras, manneiras, falceas, planas, fomeras, silvarias, tinas, situlas*, und im Adjectiv *malas, bonas*, verbieten von vornherein an das Italienische zu denken, wo keine Nominative in *s* vorkommen. Im Altfranzösischen ist das *s* Zeichen des Nominativs, aber meistens nur im Singular; wo das *s* auch im Plural eintritt, lautet die Endung doch nicht *as*, sondern *es*. Dagegen ist churwelsch *s* und *as* die Endung des Plurals: *ils dents, las unglas*. Auch das *voccab. St. Galli*, das hier zunächst in Betracht kommt, hat die Endung *as*, *parietas*, *spicas*, *stellas*, aber seltener. Steub zur rhätischen Ethnographie sagt S. 80, dass er zur Wiederherstellung der romanischen Namen in Tirol und Vorarlberg sich möglichst ans Italienische hielt, aber dabei die italienischen Plurale nicht brauchen konnte, sondern sie durchweg durch *es* und *as* ersetzen musste; er musste also zur Erklärung der tirolischen Ortsnamen solche Plurale voraussetzen, wie sie sich wirklich in unserm Glossar finden. Aber auch der Wortvorrath, der sich fast ganz im Churwelschen wiederfindet, und die Gestalt der Wörter, die, wenn ich nicht irre, mehr mit den churwelschen als mit den französischen übereinstimmt, bestätigen die Vermuthung, dass die romanische Sprache unsers Glossars die der bairischen Romanen war. Z. B. *campa* ist churwelsch *comba*, aber französisch *jambe*. Hahn und Henne heissen hier *callus* und *galina;* beide Wörter sind im Französischen durch andere verdrängt, aber im Churwelschen erhalten, *giall* und *giallina*. *pala* ist churw. *pala*, franz. *pelle*. *maxilla*, churw. *massialla*, *massella*, nicht franz. — *scapulas*, churw. *schuvials*, nicht franz. — *calcanca*, churw. *calcoign*, nicht franz. — *polix*, churw. *pollish*, franz. *pouce*. *puledro* und *puledra*, churw. *puleder* und *puledra*, altfranz. *poutre*. So scheint meistens das Wort der Glosse dem Churwelschen näher zu stehen als dem Französischen. Vielleicht wird der gründlichste Kenner der romanischen Sprachen, dessen Urtheil entscheidend ist, seine frühere Ansicht nicht festhalten; meine Ansicht sollte hier nicht ausführlich begründet, sondern nur nicht ganz ohne Begründung ausgesprochen werden.

Kehren wir nach dieser Abschweifung zur Betrachtung der gallischen Namen zurück, so wird jetzt nicht mehr zweifelhaft sein, dass nicht nur die Bevölkerung germanischer Abkunft, sondern auch die Romanen Namen von deutscher Bildung führten. Jene Hunderte und Tausende von Leibeigenen der Abtei St. Germain in Paris müssen unbedenklich in ihrer Masse für Romanen gehalten werden, obgleich sie meistens deutsche Namen tragen. Damit soll nicht behauptet werden, dass nicht einzelne deutsche Sklaven in Gallien vorkamen;

diese waren aber nicht Franken, sondern Kriegsgefangene, und von Seeräubern Verkaufte, also Fremde; Franken selbst konnten wohl nur im Fall eines schweren Verbrechens ihre Freiheit verlieren. So ist es zu verstehen, wenn Bertichramnus episc. Cenomanensis († 632) in seinem Testament nicht nur romanischen, sondern auch barbarischen Leibeigenen die Freiheit schenkt: *similiter et famulos meos tam natione romana quam barbara, ut sunt Theodanes, Baianes, Baudesindes, Maurus, Austreharius* u. s. w. (Bréq. LVI, Bolland 6. Juni); wie er sagt: *quos de gente barbara comparavi, tam pueri quam puellae, qui a me empti noscuntur.* So steht im Testament des Remigius *Sunnoveifa, quam captivam redemi;* und *Friaredus, quem ne occideretur quatuordecim solidis comparavi.* Diese gekauften Sklaven mögen Germanen gewesen sein; aber die grosse Menge der ererbten Leibeignen können nicht anders als Romanen gewesen sein, obgleich sie grösstentheils deutsche Namen haben.

In dem Testament des Perpetuus, Bischofs von Tours vom Jahre 475 (Pardessus XLIX) kommen folgende deutschklingende Namen vor: *agrum, quem Aligarius mihi vendidit; thecam deauratam, quam Mabvinus fecit; Amalarius Presbyter*, *Dadolena virgo, Agilo comes.* Fränkische Namen können diess der Zeit nach nicht sein; *Agilo comes* ist vielleicht ein Gothe, die übrigen können fast nur Romanen sein.

In dem Testament des Aredius, Abbas Attanensis (in Limosin) vom Jahr 572 haben die *mancipia* meist romanische Namen, doch auch deutschklingende (Pardessus LXXX): *Leomeris, Armedio, Meroalido*, *Octardo, Mallostes, Antedia, Leotchardo*, *Gariobaudo, Ermentaria, Frontuino, Sanieldo, Burgonerus, Hildemodus, Francardo*, *Frangomere*, *Leobauda*, *Sonulfo*, *Baudonidia (-nivia?), Allovera; Benchardo*, *Friardo, Gundemero.* Die Namen sind wie immer bei Bréquigny und Pardessus höchst unzuverlässig abgedruckt: aber man sieht doch, dass die Sklaven nicht nur lateinische Namen und biblische, wie *Rustico*, *Claudio*, *Silvio*, *Johannes*, *Antonia, Maria* u. s. w. hatten, sondern auch deutsche, und man wird nicht umhin können, sie alle ohne Unterschied der Namen für Romanen zu halten. Ein *Leotchardo* hat eine Frau *Gaudiosa*, ein *Sanieldo* eine Frau *Marcella*, und eine *Ermentaria* einen Mann *Faustino;* gewiss waren Mann und Frau nicht von verschiedener Nation.

In der gleichzeitigen vita S. Austregisili, archiep. Bituricensis, der 624 starb, werden genannt ein *Meroaldus pauper*, *unus de pistoribus Leodomarus*, *quidam molendinarius Monulfus*, *puella Friovala, pauperrimus Leonastus* (Bolland. 22. Mai). Wenn zu Ende des sechsten Jahrhunderts in Bourges in Berry die Bettler, die Bäcker und Müller deutsche Namen hatten, so muss entweder die ganze romanische Bevölkerung ausgerottet gewesen sein, oder die Romanen hatten deutsche Namen.

In der von Venantius Fortunatus geschriebenen vita des Pariser Bischofs Germanus, der 576 starb, kommt vor ein *Sabarici famulus, Aesarius nomine; quidam in Exona vico de fiscalibus famulis Gildomeris nomine; Bobolinus quidam de vico Noviomo; quidam ex Nantharici familia; faber, Ligerius nomine; Magnofledis puella; Berethrudis quaedam mulier Munsunthi patrona; Emmegisilus de vico Bucciaco; quaedam Baudofeifa de Senecorbiaco villa; Moverta quaedam* u. s. w. Man sieht, dass nicht nur die Franken, sondern die ganze Bevölkerung der Umgegend von Paris solche deutschklingende Namen hatten (Bolland. 28. Mai).

In dem schon angeführten Testament des Remigius von Reims, sind die deutschen Namen sehr zahlreich. Es sind hauptsächlich folgende nach dem Abdruck in Bolland. 1. Oct. (S. 167), der ohne vorzüglich zu sein, doch viel besser ist als der ganz fehlerhafte bei Bréquigny, der bei Pardessus mit allen Fehlern wiederholt wird. *Dagaredus, Baudoleifus, coloni; ecclesiasticus homo Albovichius; Dagaleifus, Baudovicus, Uddulfus, Vinofeifa; Tennaredus; Nifastes*, dessen Mutter *Muta; Monulfus*, dessen Vater *Enias (Aeneas?); Mellovicus; Vernivianus cum filiis suis excepto Widragasio; Viteredus. Teneursolum Capalinum et uxorem suam Teudorosenam; Teudonivia; Edoveifa; Aregildus; Merumvastem servum et uxorem suam Menatenam, et eorum filium Marcovicum, ejus fratrem Medovicum; Amantium et uxorem suam Daero, eorum filiam Dasovindam; Alaricus; Bebrimodum et uxorem suam Moram, eorum filius Monacharius. Mellaricus* (wohl der nämliche Name, der oben

Mellovicus?), *Medaridus; Brittobaudes; Gibericus; Marcovicus; Helaria diacona; Cattusionem et Auliatevam conjugem suam; Leuberedum, Mellaridum, Mellatevam. Dagarasevam, et Baudorosevam, Leonis neptem, et Marcoleifum; Sparagildis; Flavarasevam; Modorosevam; Leudovera.*

Noch viel zahlreicher sind die deutschen Namen im Testamentum Erminethrudis, Paris um 700 (Pardessus CCCCLII): *pastor Gaugiulfo; mancipia Unnegiselo, Aunemundo et filias Patricio, id est Fedane et Ausegunde et Agnechilde et Baccione; Theodaharius et Garimundus: Immeredus, Munegisilo; Sevila; Deorovaldus filius meus; nepoti meo Bertigisilo; Agila femina; Immacharius, nepti meae Deorovarae; nepoti Berterico; Vincimalus; puella Sunnechilde, ancilla nomine Iveriae cum filio Leudino; nora mea Bertovara: mancipia Sunniulfo, Gibethrude, Tanechildem, Immegunthem, Immegisilum, Gundofredo, ancilla Thaigundem, Audechildem, Medigisilo. porcario nomine Gundilane, et Baudomere; Goderico et Gunderico; Leudulfo; Baudulfus; Sumthaharius; Pinpo; Uvassio; Theuderico, Leudefredo; Mediberga, Gundileuba, Sumthulfo, Ciuccira, Hicchicio, Chioberga, Sindereda, Angilo, Wandilo (uxor); Chaideruna, Childeruna, Thrasteberga, Thedachario, cum Sunnine uxon, Agio, Garilulfo, Daigisilo, Mudila, Munegisilo, Monechrude, Acchio, Leubosvintho, Gibulfo, Dommoruna, Childerimane, Childegiselo, Childegunthe, Chrodulfo, Asindeberga,* Monechilde, *Bauderuna; Walacharius, Gundefredo, Theoderuna, Septeredo, Goderuna, Theodonivia, Baudonivia, Dagarico, Aurovefa, Ciuncioleno, Blidemundo, Blidechilde, Manileubo, Trasila, Eumundo, Inneredo, Torigia, Chadulfo, Aridia, Roccula, Babicco, Gunthivera.*

Zur Zeit Gregors von Tours, im sechsten Jahrhundert, war in der Auvergne die altgallische Sprache neben der romanischen noch nicht ganz verschwunden. Um so weniger ist zu glauben, dass die Bevölkerung der Auvergne und andrer Theile des innern Frankreichs, eine germanische war. Einzelne barbarische Familien mochten sich überall niedergelassen haben; aber die Masse des Volks war ohne Zweifel romanischgallisch. Nun aber finden wir auch bei Gregor fast immer und überall deutschklingende Namen; in der hist. IV, 16 ein *Ascovindus, civis Arvernus;* V, 49 *Leudastes a servo Leocadio Pictavensi;* VII, 47 *Sicharius, Johannis filius, civis Turonicus, cum Austregisilo, cum Aunone et Eberulfo* u. s. w. Diese alle können nicht wohl Germanen gewesen sein. Mehr aber, als in der Geschichte, die hauptsächlich von den Franken handelt, tritt in den übrigen Schriften Gregors die Einwohnerschaft des innern Frankreichs hervor; überall finden wir deutschklingende Namen: *Anagildus quidam; Litomeris quidam infra terminum territorii Turonici in honorem sancti Martyris basilicam aedificavit;* in miracula II, 32 u. 50. Eine *beata Monegundis ex Carnoteno territorio,* confessores 24. Besonders de virtutibus St. Martini I, 22: *Leomeris quidam nomine servus cujusdam Andecavini,* 39. *Leomeria quaedam caeca;* II, 5. *quidam ex Autisiodorensi oppido Manlulfus;* 7. *alius gressu debilis nomine Leuboveus;* 9. *Gunthedrudis quaedam de Viromandénse territorio;* 13. *Ursulfus quidam ex Turonica civitate;* 15. *Merobaudus ex pago Pictavensi;* 18. *quidam ex Viennensi territorio Landulfus nomine,* 19. *Theudomeris Maronus,* 23. *quidam Vinastis nomine,* 33. *Andegava regio, de qua Allomeris quidam.* 39. *Aredius vir ex Lemovicino, Renosindus frater ejus.* 40. *Siulfus ex Cenomannicis;* 46 *puerulus quidam Leodulfus nomine,* III, 15. *Gundulfus quidam ipsius urbis civis;* 44. *Malulfus quidam Turonici territorii civis;* 51. *Cardegisilus, Santonicae urbis civis, cognomento Gyso.* IV, 5. *servus Theodulfi, civis Turonici,* 9. *clericus Dagobaldus;* 11. *Bliderícus quidam Carnoteni territorii civis:* 14. *Baudegisilus quidam ex Andegavensis urbis territorio, Baudulfi filius.* 17. *puerulus nomine Leudovaldus servus cujusdam Baudeleifi de vico Andegaviensi;* 18. *hujus territorii puella, Viliogundis vocabulo;* 20. *Leudardus servus;* 21. *Motharius civis Turonicus;* 23. *Ermegundis mulier Andecaviensis civis,* u. s. w.

Es kommen wohl auch römische und biblische Namen vor, aber die deutschklingenden sind so zahlreich, dass sie nicht allein den Germanen angehören können. In der historia VII, 36 *tune es ille, quem Ballomerem nomine saepius Galliarum incolae vocitabant;* wird doch ziemlich deutlich gesagt, dass Ballomeres ein Scheltwort war, das nicht die Franken, sondern die Romanen brauchten; *ballo* ist aber ohne Zweifel dasselbe Wort wie deutsch *balu, balo, balva, nequitia, pernicies*, z. B. in gothisch *balvavêsei*.

Nun werden wir nicht mehr anstehen, Personen, die in Verbindung mit Romanen genannt werden, für Romanen zu halten, wenn sie auch deutsche Namen führen. Die Familie der *Beata* oder *Pieta*, die in Urkunden von 744 mehrere Mal genannt wird (Neug. X. XII. XIII.), und deren Besitzungen im Thurgau und im Kanton Zürich liegen, wird eine romanische sein, obgleich dazu ein *Lantbertus, Landoaldus, Rekinbertus* gehört. In dem Testamente des Bischofs Tello von Chur v. 707 (bei Eichhorn episc. Curiensis Codex probat. N. II) stehen unter lauter lateinischen Namen einige deutsche wie *Teusinda, Odda, Anulfus, Vadardus*, die wohl auch Romanen angehörten.

Es ist auch auffallend, dass die Geistlichen so häufig deutsche Namen haben, da doch vermuthet werden darf, dass sich vorzüglich Romanen dem geistlichen Stand widmeten. In D'Achery Spicilegium IV, 229 steht ein im Jahr 838 verfasstes Verzeichniss der Mönche von S. Denys; es sind fast nur deutsche Namen.

Wenn wir also sehen, dass in allen Theilen des altgallischen Landes in allen Ständen die deutschen Namen vorherrschend waren, und wenn wir doch nicht annehmen dürfen, dass die romanische Bevölkerung fast ausgerottet war, so müssen wir zugeben, was überdiess durch ausdrückliche Zeugnisse bestätigt wird, dass die Romanen sehr früh und sehr allgemein deutschklingende Namen hatten. Wie soll man sich diess erklären? Sie waren Christen und Romanen; und doch sollen sie eine wahre Leidenschaft gehabt haben, statt ihrer christlichen und römischen Namen heidnische und barbarische von den verhassten Eroberern sich anzueignen. Diess könnte in einzelnen Fällen vorgekommen sein; aber dass eine ganze Bevölkerung auf diese Weise die alten Namen vergisst, ist doch nur unter ganz besonderen Umständen erklärlich. So ist das Umgekehrte in Deutschland vorgekommen; die Kirche setzte es durch, dass die alten germanischen Namen mit den Namen des Kalenders vertauscht wurden. Aber nur mit einem Wechsel der Religion ist ein solcher Wechsel der Namen möglich. In Gallien aber war diese angebliche allgemeine Annahme fremder Namen nicht durch die Religion gefordert, und nicht von der Macht der Kirche unterstützt. Der Wohllaut der barbarischen Namen kann die Romanen nicht gereizt haben, denn sie mussten sich dieselben erst mundgerecht machen; und aus Schmeichelei gegen ihre verhassten Unterdrücker werden sie ebenfalls nicht sich nach ihnen genannt haben. Kurz die ganze Erscheinung ist unerklärlich, wenn nicht diese deutschklingenden Namen eben keine andern waren, als die alten gallischen, die von jeher in Gallien üblich gewesen waren, und in der römischen Zeit vielleicht nur in den senatorischen Familien mit römischen vertauscht wurden. Nicht von den Franken, sondern von ihren gallischen Voreltern hatten die romanischen *Baudomeres*, *Ermentera* u. s. w. ihre Namen erhalten; und die Namen bei Perpetuus und Aredius bringen nichts neues von aussen her, sondern setzen den Faden fort, den wir bis zu dem *Arminiscius* und der *Megentira* des Ausonius und bis zur h. *Genovefa* ins 5. Jahrhundert herabgeführt hatten. So lange nur einzelne Vornehme hervortreten, ist der Faden dünn; so bald aber die Masse des Volkes in's Licht tritt, so ist man überrascht von der Menge der deutschklingenden Namen. Im Volke hatten sich die alten Namen fortgeerbt, während die höhern Stände gern fremde Namen angenommen hatten.

Aber allerdings wäre es höchst sonderbar, wenn diejenigen Namen, die die Romanen von ihren altgallischen Voreltern ererbt hatten, ganz dieselben gewesen wären, wie die der Franken, und von diesen in nichts unterschieden werden könnten. Es hatten zwar alle gallischgermanischen Völker wie dieselbe Sprache so auch dieselben Namen; aber wie in der Sprache doch ein Unterschied der Mundart sehr bemerklich ist, so müssen auch in den Namen die Stämme sich etwas unterschieden haben; und es ist nicht glaublich, dass die germanischen Völker, welche im fünften Jahrhundert in das römische Reich eindrangen, ohne allen Unterschied dieselben Namen führten, welche im römischen Reich bei den romanisirten Nachkommen der alten Gallier üblich waren. Diess ist nun aber auch keineswegs der Fall. Der erste Unterschied der Namen der romanisirten Gallier und der Germanen besteht darin, dass jene romanisirt sind, diese nicht. So finden wir bei den Alemannen in Urkunden von 691 und

744 den Namen *Rupertus*, *Roberto* (bei Neugart V. u. XIII.); daneben finden wir den Namen *Hruadberht*. Ebenso in Gallien ein *Robertus presbyter* um 709 (bei Pardessus II, 283), aber daneben ein *Chrodobrechtus*. Es ist diess derselbe Namen, aber die *Robertus*, *Rupertus* waren Romanen; die *Hruadberht* Alemannen, die *Chrodobert* Franken. So stehen sich gegenüber der Romane *Unebertus* und der Franke *Chunibrechtus*, und es ist unnöthig, weitere Beispiele, die überall zu finden sind, zu sammeln. Man muss jedoch gestehen, dass auf diese Weise ein sicheres Ergebniss nicht gefunden werden kann. Man wird auch die neuen Namen der Gothen, der Burgunder, der Alemannen, der Franken bald romanisirt haben; und es wird auf den Schreiber angekommen sein, welche Gestalt er den Namen geben wollte. War dieser ein Romane, und diess war ohne Zweifel der gewöhnliche Fall, so wird er die barbarischen Namen den ihm längst bekannten Klängen nahe gebracht haben; war er ein Franke, so wird er wohl auch den romanischen Namen in der ihm geläufigen Form gesprochen und geschrieben haben. Man wird also aus der mehr oder weniger romanisirten Form des Namens nicht mit völliger Sicherheit auf die Abkunft der Person schliessen können; und in den spätern Zeiten wird diess gar nicht mehr möglich sein.

Dagegen ist zu erwarten, dass unter den Galliern nicht gerade dieselben Namen und Namenbildungen üblich waren, wie unter den Franken. Es hatte doch jeder Stamm seine Lieblingsnamen, die bei andern Stämmen seltener oder gar nicht gebraucht wurden; und wenn das eine Volk als zweites Glied des Compositums ein Wort liebte, das bei andern Völkern nicht üblich war, so müssen ganze Reihen zusammengesetzter Namen zur Unterscheidung der Völker dienen können. Solche gibt es nun auch wirklich. Ausser den Namen, die allen gallischgermanischen Völkern gemein sind, finden sich bei den Romanen Namen, die zwar deutsche Bildung, aber doch bei allen Germanen ausser Gebrauch oder doch selten geblieben sind.

Dahin rechne ich zuerst die merkwürdigen Frauennamen, in denen als zweites Glied des Compositiums ein Wort *rasena* oder *raseva* vorkommt. Ich habe sie nur bei Remigius gefunden; es sind folgende 5: *Baudoroseva*, *Dagaraseva*, *Flavaraseva*, *Modoroseva*,

Teudorosena; bei Pardessus steht *Haudoresena*, und immer *n* für *v* und einige Mal *e* für *a*, also *Dagaresena.* Es ist höchst wahrscheinlich, dass *n* für *u* falsch gelesen ist; und wenn wir nun für *raseva* eine Erklärung suchen, so drängt sich die Vermuthung auf, dass auch *e* falsch gelesen ist für *c*; dann würden die Namen lauten: *Baudorascva, Dagarascva, Flavarascva, Modorascva, Teudorascva;* und *rascva* gehört zu unserm rasch, ahd. *rask*, das nach dem nordischen *rosk* goth. *rasqvus* gewesen wäre. Meine Herstellung wird bestätigt durch den Mannsnamen *Bicorascus* Pard. II, 371. Ich möchte auch den alten Namen bei Caesar *Moritasgus* in *Modirasgus* ändern, und im Femininum in der *Modorascva* des Remigius wieder finden. So zeigt sich diese Bildung der Eigennamen als eine gallische, die aus der deutschen Sprache ihre Erklärung erhält; aber bei den Germanen war sie nicht üblich; ich kenne keine deutschen Namen, die mit *rask* zusammengesetzt sind.

Eine andre Reihe gallischer Eiggennamen sind diejenigen, die auf *lenus, lena* ausgehen, z. B.: *Abelinus, Acolenus, Aclina* (Irm.), *Adalinus, Angesilinus, Ardolinus, Austrolenus, Auclinus, Autlina* (Irm.), *Babolenus, Bauslenus, Beppolenus, Bipplina* (Irm.), *Beccelenus, Buccelenus, Bertolenus, Bettolenus, Betlina* (Irm.), *Bladalinus* (Irm.), *Bodolenus, Bosolenus, Brandalenus, Ceslinus* (Irm.) *Chramnalenus, Chrodolenus, Chuncilinus, Ciunciolenus*(?), *Dagolenus, Dadolena, Datlina* (Irm.), *Domnolenus, Dracolenus* (Greg.), *Ebolena, Ermelenus, Etlenus* (Irm.), *Farlenus* (Irm.), *Frelinus* (Irm.), *Frotlina* (Irm.), *Gailenus* (Greg.), *Gauziolenus, Gundelinus, Helchilenus, Ibbolenus, Landelinus, Leodelenis, Magdolenus, Magnolenus, Maurolenus, Mummolenus, Papolenus, Nohelenus* (Irm.), *Ridelenus, Sigolenus, Waddolenus, Waldalenus, Wandalenus* (Irm., Gregor), *Waratlinus* (Irm.), *Watlinus* (Irm.), *Witulinus, Wulfolenus.* In dieser Liste, die nicht darauf Anspruch macht, vollständig zu sein, sind die Namen, deren Quelle nicht angegeben ist, aus Pardessus diplomata genommen. Einige davon mögen römisch gebildet sein, wie vielleicht *Mummolenus* von *Mummolus, Domnolenus* von *Domnolus*, mit der Ableitung *enus.* So vielleicht *Catulinus* und *Mudulenus* auf gothischen und fränkischen Münzen. Aber die meisten wie *Austrolenus, Chramnalenus, Frotlina* u. s. w. können nicht wohl auf diese Weise abgeleitet, sondern müssen mit *lenus* zusammengesetzt sein; wenigstens zeigt das erste Glied der Namen, dass sie nicht lateinisch sind. Es fragt sich nun, ob sie der romanischen oder der germanischen Bevölkerung angehören. Jene *Dadolena,* welcher *Perpetuus* von Tours im Jahr 475 ein goldnes Kreuz mit Reliquien vermacht, konnte nur eine Romanin sein. Dann finde ich noch im 5. Jahrh. im 12. der Briefe *ad Desiderium episc. Cadurc. fratres Frodolenus et Rucco.* Ferner wird *Chramnelenus* bei Fredegar 78 ausdrücklich ein Romane genannt. Es kann also nicht bezweifelt werden, dass diese Namen den Romanen angehörten. Aber ich bin nicht im Stande ein sichres Beispiel aus früherer Zeit und für die noch nicht romanisirten Gallier nachzuweisen, man müsste denn jenen *Corolamus, regulus Boiorum* bei Livius 33, 36 in einen *Corolainus* verwandeln, oder den *Concolitanus* bei Polybius, den *Bepolitanus* bei Plutarch (de virt. mul. 44) nicht ohne einige Gewalt hieher ziehen. Bei Caesar VI, 31 lesen statt *Catavolcus* einige Handschriften *Catavolenus.* Auf der andern Seite muss zugegeben werden, dass diese Namen nicht auf die Romanen beschränkt waren, sondern auch bei Germanen vorkommen. Zwar konnten auch Romanen *duces* im fränkischen Heere werden, wie jener *Chramnelenus ex genere romano* im Heere des Dagobert *dux* war; so kann also auch *Beppelenus, dux Francorum* bei Fredegar 12, *Uncilenus Alemannorum dux* bei Fredegar 8, *Wandelinus, nutritor Childeberti* bei Gregor VIII, 22, der *Dracolenus dux, qui dicebatur Industrius* bei Gregor V, 26 und *Gailenus, Merovechi familiaris* bei Gregor V, 19, diese alle können Romanen sein. Aber von dem *Bucilinus dux,* den Theudobert in Italien zurückliess, sagt Paulus diaconus II, 2, wenigstens in einem Codex, ausdrücklich *natione Alemannus,* und noch bestimmter sagt es Agathias. Auch die *Gudelina regina* bei Cassiodor X, 20 ist schwerlich eine Romanin; und in Donke cod. dipl. Fuld. 274 steht im Jahr 812 ein *Buoblinus.* Wir werden daher zugeben müssen, dass diese Bildung der Namen sich zwar hauptsächlich bei den romanischen Nachkommen der alten Gallier findet, aber seltener auch bei Germanen. Schwer ist die Bedeutung dieses *lenus* zu bestimmen. Ein Substantiv *lên* von passender Bedeutung ist in den deutschen Sprachen nicht zu finden. Dagegen führen Wörter wie *Chramnelenus*, *Wolfolenus*, wohl auch *Dracolenus*, *Helchilenus* leicht auf die Ansicht, dass *lenus* nichts sei als die Bildung des Diminutivs, unser lein; es wäre Räblein, Wölflein, Drächlein, Elchlein. *Bâbolênus* wäre ganz richtig *Buoblînus*, Büblein. Aber andre wie *Austrolenus* machen Schwierigkeiten, wenn man in *Austro* den Namen der Göttin sucht. Wer kann aber sagen, dass das lateinische Wort *oestrus* oder auch *ostrea* nicht auch im Gallischen urverwandt vorkam? Oesterlein ist noch ein deutscher Familiennamen. Diese Namen würden sich also zu Wörtern wie mhd. *kindelîn*, *schiflîn*, *heselîn* einreihen; und die Namen *Werbelîn*, *Swemmelîn*, *Etzelîn*, *Bloedelîn* wären von ganz gleicher Bildung, ja man dürfte *Etlinus* und *Bladalinus* des Irmino geradezu mit den spätern *Etzelîn* und *Bloedelîn* für identisch halten. Es ist vielleicht nicht zufällig, dass die Diminutivbildung *lîn*, lein gerade auf altgallischem Boden hervorbricht, nachdem zuerst die Bildung *il*, *ilo*, *ili* gegolten hatte. Die Franken und Alemannen mochten in ihrer Sprache *Wulfilo*, Gen. *Wulfilin* sprechen; weil aber in der gallischromanischen Bevölkerung das Wort als Namen noch vorhanden war, aber *Wulfilîn* gesprochen wurde, so liessen sie sich diese leichte Aenderung gefallen, und sprachen nicht mehr *Wulfilo*, *Wulfilin*, sondern *Wulfilîn*, *Wulfilînes*. So wäre es also die altgallische Bildung des Diminutivs, die zuletzt wieder in unsrer Sprache in der Form lein, neben der niederdeutschen Bildung chen zu allgemeiner Geltung kam.

Ganz eigenthümlich und nur auf Gallien beschränkt sind die Namen auf *ismus*, *isma* und *rismus*, *risma*. Sie finden sich im Polyptychon von S. Rémi und im Polyptychon Irminonis. Aus dem letzten sind folgende genommen: *Acledrisma*, *Aclisma*, *Aderisma*, *Adalgarisma*, *Agrisma*, *Agantismus*, *Aldisma*, *Aldrisma*, *Andrisma*, *Aurisma*, *Baldisma*, *Balsma*, *Bertisma*, *Daidrisma*, *Elisma*, *Elismus*, *Erlisma*, *Ermentisma*, *Florisma*, *Frodisma*, *Galdisma*, *Genismus*, *Gerisma*, (*Gerosmus*), *Generisma*, *Geirisma*, *Giurisma*, *Gendrisma*, *Godisma*, *Gundrisma*, *Ingrisma*, *Landisma*, *Landrisma*, *Leudisma*, *Leudrisma*, *Madrisma*, *Mandisma*, *Melismus*, *Natalisma*, *Nodisma*,

Petrisma, *Rainisma*, *Ragentisma*, *Sigrisma*, *Solisma*, *Teodisma*, *Verisma*, *Waldisma*, *Waldrisma*, *Waltismus*. Eine *Angadrisma* in der vita S. Ansberti archiep. Rotomag. † 695 (Boll. Febr. tom. II, 347). Aus dem Namen *Angilisma*, der im Polypt. S. Rémi vorkommt, ist *Angoulème* entstanden, im Testament des *Bertichrammus* von 615, *Engolismum*. Dieser Ortsname berechtigt auch die *Osismi* bei Caesar hieherzuziehen; und so ist die Bildung als eine altgallische erwiesen. Zur Erklärung des Wortes *ismus* weiss ich nur den deutschen Namen *Immo*, *Emma* anzuführen, der aus *Ismo*, *Esma* entstanden sein könnte, aber in Deutschland nie als zweites Glied eines zusammengesetzten Namens erscheint. Das *r* in *rismus* scheint immer zum vorhergehenden Glied des Compositums zu gehören, wie in *Adalgar-isma;* also *Leudr-isma*, *Landr-isma*, *Gundr-isma*, deren erste Glieder die verkürzten Namen *Leudari*, *Landari* (?), *Gundari* sein möchten. Sind in *Petrisma*, *Florisma* auf gleiche Weise fremde Namen mit dem gallischen Bildungswort verbunden worden?

Diese Beispiele mögen genügen, um zu zeigen, dass die deutschklingenden Namen der romanischen Nachkommen der alten Gallier keineswegs ganz dieselben sind, wie diejenigen, welche im fünften Jahrhundert mit den Franken und Gothen nach Frankreich kamen; es können darum diese Namen nur die altgallischen sein, die sich besonders in den untern Volksclassen auch während der römischen Herrschaft forterbten, später den fränkischen Namen begegneten und sich mit ihnen vermengten, und endlich im neunten Jahrhundert in den Güterverzeichnissen der Klöster in so überraschender Menge zum Vorschein kommen.

Alle diese gallischen Namen, sowohl die alten aus der heidnischen Zeit, als die spätern romanischen sind ohne Zweifel von deutscher Bildung und aus der deutschen Sprache zu erklären. Die Namen sowohl wie die übrigen erhaltenen Wörter beweisen, dass die gallische Sprache nicht wesentlich von der deutschen verschieden war.

Betrachten wir dagegen die brittischen Namen, so haben diese ein ganz anderes Aussehen, und können weder mit den gallischen noch mit den deutschen verglichen werden. Einzelne gallische Namen finden wir allerdings auch bei den Britten; z. B. bei Caesar einen König in Cantium *Cingetorix;* aber wir wissen aus Caesar, dass gerade in Cantium belgische Einwanderer wohnten und dass belgische Geschlechter in Britannien herrschten. Aber nicht brittische Namen, wie bei Tacitus: *Calgacus, Caracatus* oder *Cataratacus* oder *Caractacus, Venutius, Prasutagus;* oder bei Gregor von Tours: *Chanao, Macliavus, Chonomores, Bodicus* (der übrigens einen Sohn *Theodoricus* hat), *Warochus, Wennocus;* und *Condedus* in der vita S. Ansberti (Boll. Febr. II, 347); *Hibisbogius, filius Nomengii,* in der translatio Corp. S. Ragnoberti aus Saec. IX (Boll. 16. Mai); in der sehr merkwürdigen vita des Bischofs Samson von Dola in Armorica Saec. VI: *Eltut, Juniavus, Juduałus* (Boll. Juli VI, 568); *Killena, Totnan, Arnuval* im Leben des h. Kilian; ferner *Mochoemoc, Crummhoel, Fachnan, Comgal, Lachtean, Bronac,* angeblich aus dem 7. Jahrhundert Boll. 13. März; *Tyarmail, Meldoc* puella, *Quoidgual,* Boll. 13. Juni; und so weiter bis auf die *Oconnel* und *Odonnovan* herab, alle solche ächt brittische Namen scheiden sich deutlich von den deutschen und von den gallischen, sie zeigen, dass die brittischen Völker mit den gallischen nichts gemein hatten.

Es würde lohnend sein, auch die Ortsnamen zu betrachten; hier nur einige Andeutungen. In der vita S. Cauriani (Boll. 4. Juli), welche in die Zeit eines Königs Totila, der über Spanien und Gothien geherrscht habe, geschrieben sein will, steht: *in territorio Biturico vicus vastae solitudinis, qui prisco vocabulo Vastinus nuncupatur;* dazu wird bemerkt: *Vastinnum vicus octo circiter leucis a metropoli Biturigum;* es gibt also in der Nähe von Bourges in Berry, also gerade in dem Theil Galliens, in welchem die romanische Bevölkerung am reinsten blieb, ein Dorf, dessen Name *Vastinus* schon in sehr früher Zeit mit *vasta solitudo* erklärt wurde: nun heisst *desertum* deutsch *wôstinna,* und dem langen *ô* entspricht altgallisch *â.* Kann nun wohl dieser Ortsname erst durch die Germanen gegeben sein? ist es nicht viel wahrscheinlicher, dass er altgallisch ist? Und dann dient auch er zum Beweis für unsern Satz, dass die gallische Sprache und die deutsche die nächsten Verwandten waren.

Man muss nicht vergessen, dass Gallien ein dicht bevölkertes

Land war, als es unter römische Herrschaft kam; es musste also eine Menge gallischer Ortsnamen geben. Ist es nun denkbar, dass die Römer und nach ihnen die Franken lauter neue Ortsnamen eingeführt, und die alten abgeschafft haben? Ein Ortsnamen, der öfter vorkommt, ist *Neauphle*, *Neauflette;* er lautet in den ältesten Urkunden *Nidalfa;* sollten alle diese Orte erst seit der fränkischen Einwanderung entstanden sein? So deutsch *Nid-alfa* lautet, so ist es doch in deutschen Ortsnamen nicht gebräuchlich; und *Alfa*, das auch in *Bonalfa* enthalten ist, kann nicht wohl fränkisch sein. Viel wahrscheinlicher ist *Nidalfa* ein Name, der noch aus dem Gallischen erhalten ist und die Verwandschaft der gallischen und deutschen Sprache beweist. Wenn wir einen Bach *Rolleboise*, *Rosbacius*, und einen Bach *la Rabette*, *Resbacis* finden, können wir glauben, dass diese Bäche ohne Namen waren, ehe die Franken kamen? müssen wir nicht vielmehr annehmen, dass diese Namen und somit auch das Wort *bach* schon altgallisch waren?

Die französischen Ortsnamen gehen in ihrer ältesten Gestalt sehr häufig auf *iaco* aus; diese Endung ist altgallisch, wie *Divitiacus* beweist. Mone gallische Sprache S. 35 hat gezeigt, dass dies *iacus* nichts anderes ist, als das deutsche *ing*, in Ortsnamen *ingen*. *Attigny* ist gleich Ettlingen, nämlich *Eteningen* gleich *Attiniacum*. *York* ist gleich Ueberlingen; nämlich *Eboriacum* gleich *Iburinga* u. s. w. Mone folgert daraus, dass ein grosser Theil von Deutschland ursprünglich von Galliern bewohnt war; aber die Endung *inga* konnte unmöglich aus älterem *iaco* entstehen. Die Gallier hatten für Patronymica dieselbe Bildung, wie die deutschen, aber in dialektischer Verschiedenheit, *iac* für *ing*. Es geht daraus hervor, dass die gallische Sprache von der deutschen nicht wesentlich verschieden war. Wenn das zweite *i* in *Divitiacus* nicht berücksichtigt werden muss, so ist *Diutiacus* gleich *Diutinc*, *Deoting*, das im Ortsnamen *Dietingen* erhalten ist. Ein Ortsname *Ditiagus* in den traditiones Wizenburg. S. 247: *villa nostra chagambac qui vocatur ditiagus*, und S. 180 *in villa haganbach que nuncupatur disciacu*. Uebrigens kennen die Gallier auch die Endung *inc*. Caes. VI, 44 *Agedinci in*

Senonum finibus; Agetincum tab. Peuting. Dazu bei Ukert Gall. p. 473 *Alisincum, Durotincum, Lemincum, Vapincum.*

Zum Schluss behandle ich noch den Namen Kelten selbst. *Celtae, Κέλται, Κελτοί* ist der Name, unter welchem der Volksstamm zuerst bei Herodot erwähnt wird. Strabo p. 189 glaubt, dass dieser Name ursprünglich nicht der des Volksstamms war, sondern nur des Zweiges, der zunächst bei Massilia wohnte, und dass durch die Massilioten der Name bei den Griechen in der allgemeinern Beziehung gebräuchlich wurde. Dagegen meint Pausanias Att. 3, dass der Name Galaten später aufgekommen, und dass Kelten der alte und ächte Name sei. *Κελτοὶ γὰρ κατά τε σφᾶς τὸ ἀρχᾶιον καὶ παρὰ τοῖς ἄλλοις ὠνομάζοντο.* Caesar lehrt, dass *Celtae* der einheimische Name der Gallier von der *Garumna* bis zur *Sequana* sei. Wie später nach geographischen Rücksichten der Name *Celtae* von den einen auf das römische *Gallia* beschränkt wurde, von den andern umgekehrt ausschliesslich für die Germanen gebraucht wurde, ist oben schon ausführlich dargelegt.

Uns genügt es zu wissen, dass *Celtae, Κελτοὶ* der einheimische Name war, mit dem sich entweder der ganze Volksstamm oder ein Zweig derselben benannte. Der Name muss also in der gallischen Sprache seine Erklärung finden. Eine brittische Etymologie hat Zeuss nicht versucht, und frühere Ableitungen sind ohne wissenschaftlichen Werth. Wenn wir nun im deutschen den Namen suchen, so muss *h* statt *k* und *th* statt *t* eintreten, nach der strengen Regel der Lautverschiebung; wenn das gallische *Kelt* im deutschen erhalten ist, so muss es nach der Theorie *helth* lauten, oder mit euphonischem Hülfsvocal *helith.* Diess Wort ist nun wirklich vorhanden, altsächsisch *helith*, pl. *helithos;* ags. *hüledh*, pl. *hülethas.* Es hat ganz die passende Bedeutung, *homo, vir.* Gerade wie der allgemeine Begriff *gens, thiuda,* der Name des Volkes wurde, so wurde auch der allgemeine Begriff *vir, homo, helith,* der Name, mit dem die Kelten selbst und andre sie nannten. Sie waren das Volk der Männer, *helitho folc, helitho cunni,* wie im Heliand allgemein die Menschen heissen. Dass es ausser ihnen auch noch andre Menschen, andre *helithos* gab, kümmerte sie nicht; sie hatten eine besondre

Unterscheidung im Namen nicht nöthig, so wie sie sich *thiuda populus* nannten, ohne zu bedenken, dass es auch andre *thiudôs* gab. Schon Leibnitz hat ganz richtig erkannt, dass *Celta* unser Held ist. Man hat seine Deutung des Namens als unwissenschaftlich keiner Beachtung werth gehalten; aber sie besteht vor der strengsten Wissenschaft, und ich weiss nicht, was man im Ernst gegen sie einwenden kann. Der Name Kelten ist bis auf den heutigen Tag in unsrer Sprache erhalten, und beweist noch einmal, was bereits zur Genüge dargethan ist, dass die Deutschen Kelten sind, und dass die keltische Sprache eine deutsche war.

Wie aber verhält es sich mit dem andern Namen des Volks, *Γαλάται*? Er wird ebenso wie *Κέλται* für den ganzen Volksstamm gebraucht, und ebenso geographisch bald auf die römischen Gallier, bald auf die freien Germanen beschränkt. Es liegt nahe zu vermuthen, dass *Κέλται* und *Γαλάται* nur dialektisch verschieden, dasselbe Wort seien. Dafür scheint zu sprechen, dass das zweite *a* wohl nur euphonisch ist; da nämlich das römische *Galli* eine Form *Galt* voraussetzt. Dieses *Galt* wurde einerseits durch eingeschobenes euphonisches *a Galat*, und so hörten die Griechen das Wort aussprechen; andrerseits wurde es durch Assimilirung des *t Gall*, und so hörten es die Römer. Wenn man nicht auf diese Weise *Galli* und *Galatae* auf ein Wort zurückführt, so muss man neben *Celtae* und *Galatae* noch einen dritten unabhängigen Namen *Galli* annehmen. *Galt* nun, das dem *Galat* und *Gall* zu Grunde zu liegen scheint, steht allerdings dem *Celt* nahe; aber dennoch glaube ich nicht, dass es nur dialektisch verschieden ist, sondern ich halte es für ein anderes Wort. Der Vocal in *Celtae* ist immer *e*, nie *a;* und in *Galli*, *Galatae* immer *a*, nie *e;* und der Unterschied des anlautenden *K* und *G* führt auf zwei verschiedene Wurzeln. Denn wenn man annehmen wollte, dass *g* das ältere sei, das nach der Lautverschiebung *k* wurde, so müsste dann das *k* in *Καλατοί* auf die Stufe von gothisch *k* stehen, und könnte nicht angelsächsisch *h* geworden sein.

Trotz der Aehnlichkeit müssen wir also *Galt* oder *Galat* von *Kelt* trennen; und es fragt sich nun, ob wir das Wort *Galt* ebenso, wie es mit *Kelt* gelungen ist, in der deutschen Sprache nachweisen können. Für *Galatae* gibt Zeuss eine ansprechende brittische Etymologie. Er findet S. 993 ein altirisches Wort *gal* in verschiedenen Compositis; die Bedeutung scheint Kampf, Streit, Waffen zu sein; davon leitet er *Galatae* ab: *viri pugnaces, armati.* Diese Erklärung des Wortes kann man sich gefallen lassen, aber sie ist nur eine ganz unsichere Möglichkeit. Weder ist das Wort *gal* in der Bedeutung Kampf und Sicherheit nachgewiesen, noch die Ableitung *galat,* und noch viel weniger, dass diese als Name des Volkes gebräuchlich war. Mehr aber als eine ähnliche Möglichkeit kann ich hier auch für die deutsche Erklärung nicht erlangen. Wir haben an mehreren Beispielen gesehen, dass die altgallische *media* gothisch bleiben kann; wir lassen also *g* und *a* unverändert. *lt* das, wie wir gesehen haben, einerseits in *lat,* andrerseits in *ll* abwich, kann noch auf eine dritte Weise verändert werden; *l* vor *t* geht nicht nur im französischen, sondern auch im Niederländischen und Niederdeutschen in *u* über. Möglich ist, dass dieser Uebergang schon in einer frühern Periode ebenso, wie in der spätern niederländischen, statt fand. So würden wir statt *Galt Gaut* erhalten; *Gaut* aber, angelsächsisch *Geát,* ist wirklich ein Volksname von weitem Umfang: es werden unterschieden *Eystragautar* und *Vestragautar, Saegeátas, Wedergeátas* und vielleicht *Reidhgautar* und *Eygautar;* die beiden letzten Namen finden sich nur mit *o* geschrieben, *gotar;* aber *gautar* und *gotar* geht in einander über, und es wird schwer sein, zwischen *gautar* und *gotar,* Gauten und Gothen streng zu scheiden. Die Gothen haben an der Spitze ihrer Genealogie einen Gott *Gaut,* wie die Galaten von einem *Galates* abstammten. In *Γότθοι,* wie die Griechen schreiben, ist *t* von *Galt* richtig *th* geworden, und *l* hat sich assimilirt. Das ursprüngliche Wort ist also *Galta;* diess ist nirgends rein erhalten, aber mit all den Veränderungen, welchen die Lautverbindung *lt* unterworfen ist. Zuerst blieben *l* und *t* unverändert, aber ein euphonisches *a* erleichterte die Aussprache, *Galata;* die liquiden *r* und *l* schwimmen gleichsam in ihrem Vocal, der sie daher auf beiden Seiten umgibt; statt *arm, walh* u. s. w. sagt man *aram, walah* u. s. w. Zweitens wurde *lt* verändert in *ut,* aus *Galta* wurde *Gauta;* wie niederländisch *out*, *wout* für *alt*, *walt*. Drittens wurde das *t* dem vorhergehenden *l* assimilirt, aus *Galtus* wurde *Gallus*, wie schwedisch *kall* für *kalt*, niederdeutsch *oller* für *alter*. Viertens wurde das *l* dem *t* assimilirt, das zugleich nach regelmässiger Lautverschiebung *th* wurde: so entstand *Γότθος*; ähnlich wie ahd. *alde* und gothisch *aiththau*, oder, zusammengehören. Auf diese Art ist es möglich, die Namen *Galatae*, *Galli*, *Gautar* und *Γότθοι* auf eine Form zurückzuführen, aber freilich nicht mehr als möglich; der Name *Gautar* kann derselbe sein wie *Galatae*, aber er kann auch einen ganz andern Ursprung haben.

SCHLUSS.

Hier also, wo wir nicht mehr auf festem Boden stehen, wird es gut sein, abzubrechen und auf die durchlaufene Bahn zurückzublicken. Es ist, wie ich glaube, hinreichend erwiesen, dass die jetzt allgemein herrschende Ansicht, wonach die Germanen ein andrer Volksstamm sind als die Kelten, alles Grundes entbehrt. Die paradoxen Sätze, die ich vertheidigen wollte, dass die Britten keine Kelten, dass aber die Germanen Kelten seien, haben sich von allen Seiten bestätigt:

Wenn die Germanen nicht zu den Kelten gehören, so bleibt ihr plötzliches Erscheinen unbegreiflich, da sie weder im thrakischen Volksstamm versteckt waren, noch aus dem Norden einwanderten.

Die Alten, sowohl Römer als Griechen, sind einstimmig der Ansicht, dass die Germanen der keltischen Nation angehören; auch Cäsar, auf den allein man sich für die herrschende Ansicht beruft, lehrt, wenn die richtige Lesart hergestellt wird, nichts anders, als das gesammte Alterthum; und nur Tacitus scheint schwankend und unsicher eine neue Ansicht vorzubringen.

Was wir ferner wissen von den Verhältnissen der Völker, von ihrer physischen Beschaffenheit, von ihren Sitten, ihrem Recht, ihrer

Kriegsführung, ihrem Glauben, das alles zwingt uns einerseits, die Britten scharf von den Kelten zu scheiden, und berechtigt uns andrerseits, die Kelten und Germanen für ein und dasselbe Volk zu halten.

Wenn wir endlich, um die Streitfrage zur völligen Entscheidung zu bringen, die Reste sammeln, die uns von der Sprache der alten Kelten übrig geblieben sind, so können wir bei unbefangener Betrachtung nicht anders sagen, als dass dieselben deutlich der deutschen Sprache angehören, oder einer Sprache, die von der deutschen nur dialektisch verschieden war. Die deutsche Sprache ist eine keltische; das deutsche Volk ist ein keltisches. Dagegen sind die brittischen Völker, die Iren und Schotten und die Kymren und Bretonen keine keltischen, und ihre Sprache ist von derjenigen, welche im alten Gallien gesprochen wurde, wesentlich verschieden.

Diess ist in kurzen Sätzen das Ergebniss unserer Untersuchung. Ich muss noch bemerken, dass es hier nicht meine Absicht sein konnte, die brittischen Sprachen selbst zu untersuchen, und ihre Stellung zu den andern Sprachen Europa's zu erörtern. Ich hatte nur die eine Frage zu beantworten, ob die erhaltenen keltischen Wörter in den brittischen Sprachen oder in den deutschen wiedergefunden werden; ich hatte nur das eine zu zeigen, dass die allgemeine Ansicht, die brittischen Sprachen seien keltisch, alles Grundes entbehrt. Welches nun aber die Natur derselben ist, was für eine Sprache übrig bleibt, wenn man alles abzieht, was sie aus der englischen und französischen, aus der lateinischen und vielleicht früher schon aus der gallischen aufgenommen hat, in welchem Grad sie mit andern Sprachen verwandt ist, diess ist eine Frage, deren grosse Wichtigkeit einleuchtet, die aber hier nicht der Gegenstand meiner Untersuchung sein sollte.

Ebenso fern stand mir die andre Frage, ob der Boden, den die keltischen Völker, die Gallier und Germanen besassen und besitzen, vorher schon von andern Völkern bewohnt war, oder ob die Kelten die ersten Menschen waren, welche sich in Germanien und Gallien niederliessen. Wenn ich behaupte, dass die Germanen Kelten sind, so ist damit noch nicht behauptet, dass alle alten Ortsnamen

Deutschlands und Frankreichs in der deutschen Sprache ihre Erklärung finden müssen. Es ist nicht unmöglich, dass die Kelten bei ihrer Einwanderung aus Asien ein älteres Volk, vielleicht ein den brittischen Völkern verwandtes, vielleicht mehrere ganz von einander verschiedene Völker im Besitz des Bodens fanden, auf dem sie sich festsetzen wollten; es ist möglich, dass sie manche geographische Namen von jenen ältern Völkern, die sie verdrängten, übernahmen und beibehielten. Diese Frage ist von meinen Sätzen ganz unabhängig, und sie soll hier weder mit Ja noch mit Nein beantwortet werden.

ZUSÄTZE.

Zu S. 6.

Hier ist neben Pelloutier und Barth auch zu nennen **Radloff**, *neue Untersuchung des Keltenthums*, Bonn 1822. Noch entschiedener als Barth widersetzt sich Radloff der herrschenden Ansicht, vermag es aber ebensowenig, der Wahrheit zu ihrem Recht zu verhelfen.

Zu S. 65.

Dass *Merlin* nicht bei den Britten zu Hause ist, sondern im Orient, und dass er durch das Buch von den sieben weisen Meistern nach Europa kam, hat zuerst, so viel mir bekannt ist, **Thomas Wright** erkannt: *Archaeologia* Vol. XXXII, S. 336, *on the history of Geoffroy of Monmouth.* Im Diocletian des Hans von Bühel 3062 ist der Name *Merkelin.* Aber in den prosaischen Bearbeitungen, die in zwei Handschriften der Heidelberger Bibliothek erhalten sind, lautet der Name wirklich *Merlin*, nämlich *Merlinus* in Cod. 149 und *Merlin* in Cod. 106. Da es von Wichtigkeit ist, die Verbreitung des Meisterbuches in allen Verzweigungen verfolgen zu können, so wird es nicht überflüssig scheinen, wenn ich aus diesen noch ganz unbenützten Handschriften die Geschichte von dem Knaben Merlin hier einrücke; sie lautet in Cod. 149 wie folgt:

Fol. 36. *Es waren in der stat zu Rome siben meister die den keiser mit allem sime riche reigierten und verrichteten, wann der keiser endete nüt an iren rat. Do die meister das prüften das in der keiser genciget was, und nüt endet an iren rat, do worden die meister under inen zu rate, das sie den keiser blint machten usswendig dem pallast, und in dem pallast so sölte er wol gesehen. Und tetten das darumb, das sie alle sache in dem lande verrichten, und darvon grossen nütze und gewin gewönnen. Do si dis bereit hatten und geschehen was, das enkunden si nit widertuon mit keiner kunst, und der keiser bleib blint manig jor. Dise siben meister gaben sich usz, wer deheinén tröme hette, der solte bringen einen gulden, so wölten sie ime sagen, was es bedütte. In der masze wart in gros gut und vil me danne dem keiser zu siner herschaft. Zu einen ziten, do der keiser sas bi der keiserinne uber tische zu essen, do begunde er betrübet werden und zu süffzen. Do fragte die keiserinne mit flisze, was ime gebreste oder vas ime were. Do sprach er: es ist mir ein gros liden, das ich usz mime pallast nüt ensehen und blint bin, und mir nieman gehelffen enkan. Do sprach die keiserinne: herre, volgent mines rates, es sol uch gut sin one zwifel. Ir hant siben meister in uwerme pallast, die uch und uwer keiserinne regierent. Wollent ir nu uwer sach wislichen prüfen, so findent ir, das sie ein sache sint das ir blint sint. Und ist das also, so sint sie wert eines schemelichen todes. Nu raten ich uch, sendent noch in und legent in vor uwere krankheit, und drawhent in bi beheltnisze ires libes und eines schemelichen todes, ob sie uch nit gesunt enmachten. Dirrer rat gefiele dem keiser wol, und sante zu hant zu stund noch den meistern. Do sie kamen, do sprach der keiser: ir meister wissent das ich blint bin. Nu besehent das ich gesehende werde oder ir müssent alle sterben. Do sprachen sie: gnediger herre, ir heissent ein gros ding das uns swer ist. Nochdann die wile irs wöllent gehabt han, so gebent zehen tage frist. Uff dem zehenden tage wöllent wir uch ein antwort geben. Das duchte dem keiser gut. Do giengen sie under einander zu rate, wie sie tun möchten, das sie den keiser gesehen machten, wann sie warent gar sere betrübet under in. Und einer sprach zu dem andern: wir besehen das der keiser gesehende werde, wir müssen anders alle sterben. Sie wandelten dornoch durch viel stete und bürge und burge, obe in got wölte glücke geben zu disen sachen. Zu lethste kamen sie in ein stat und mitten uff dem markte fünden sie kinder sitzen, die spilten kinderspil. Zu deme meister kam einer und bracht dri guldin und sprach: meister, ir söllent minen tröume bescheiden.*

Ich han in mime kampffe slaffe gesehen, das wuste ich gerne was das were und was es bedute. Do sas ein kint zu spilen mit den andern kinden (es folgt fol. 29). *Do das kint dise wort horte, do sprach es: dine guldin halte und gip sie nieman, danne sage mir dinen traume. Ich in dir bedüte vergebens. Do sprach er: ich han gesehen mitten in mime garten einen bronnen springen, der hatte manig flosz und min boümgarten wart vol wassers. Do sprach das kint: nim einen bickel und grabe uff der selben stat do der borne sprang. Du salt finden einen schatz goldes, das du und alle dine nachkommen iemer rich und selig sollen sin. Dirrer ging enweg, und noch der rede des kindes er do suchte und fant einen grossen schatz. Und zu stund ging er wider zu dem kinde und brachte ime vil goldes zu lone. Aber das kint wolte es nit nemen, dann es sprach: bitten got für mich. Do dise meister sahen also grosze wiszheit dis kindes, so sprachen sie: liebes kint, wie ist dein name? Do name sprach es: ich heisze Merlinus. Do sprachen sie: wir sehen wol, das dir got vil wiszheit hett verlühen. Nu wolten wir dich eins dings gerne frogen. Do sprach das kint: frogent an. Do sprachen sie: unser herre der keiser wann der in sinem pallast ist so gesicht er wol an hindernisse; aber wenn er darvor geht so wirt er blind und gesicht nützit. Köndest du uns nu gesagen was die sache were, und wie er gesehende worde uff allen stetten, darumb sölt dir gros gut gegeben werden, und gros ere von dem keyser unserme herren. Do sprach das kint: ich weis sie alle beide wol, und zumal wol, wie es ime komen ist, und wie es ime vergan mag. Do sprachen die meister: du solt mit uns gan zu dem keiser, und solt ime helffen und dinen lon von ime empfan. Do sprach das kint: ich bin bereit. Do die meister kamen mit disem kinde zu dem keiser, do sprachen sie: sehent herre, dis kint han wir üch brocht, das sol üch gesunt machen noch aller üwer begirden. Do sprach der keiser: ir meister, versichernt ir mich, das mir kein schade von ime beschehe? Do sprachen sie: jo herre, förchtent üch nit, wann wir wissen wol sin wiszheit. Der keiser kerte sich zu dem knaben und sprach zu ime: du wilt mich gesehen und gesunt machen, und wilt mir sagen, wie mir geschehen si.* Hier fehlt vielleicht einiges: dann fol. 38. *Das kint sprach: herre, fürent mich in uwer kamer bi uwer bette, da wil ich üch fremde sachen wisen. Do das kint in die kamer kam, do sprach er zu den knechten: tragent balde das bette und das stro usz, so sollent ir werden sehen. Do das geschehen was, do funden sie einen bornen, der hette siben flos. Do der keiser das sach, do verwundert es in usz der mosen sere. Do sprach das kint: herre, diesen bornen sehent ir wol; dieser bornen musz zerstört werden mit sinen siben flüssen, anders mögent ir nimer gesehen werden. Do sprach der keiser: lieber frunt, wie sol man dem tun? Do sprach der knabe: herre, zuhörent ein wise, die musz ich uch sagen, so werdent ir gesehen hie inne (als) ouch da ussen. Herre, die siben bornenflosz, das sint die siben meister, die disen bornen gemacht hant, und uwer rich schelklichen geregieret hant, und uch blint gemacht hant, und enkönnent dawider kein kunst getun. Nu folgent mins rates, so verget der borne und ir werdent gesehen. Döttent die siben meister eynen für den andern noch, bis das sie alle entpheiten sint, zu hand verget der borne mit sinen flüssen, und ir werdent schone gesehen. Der keiser tete es zu hant tun und die hoübter alle abslahen. Zu stund verging der borne zumal, und dem keiser enware nicht und wart zu male gesunt. Und disem kinde gap er ere und gut.*

Von Cod. 106 fehlen einzelne Blätter. Der Anfang der Geschichte von Merlin fällt auf ein fehlendes Blatt zwischen Fol. 4 und 5. Die Fortsetzung auf Fol. 5 lautet:

— die uszlegunge, so wil ich uch daz golt geben als ich sol. Der kinder eins under den die da spilten sach daz und sprach zu dem mentschen: du solt in daz golt nit geben, gib ez mir; so wil ich dir zoügen die uszlegunge dines traumes. Der mentsche sprach: ich sach daz ein brunne mitten in minem bomgarten uffstunt, davon so vil flusze giengen daz der gantz gart vol wassers wart. Do sprach das kint: nim ein hauwe und grabe in dem garten an der selben stat: da vindest du so vil goltes daz du und all din frunde rich werdent. Der mentsche tet also und fant es aller dinge also. Er gieng wieder frolich zu dem kinde und verkunte es im

und gab im zwei mark goldes umb die uszlegunge des tromes. Das kind sprach: es si ver von mir, ich wil ir nit, und sprach: gent und bittent got für mich. Do nu die meister das kint also wiszlichen horten entworten, sprachen sie zu im: o gutes kint, wie ist din name? Es sprach: ich heisz Merlin. Sie sprachen: aller liebstes kint, wir sehen clerlich din wiszheit, die so grosz in dir ist, wir legen dir eins für, mochtest du uns die warheit gesagen. Es sprach: sagent was es ist. Sie sprachen: unser her der keiser als lange er in dem palast ist und blibt, so sicht er alle ding; so er aber her usz komet, so sicht er must nit. Mochtestu im ein hilf finden, dir wurde so wol gelonet. Es sprach: ja wol. Sie sprachen: liebes kint gezimpt dir mit uns zu dem keiser gen? Es sprach: ja wol. Sie furten daz kint zu dem keiser. Da sie nu zu im komen, da sprachen (sie): her, wir haben ein kint mit uns herbracht daz uwer forderunge gnug ist. Der keiser sprach: ir aller liebsten begriffent ir des kindes rede und merkent waz es sage. Sie sprachen: her, wir haben auch herfarn sine wiszheit. Der keiser kerte sich zu dem kinde und sprach: ich bin innen worden, wie daz du mir zeugen kundest die sach miner blintheit und mir auch rat od hilff darzu kundest tun. Es sprach: ja wol her. Er sprach: wie hastu aber sin mit mir zu wurcken? Daz kint sprach: wir gen in die kamer da du inne list, da sage ich dir waz zu tun ist. Sie gingen beide in die kamer und do daz kint des keisers bette sach, do sprach es zu den knechten des keisers: tunt balde daz gantz bett hinweg, so werdent ir wunder sehen. Do nu daz bett danne wart gitan, da was under dem bett ein brunne wallen oder sieden mit sieben wellen. Es sprach zu dem keiser: nim war, her! wie lange diser brunne mit diesen 7 quellen wallende ist under dem bette, so uberkoment ir uwer gesichte nimer uszwendig des palastes. Do der keiser den brunnen sach, da was er sere dar abe wundern und sprach zu dem kinde: o liebes kind, wie mag dieser brunne dannen beweget werden mit den 7 quellen? Es sprach: nur alleine in einem weg, und ist es das ir den weg nit vorhant nemment, so mogent ir rechte gesuntheit nimer entphahen. Der keiser sprach: sage mir, wie und waz ich tun sol, daz lasz ich ie nit underwegen. Es sprach: disz sint 7 wallender quelle, die nimer verleschet mogen werden wann in einer wise. Es sint siben wiser in dinem riche, die mich zu dir gefurt haben, die da in glissender wisze und betrogentlichen daz keisertum und dich regirten und die haben dich blint uszwendig des pallastes gemachet, daz sie dester frilicher sich des riches geschefte mochten underwinden und mogent dir doch nit wiederumb hilff getun; daz sint die 7 wallender quellen, und darumb so tu dem ersten sin heupt abeslahen, so wirstu schier sehen, daz die erste quelle verloffen ist, und also nach einander so werdent alle quellen uffhoren und der brünne verswint. Und daz ist also geschehen. Do sprach das kint: nu gehen wir hinuss, so werdent ir alle ding clerlichen als innewendig sehen. Dovon der keiser sere erfreuwet wart. Darnach fordert und schicket der keiser den Merlin zu groszen eren und zu richtum.

Dass diese Erzählung mit der Geschichte des brittischen Merlin verwandt sei, gibt auch *Adelbert Keller* zu, Diocletianus S. 56; aber er scheint anzunehmen, dass die Geschichte des Meisterbuches aus der britischen abgeleitet sei. Diess ist aber nicht möglich, wenn dieselbe Erzählung in den wesentlichen Zügen schon in den orientalischen Fassungen des Buches enthalten ist, Loiseleur S. 149. Die Geschichte kann unmöglich von den Kymren in den Orient, aber sie kann umgekehrt aus dem Orient nach Europa und auch zu den brittischen Völkern gekommen sein. Es muss aber wohl das orientalische Buch schon viel früher, als man jetzt annimmt, nämlich schon lange vor dem zwölften Jahrhundert in Europa bekannt worden sein. Die Geschichte des *Merlin* steht ohne den Namen schon im Nennius. Auch die Bildsäulen der Völker, die durch Schellen verrathen, dass die Völker sich empören, finden sich im Meisterbuch und sind wohl aus diesem orientalischen Buch nach Europa gekommen. Nun aber kennt nicht nur die Kaiserchronik diese Bildsäulen mit ihren Schellen, sondern auch schon *Beda venerabilis*, siehe Massmann Kaiserchronik 3, 426. Die ganze Erzählung von dem Zauberer, der solche Kunstwerke verfertigen konnte, hat ein orientalisches Gepräge. Man muss aber entweder nachweisen, dass die orientalischen

Fassungen des Meisterbuchs von diesem Zauberer und von jenen Schellen nichts wissen, und dass nur der Dichter Virgilius es ist, der in so wunderbaren Erzählungen verherrlicht wurde, oder man muss zugeben, dass das orientalische Buch schon zu Anfang des achten Jahrhunderts seinen Weg zu den europäischen Völkern gefunden hatte.

Zu S. 115.

Nach den einzelnen Wörtern, die uns aus der gallischen Sprache erhalten sind, soll doch auch die einzige gallische Inschrift, die bis jetzt gefunden ist, nicht ganz unberührt bleiben. Sie steht jetzt im Museum zu Avignon, und ist im Jahr 1840 bei *Vaison* (départ. Drôme) gefunden worden. Sie ist gedruckt bei de la Saussaye, num. de la Gaule Narbon. p. 312 und biblioth. de l'école des chartes, II série, vol. 4, p. 313. Sie lautet:

CEΓOMAPOC
OTIΛΛONEOC
TOOTTIOTC
NAMATCATIO (TIC Sauss.)
EIωPOTBHΛH
CAMICOCIN
NEMHTON.

Diese Inschrift zu übersetzen, wird vorerst noch kaum möglich sein. Man sieht nur, dass die erste Zeile der Name *Segomaros* ist, und die letzte wahrscheinlich das bekannte Wort *nemetum, sacrum*. Die zweite Zeile ist wahrscheinlich der Name des Vaters des Segomaros im Genitiv, *Willoneos*. Der Nominativ wäre wohl *Willonis*. In der dritten Zeile suche ich den Namen des Gottes, und in der vierten ist der Name der Stadt *Nemausus* enthalten. *Namausatis* gehört zu dem Namen des Gottes, wie auf einer Inschrift Revue arch. IX S. 315 *Segomoni Dunati*, und wie der *Segomon Cuntinus* (antiquaires de France XX: Bourquelot, inscriptions antiques de Nice N. 10) der Segomon von *Contes* ist. Es war also ein Gott, der zu *Nimes* verehrt wurde, vielleicht derselbe, der in mehreren Inschriften selbst *Nemausus* heisst. Ueber Zeile 5 und 6 wage ich keine Vermuthung, doch muss darin das Verbum enthalten sein. Möglich ist auch, dass *Namausatis* auf *Segomaros* zu beziehen ist; dann wäre Z. 3 entweder der Name des Grossvaters, oder eine Würde, ein Amt. Dann müssten Zeile 5 und 6 den oder die Namen der Götter enthalten; und da wird man sehr geneigt sein, in *BHΛHCAMI* die *Minerva Belisama* zu erkennen, de Wal 52. Aller weitern Vermuthungen enthalte ich mich; denn so wie man anfängt, an den Buchstaben zu ändern, verliert man allen festen Boden, und doch würde vielleicht eigene Ansicht des merkwürdigen Denkmals ergeben, dass hie und da ein Buchstabe anders gelesen werden kann. Vorerst können wir also aus dieser Inschrift noch keinen Nutzen ziehen für die altgallische Grammatik; nur das eine ist wohl nicht zu bezweifeln, dass der Nominativ das *s* noch hatte, das auch noch im Gothischen geblieben ist.

Zu Seite 125.

Zum Namen des *Ariovist* ist noch folgendes zu bemerken. Der zweite Theil des Compositums lautet einmal *vistus*, einmal *viscus*. Vielleicht ist weder das eine, noch das andre richtig, sondern *visius*, wie aus *Idisiaviso* bei Tacitus *Idistaviso* wurde. Nichts ist natürlicher, als dass die Abschreiber aus *si* bei folgendem Vocal entweder *st* oder *sc* machten. In diesem Fall aber ist wohl ziemlich sicher, dass auf *s* weder *t* noch *c* folgte, denn der Name ist doch nichts anderes als das angelsächsische Wort *herevîsa, dux;* auch bei Notker ist *wîso, dux*. Es ist also das zweite Wort des Namens *Ariovist* nicht dasselbe, das in dem Namen des getischen Königs *Βοιρεβίστας* erscheint, sondern dasjenige, das in den alten gallischen Namen *Sigovesus* und *Bellovesus* die ächtere Form bewahrt hat. Da das verbum gothisch *veisjan* lautet, so ist *vîsius* ganz richtig. Es scheint mir daher sicher, dass der Name *Hariovîsius* lautete. Das erste Glied des Namens wird unbedenklich *exercitus* übersetzt; aber es ist schon von Jakob Grimm, Zeitschrift von Haupt, III, 144 bemerkt, dass diess nicht die ursprüngliche Bedeutung des Wortes gewesen sein kann. In der That kann nicht wohl ein Einzelner ein Heer genannt worden sein; und doch ist *hari* häufig das zweite Glied des Namens; z. B. *Wurumheri* müsste heissen, ein Heer von Schlangen, was als Name einer Person nicht passend wäre. Grimm vermuthet, dass *harjis* ursprünglich *miles* bedeutete. Ich will hier eine andre Ansicht entwickeln. Im Heliand 126, 7 steht: *hierusalem, thar iudeono uuas, hereo endi handmahal endi hobidstedi.* In Jerusalem, der Hauptstadt, war der Juden *hereo* und *handmahal.* Ueber das Handgemal verweise ich auf Homeyers Abhandlung in der Berliner Akademie 1852. Das Handgemal war ein Zeichen, durch welches der Mann sein Eigenthumsrecht und zugleich seine Abkunft nachwies, ursprünglich wohl nur ein Symbol des Geschlechts, also ein Wappen; dasselbe an einem Haus oder in einem Feld angebracht, machte das unveräusserliche Geschlechtseigenthum kenntlich. Siehe Homeyer über die Haus- und Hofmarke, in der Zeitschrift für deutsche Mythologie von Wolf I, 85. Es ist wohl dasselbe Handgemal, das bei Ammianus Marcellinus XVI, 12, 6 als *scutorum insignïa* erscheint, woran sich die Alemannen erkennen. *hereo* nun muss nach der angeführten Stelle des Heliand entweder etwas ähnliches gewesen sein wie das *handmahal,* oder nur ein andrer Name für dasselbe. Nun finden wir in einer andern Stelle Caedmon 3699 *heri* gleich *cumbol.*

thâ hie for thâm cumble on cneóvum saeton
onhnigon tô thâm herige haedhne theóde,
wurdhedon vîhgyld.

d. i. da sie vor dem Kumbal an Knieen sassen, neigten sich vor dem *heri* die heidnischen Leute, verrichteten Götzendienst. Ueber *cumbol* hat J. Grimm gehandelt Andreas und Elene S. 92: es ist die Kriegsfahne; *cohortes* wird althochdeutsch übersetzt *chumpalporun*, die ihre Fahne tragen, und ich halte ahd. *chumpirra, chumberra*, womit *tribus* übersetzt wird, für dasselbe Wort; *tribus* und *cohors* sind gleichbedeutend, weil, wie Tacitus sagt, *non casus neque fortuita conglobatio turmam aut cuneum facit, sed familiae et propinquitates.* Jedes Geschlecht hat seine eigne Kriegsfahne, und die unter einer Kriegsfahne vereinigten sind eine Cohorte. So sieht man, wie *hereo* zugleich *handmahal* und *cumbol* ist; das Wappen des Geschlechts, das *handgemal*, ist zugleich dessen Kriegsfahne. Die Kriegsfahne war aber ein Thierbild, wie das häufige *eofurcumbol* zeigt, wenn schon dieses nicht sowohl von der Fahne, als dem Helm des Anführers gebraucht wird. Der König, der Anführer trägt auf dem Helme das Sinnbild des Geschlechts, dessen geborner Vorstand er ist. Damit ist zu verbinden, was Tacitus Hist. 4, 22 von dem Heere des Civilis sagt: *hinc veteranarum cohortium signa, inde depromptae silvis lucisque ferarum imagines, ut cuique genti inire praelium mos est, mixta belli civilis externique facie obstupefecerant obsessos.* Jede *gens*, jedes Geschlecht hat sein eigenes Thierbild, unter dem es in die Schlacht zu gehen pflegte. Diese Stelle führt aber weiter. Diese Thierbilder, diese *cumbol* wurden in den heiligen Hainen aufbewahrt; sie waren also heilige Zeichen. In der angeführten Stelle des Cädmon hat *cumbol* geradezu die Bedeutung Götzenbild. Und es sind ohne Zweifel eben diese *ferarum imagines depromptae silvis lucisque*, von welchem Tacitus in der Germania 7 spricht: *effigiesque et signa quaedam detracta lucis in praelium ferunt;* diese Bilder und Symbole sind es, durch welche die Gegenwart der Götter in der Schlacht vermittelt ist; denn unmittelbar vorher gehen die Worte *deo imperante, quem adesse bellantibus credunt.* Es waren also diese *cumbol* Bilder der Götter. Damit steht nicht in Widerspruch, dass die Germanen keine eigentlichen Götterbilder hatten, Germ. 9: *deos in ullam humani oris speciem assimulare*, das hielten sie für unerlaubt, und ebenso hatten die Gallier vor ihrer Bekanntschaft mit den Römern keine eigentlichen Götterbilder, und Brennus drückte in Delphi seine Verachtung der abergläubischen Griechen aus, die auf einer so niedern Culturstufe stunden, dass sie meinten die Götter in Bildsäulen darstellen zu können; aber symbolische Zeichen der Gegenwart der Götter in Thiergestalt hatten die Germanen. Und diese heiligen Symbole wurden in den Hainen, in jenem abgeschlossenen Raum, den nur die Priester betraten, jenem *secretum*, *quod sola reverentia vident*, aufbewahrt, und nur zur Schlacht herausgeholt, um den Kämpfenden als Zeichen zu dienen, dass ihnen der Gott nahe sei. Es sind jene *ἀκίνητοι*, jene goldnen Feldzeichen, die von den Insubrern im Heiligthum der gallischen Minerva aufbewahrt wurden, Polyb. II, 32. In diesem Sinn nun für Götzenbild scheint das angelsächsische Wort *herige* noch öfters vorzukommen, wird aber leicht vermengt und verwechselt mit *hearug*, ahd. *haruc, fanum.* In Mones Glossen 361 *herga, simulacrorum, idolorum;* ebenso Andreas 1687: *swylce se hâlga herigeas threáde, deofulgild tôdrâf and gedvolan fylde*: so schalt der Heilige die Götzenbilder, störte den Teufelsdienst und vernichtete den Aberglauben.

Es fragt sich aber nun, wie dasselbe Wort so ganz verschiedene Bedeutungen haben kann, wie Götzenbild, Kriegsfahne und Geschlechtswappen. Ich glaube, dass diese verschiedenen Bedeutungen in sehr natürlicher Verbindung stehen. Jedes Geschlecht hatte an der Spitze einen Gott, einen Sohn oder Enkel Wodans; das Symbol dieses Gottes war das Wappenbild des Geschlechtes, das von ihm abstammte; das Bild des Gottes war also zugleich das Wappen des Geschlechts. Da aber jedes Geschlecht einen Heerhaufen bildete, so war dasselbe Symbol zugleich die Kriegsfahne dieses Geschlechts. Und dieses Symbol hiess *harjis.* Diess ist die ursprüngliche Bedeutung. Weil aber unter jedem *harjis* im Krieg sich ein Geschlecht versammelte, das ein Heer, einen Schlachthaufen bildete, so hiess *hari* in abgeleiteter Bedeutung *agmen, exercitus.*

Jeder Germane hatte seine Heimath da, wo im heiligen Hain sein Geschlechtswappen, das Symbol des Gottes, von dem sein Geschlecht abstammte, aufbewahrt wurde. Es ist also natürlich, dass er sich über seine Heimath ausweist, indem er sein Handgemal angibt; und nirgends kann er vor Gericht gezogen werden, als da wo sein Handgemal ist. Wenn einer den andern zum Zweikampf herausfordert, so muss er durch sein Handgemal nachweisen, dass er ihm ebenbürtig ist. Was unveräusserliches Eigenthum des Geschlechtes ist, wird mit dem Handgemal bezeichnet.

Die Kenntniss dieser Göttersymbole, Geschlechtswappen und Kriegsfahnen musste bei den Germanen von grosser Wichtigkeit sein. Eine Wissenschaft der Genealogie, und damit unzertrennlich verbundne geschichtliche Ueberlieferungen waren nothwendig, um die Rechte und Pflichten jedes einzelnen zu bestimmen, und Streitigkeiten zu entscheiden. Grosser genealogischer Kenntnisse rühmt sich der alte Hildebrand; er sagt: *ibu du mî aenon sagês, ik mî dê ôdrê wêt, chind in chunincrîche; chûd ist mî al irmindeot.* Die historischen Ueberlieferungen wurden in Gesängen bewahrt, *unum apud eos memoriae et annalium genus.* Es ist aber nicht denkbar, dass die Kenntnisse, nach denen alle Rechte und Pflichten bestimmt wurden, dem Zufall überlassen blieben. Die historischen Gesänge waren dem Sängerstand der Barden anvertraut; und die Kenntniss der Göttersymbole und der Wappen, der *hari* war die Sache des *Chariowalda,* des Herolds, der eben davon den Namen hatte. Die Heraldik ist also älter als das Ritterwesen, und war in den heidnischgermanischen Zeiten von viel eingreifenderer Bedeutung als in den Ritterzeiten. Der Herold war der oberste Richter in allen Streitigkeiten, wobei die Abstammung, der Grad der Verwandschaft entscheidend war.

Nun werden die Namen mit *hari* verständlich sein. *Wurumheri* ist ein solcher, dessen *heri,* Geschlechtssymbol ein Wurm, ein Drache ist, oder der von demjenigen Gott abstammt, dessen Symbol der Drache ist, oder der unter dem Kriegszeichen des Drachen in die Schlacht zieht. So erklärt sich *Eburachar, Wolfachar.* Das erste Glied kann auch statt des Symbols den Gott selbst nennen, wie deutlich in *Ingvar,* d. i. *Ingvihari,* d. i. einer, der zum Geschlecht des *Ingvi* gehört, eigentlich dessen Geschlechtswappen das Symbol des *Ingvi* ist; oder auch allgemein *Alpheri, Ansheri,* diejenigen, deren Wappen das Symbol eines *Alb,* oder eines *Ans* ist u. s. w.

Hariowîsius ist also derjenige der den *harjis,* die Kriegsfahne zeigt und führt, und also auch der Führer des Heeres.

Zu S. 138.

Zu den Cassler Glossen.

Wilhelm Grimm ist der Ansicht, dass ein in Deutschland reisender Wälscher für die ersten und einfachsten Dinge den deutschen Ausdruck wissen wollte, und ein mit der wälschen Sprache nicht unbekannter Deutscher seinem wälschen Verzeichniss die deutschen Wörter beischrieb. Jedenfalls ist so viel richtig, dass diese Glossen unmittelbar aus dem Leben gesammelt, nicht aber, wie Grimm an andern Stellen annimmt, aus verschiedenen ältern Glossaren abgeschrieben sind. Auch ist kein Zusammenhang mit dem sogenannten *vocabularium St. Galli* anzunehmen. Wenn in beiden einige Wörter in gleicher Ordnung auf einander folgen, so hat darum nicht einer den andern abgeschrieben. Um die Glieder des Leibes und die einfachsten Dinge aufzuzählen, hatte man doch nicht nöthig, aus verschiedenen Büchern sich Raths zu erholen; jeder wusste doch selbst, wie er die Augen, die Ohren und die Nase nannte, und wenn zwei, die sich solche Verzeichnisse von Wörtern machten, in gleicher Ordnung *caput, vertex* setzten, so folgt doch daraus nicht, dass sie von einander, oder aus einer gemeinschaftlichen Quelle abschrieben.

Der Schreiber der Cassler Glosse wollte aber nicht deutsch lernen, sondern romanisch; er war also nicht ein Romane, sondern ein Deutscher und zwar ein Baier. Diess geht deutlich hervor aus jenem *altee.* Hier nimmt Wilhelm Grimm *altee* ganz richtig für deutsch *aldê*, oder. Er meint aber, es sei etwas ausgefallen beim Abschreiben. Vielmehr ist ganz richtig gesagt: *articulata* oder *minimus* (heisst der) kleinste (Finger). So kann offenbar nur ein Deutscher schreiben, der sich die romanischen Wörter merken will. Diess *altee*, oder, lässt keinen Zweifel übrig. Darum steht auch nach *radi*, *skir*, ohne innern Zusammenhang *radices uurzun.* Der Deutsche merkte sich nach *radi* sogleich *radices*, wegen der Aehnlichkeit des Lautes, um die Wörter unterscheiden zu lernen.

Das Glossar ist in allen Theilen begreiflich, wenn man die oben im Text entwickelte Ansicht annimmt; bei jeder andern Ansicht ist es ganz unbegreiflich. Ein Romane aus Frankreich oder Italien konnte nie eine Veranlassung haben, sich gerade diese Sätze und Wörter mit deutscher Uebersetzung aufzuschreiben; ebenso wenig ein in Frankreich reisender Baier.

Es mögen hier noch einige kurze Bemerkungen zu den Glossen folgen.

E, 18. *anchlao* hält Grimm für den Nom. Pl. von dem Femin. *anchala.* Angenommen, dass *anchala* der starken Declination folge, und also im Plural *anchalô* laute, so kann für dieses *ô* nicht *ao* stehen. Denn die Cassler Glossen setzen wohl *ao* für gemeinalthochdeutsch *ô*, aber nur in den Fällen, wo diess gothischem *au* entspricht. Für gothisch *ó* haben die Glossen nur *ô*, nicht *ao*. Da nun die entsprechende Casusendung im Gothischen *ôs* ist, so kann *ao* nicht der bairische Plural des Feminins sein; er muss *ô* lauten. Wenigstens wäre *anchlao* für *anchalô* das einzige Beispiel eines *ao* in der Endung für *ô*. Die Form *anachla, tali* Em. 31 und angels. *ancleov*, das ich übrigens nur aus Graff kenne, weisen auf ein Compositum, das wohl gothisch *anaklaggvus* lauten würde; ahd. *anchlâwa*, für *anchlao*. Daraus wurde allmählich *anchal*, Enkel, was nach Schmeller noch jetzt in Baiern der gewöhnliche Ausdruck für *talus* ist. — Es kann gefragt werden, ob Enkel, *nepos*, mit diesem Wort zusammenhängt. Das ist nicht unmöglich. Die Bezeichnung der Verwandtschaftsgrade nach Gliedern des Leibes, wie sie z. B. im Schwabenspiegel besonders ausführlich gebraucht wird, beruht auf einer uralten Anschauungsweise, die schon auf die erste Bildung unsrer Sprache Einfluss hatte. Nicht nur *kniu* ist verwandt mit *kuni* und *knôds* und *knôsli*, und ags. *cneov* mit *cneovrise*, sondern ebenso *genu* mit *genus*, *γόνυ* mit *γόνος*, und sanskr. *g'ànu (genu)* mit *g'an (gignere)*. Wenn also das Knie das Verhältniss der Kinder zu den Aeltern anzeigen kann, so kann ebensogut das nächste Gelenke beim Knöchel das Verhältniss der Enkel zu den Grossältern bezeichnen.

F, 2. *figido*. Ebenso im Reichenauer Codex 86 fol. 38 b (zu Carlsruhe) *iecoris figido*.

G, 4. *fasselas faciun*. Das deutsche Wort ist nicht ganz deutlich geschrieben: Grimm will *fanun* lesen; aber die Züge ergeben doch viel eher *faciun*. Diess aber ist gewiss die bairische Fätschen oder Fadschen, worunter theils das breite Wickelband kleiner Kinder, theils der Bauchgurt der Mannsleute verstanden wird. Schmeller bemerkt dazu, dass auch der spanische Bauer in Catalonien seine bunte *faxa* vielfach um den Leib wickle. Schon *Ulfila* kennt das Wort, Joh. 11, 44: *gabundans handuns jah fotuns faskjam*. *fasselas* ist entweder *faciale* oder *fasciola*, zwei mittellateinische Wörter, die zwar ganz verschiedene Dinge bezeichnen, aber doch oft verwechselt werden. *Faciale* ist *προσόψιον*, *facitergula*; *fasciola* ist eine Art Ueberstrümpfe, ein wesentliches Stück der Bekleidung der alten Franken. Der Mönch von St. Gallen in seiner Beschreibung der alten fränkischen Tracht, Mon. II, 747 *fasciolae crurales vermiculatae, et subtus eos tibialia vel coxalia linea;* und Einhard von Karl dem Grossen (Mon. II, 455) *fasciolis crura constringebat.* Aus den Stellen, die Du Cange anführt, geht hervor, dass die Mönche gewöhnlich keine *fasciolas* trugen, zum Reiten aber *fasciolas* und *calcaria* erhielten, die sie jedoch wieder ablegen mussten, ehe sie in ein Kloster eintreten durften. Es wäre zwar auffallend, wenn dieser Theil des Anzugs in unserm Glossar nicht genannt wäre: dennoch wage ich nicht zu behaupten, dass *fasselas* und *facium* diese Bedeutung habe.

G, 5. *uuindicas, uuintinga.* Das deutsche Wort aus dem das romanische entstanden ist, übersetzt *fascia, fasciale, fasciola, fasciculus.* Es wird wohl so viel sein, als *uuintlahhan,* das ebenfalls *fascia,* aber auch *linteamen* und *paludimentum* übersetzt. Das letzte könnte vermuthen lassen, dass *winting* nicht zu *wintan,* sondern zu *wint* gehört, und der deutsche Name für Mantel ist. Der Stiefel heisst isländisch *thorningr* von *thorn,* der Schild *haeringr* von *hairus,* Schwert. Der Stiefel schützt vor dem Dorn, der Schild vor dem Schwert. So heisst der Mantel *Winting,* weil er vor dem Winde schützt.

G, 9 und 13. *caua* und *cauuella* kann nichts anders sein als *cupa* und *cupella;* das letzte z. B. *Glossae Jun. D. cupella, stande.* Zwar sind *a* und *u* in Handschriften des achten Jahrhunderts oft kaum zu unterscheiden; hier aber scheint doch deutlich *a* zu stehen; man muss also glauben, dass in den Dialekt, den der Schreiber hörte, wirklich *a* gesprochen wurde; nichts destoweniger sind es die Wörter *cupa* und *cupella.* Auch das deutsche *potega,* bairisch die Bottig ist ins Lateinische aufgenommen, z. B. in dem capitulari Caroli magni de villis heisst es (Eccard II, 916) *de buticis et cofinis id est scriniis,* wofür in den *Monumenta* gedruckt ist *huticis et confinis!*

G, 10. *tunne, choffa;* da *choffa* das lateinische *cupa* ist, *tunne* aber das deutsche *Tonne,* so ist hier das sonderbare, dass die Romanen ein deutsches Wort entlehnt haben, die Deutschen aber ein romanisches für dieselbe Sache.

G, 11. *carica ticinne, choffa fodarmaziu;* das romanische ist offenbar verschrieben oder verlesen. Da im Deutschen zweimal *choffa* steht, so kann auch im romanischen zweimal *tunne* stehen, *ticinne* ist also in *tunne* zu ändern. *Carica* ist nicht zu brauchen, ebensowenig *caricx*, wie Grimm lesen will. Es ist *carita* zu lesen aus *carrata*, was ursprünglich die Last eines Wagens, dann insbesondere ein Fuder ist. Du Cange: *pour le tonnel que on appelle charetée dantur duae carratae cerevisiae scholaribus.* Glossae Jun. D. *carrata, uúder.* Es ist also ganz genau *caritatunne* gleich *choffa fodarmaziu.*

G, 18. *calice, stechal.* Diess deutsche Wort für Becher findet sich sonst nicht, ausser gothisch *stikls* 1. Cor. 10, 16. In der ursprünglichen Bedeutung Horn ist altn. *stikill.* Das Horn war das ursprüngliche Trinkgefäss der Deutschen. Aus Pariser Glossen wird Diut. 1, 192 angeführt: *cadus graecum anfora habet ornas tres.* Diess *orna* wird wohl *urna sein;* aber merkwürdig lautet die Uebersetzung: *cadus in chrechiscum kalihida ist, hapet horn driu.* Danach wird die Stelle zu verbessern sein, die Graff unter stechal VI, 637 aus einer Urkunde von 1066 anführt: *tres eminae cerevisiae quod dicitur stecchal.* Statt *eminae* ist zu lesen *urnae.*

G, 20. *cuppa* im mittellatein häufig, ein grosser Becher, fr. *la coupe.* Berühmt ist die *coppa aurea* des Bischofs Salomon III. von Constanz, wovon Ekkehardus (Mon. II, 88) erzählt. Das Wort kann nicht wohl auf *cupa* zurückgeführt werden, von dem es unterschieden ist wie franz. *coupe* von *cuve*, deutsch Kopf von Kufe. Doch vermischen sich die Formen, da auch *cupa* zuweilen *cuppa* geschrieben wird. Aber *coppae argenteae deauratae* können natürlich nie für Kufen erklärt werden, wie in den Monumenten irgendwo geschieht, so wenig als die *choffa fodarmaziu* unsers Glossars, wie Graf gethan hat, für Becher gehalten werden dürfen. Es ist wohl aus *scyphus* entstanden, das auch mit andrer Bedeutung als Schoppen erhalten ist. Das deutsche *chupf* ist dasselbe Wort und bezeichnet in der ältern Sprache immer ein Trinkgeschirr, nie das Haupt. Diese Bedeutung hat das Wort erhalten, wie *testa, tête*, und *potega*, Bottich die Bedeutung Leib erhielt, englisch *the body*, altdeutsch *potahha, corpora*, Kopf für Haupt ist nicht alt. Schmeller führt aus Aventins Chronik (von 1566) an: Sie schlugen ihm das Haupt ab, und machten einen Kopf daraus. Luther braucht von Menschen gewöhnlich Haupt, von Thieren Kopf, doch auch von Menschen, z. B. Hiob 15, 26: (der Gottlose) läuft mit dem Kopf an ihn. In Sebastian Brant's Narrenschiff ist Kopf das Gewöhnliche; er scheint Haupt nur zu setzen, wo es der Reim erfordert, z. B. S. 102 (ed. Strobel)

wer allzyt volgt sym eygnen houbt
und guttem rott nit folgt und gloubt,
der acht uff glück und heyl ganz nütt
und will verderben ee dann zytt.

Aber in der Mitte der Zeilen immer Kopf und auch sagt er schon köpfen für enthaupten. Dagegen in dem Diocletianus von Hans von Bühel schlägt der Ritter seinem Windhunde noch nicht den Kopf, sondern das Haupt ab. Jetzt sind vielleicht die deutschen Dörfer am *Monte Rosa* die einzigen, wo die Kinder der Mutter klagen, dass ihnen das Haupt weh thue (Schott S. 150); überall sonst haben die Kinder Kopfweh.

Das älteste Beispiel von Kopf für Haupt, zugleich den Uebergang der Bedeutung vermittelnd ist eine Glosse des Junius S. 354 *calvaria, hirnecop*, wie ags. *heafod-bolla*, altfries. *breincop;* und die Glossen Mone's 7, 589 *occiput chopf.* Es erscheint im dreizehnten Jahrh. sehr selten, z. B. Seifried Helbling I, 545: *giuz im bier in den kopf.* Erst im fünfzehnten Jahrh. in den Fastnachtsspielen und andern Stücken der volksmässigen und gemeinen Literatur wird es gewöhnlich. Keller Fastn. 23, 18. 49, 34. 67, 6. 86, 21. 24, 25. Osterspiel bei Wackern. S. 1022. Doch auch noch *haupt.* Fastn. 13, 30. 50, 2.

G, 1. *implenus est, fol ist.* Wie kommen diese Worte zwischen Hammer und Schaufel? Als die zweite Reihe auf dem Blatt geschrieben war, und der Schreiber die dritte beginnen wollte, sah er, dass es dazu an Raum fehlte, und dass er die Wörter untereinander statt nebeneinander schreiben musste. Das Blatt war voll. Und so liess er sich zwischen hinein die Worte *fol ist* übersetzen, und schrieb sie ebenfalls auf. Es geht aus diesem *fol ist* hervor, dass diese Glossen nicht abgeschrieben, sondern, wenn man so sagen darf, die Originalaufzeichnungen des Verfassers sind.

H, 2. *deapis, picherir.* Vielleicht ist *vasa* zu ergänzen, *de* für *de apibus.* *Vasa apium* ist häufig. *Silvarias, folliu* m. s ein Schreibfehler sein für *alvarias* aus *alvearia,* wie Diut. II, 194: *bikar, alvearia.* Das übergeschriebene *u* hinter *l* kann ebensogut ein *a* sein, es soll den Fehler verbessern, ist aber flüchtig nicht an die rechte Stelle geschrieben. *Folliu* bezieht sich auf *picherir;* volle Bienenkörbe heissen *alvarias.*

Zu *puticla.* In des Junius Gloss. A. und in einem alten Glossar des Reichenauer Codex 86: *Pincerna, buttilarius.*

Die Cassler Glossen sind im deutschen Theil darum sehr wichtig, weil sie in rein bairischer Mundart geschrieben sind. Die ältesten bairischen, fränkischen und alemannischen Denkmähler unterscheiden sich in den Vocalen, wie folgt:

gothisch	*au*		*ó*
bairisch	*au*	*ao*	*ó*
fränkisch	*au*	*ó*	*uo (ó)*
alemann.	*au*	*ó*	*ua*

Rein fränkisch ist der *Isidor,* rein alemannisch *Kero,* rein bairisch unser Glossar. Von einem Baiern ist auch die den Glossen vorangehende *exhortatio* geschrieben; aber während in den Glossen rein bairische Mundart herrscht, sind in der *exhortatio* fränkische Laute eingemischt; *frôno, capôt* müssten bairisch *ao* zeigen. Diese Mischung kommt daher, weil die *exhortatio* nicht wie die Glossen von einem Baiern verfasst wurde, sondern nur von einem Baiern abgeschrieben. Dass sie Abschrift ist, zeigt auch der Fehler *uuidar gaotes caheizes* statt *wider got thes caheizes.* Die andre Handschrift der *exhortatio* hat fränkische Vocale und fränkische Consonanten. Dass aber auch diese nicht von einem Franken geschrieben ist, zeigen die einigemal durchbrechenden *d* für *th, c* für *g* u. s. w.; auch das vorkommende *uzan* ist schwerlich fränkisch.

Bairisch sind ferner die Glossen, welche aus einer Wiener Handschrift in Eccard Francia orient. II, S. 950 unter dem Namen *glossae Hrabani Mauri* abgedruckt sind. Sie haben *ao* und *ó* ganz wie die Cassler Glossen, sie haben *anti* und die Vorsilbe *ka* ebenfalls wie die Cassler Glossen. In wenigen Punkten sind sie jedoch verschieden; sie haben z. B. die Vorsilbe *far*, die in den Cassler Glossen *fir* lautet. Diese Glossen des *Hrabanus* sind bei weitem das grösste aller altbairischen Denkmäler.

Die grosse und alte Glossensammlung, die uns in drei Handschriften zu Paris, Karlsruhe und St. Gallen erhalten ist, war ursprünglich fränkisch geschrieben; aber in den Abschriften wurden die Mundarten der Abschreiber eingemischt. Die bairische Mundart erhielt auf diese Weise auch Antheil daran, besonders in der Pariser, aber auch in der Karlsruher Abschrift.

Wir finden ferner die bairischen Vocale in Urkunden, und zwar wirklich in bairischen. Wenn sie allerdings auch in alemannischen Urkunden, und wenn auch die alemannischen Vocale in bairischen Urkunden vorkommen, so wird daraus doch nicht der Schluss gezogen werden dürfen, dass also die Verschiedenheit der Vocalreihen nicht auf Verschiedenheit der Mundart schliessen lasse. Es konnte ja sehr wohl geschehen, dass bairische Urkunden von einem alemannischen Schreiber und umgekehrt ausgefertigt wurden.

Wollte man aber die Verschiedenheit der Vocalreihen *au, ao, ó; au, ó, ua; au, ó, uo* nicht für mundartlich gelten lassen, sondern darin nur einen Unterschied der Zeit sehen, so würde man sich in die grössten Widersprüche verwickeln. Dann müssten unsre Glossen mit den rabanischen die ältesten Denkmäler unsrer Sprache sein, älter als *Isidor* und *Kero*, und älter als das *vocabularium St. Galli*. Die Urkunden, in welchen *ao* für *o* steht, müssten älter sein, als die mit *o* für *ao*. Die Cassler Handschrift der *exhortatio* müsste älter sein, als die Münchner. Ja sogar in der Cassler Handschrift müsste das Glossarium, das auf die *exhortatio* folgt, beträchtlich früher geschrieben sein, als diese. Das alles ist schwer zu glauben, und zum Theil geradezu unmöglich.

Bemerkte Druckfehler.

S. 56 Z. 18	*statt* dass	*zu lesen* ob	S. 106 Z. 1 v. u.	*statt* 11, 81	*zu lesen* II, 81.
— 70 — 10	— März 11	— März II.	— 111 — 18	— doch	— doch nur
— 78 — 4 v. u.	— aussehen	— Aussehen.	— ib. — 3 u. 4 v. u.	— Marobius	— Macrobius
— 100 — 22	— augusti	— Augusti	— 187 — 1 v. u.	— sagen	— fragen
— 104 — 15	— ablatis	— abbatis	— 188 — 12 *das Comma nach* oder *zu tilgen.*		

Zeitfracht Medien GmbH
Ferdinand-Jühlke-Straße 7
99095 Erfurt, Deutschland
produktsicherheit@kolibri360.de